Zu diesem Buch

Was wird aus Kindern, deren Eltern sich scheiden ließen? Wie beeinflußt die Trennung ihr späteres Leben, ihre Gefühle, Ängste und Beziehungen? Schuldgefühle, Konfliktscheu oder übermäßiges Verantwortungsgefühl sind nur einige der vielen möglichen Probleme.

In diesem einfühlsamen und durch viele Fallbeispiele anschaulichen Ratgeber beschreibt Diane Fassel die Situation erwachsener Scheidungskinder und untersucht, welche Umstände der elterlichen Trennung sie besonders beeinflußt haben. Sie zeigt, wie Betroffene mit den genannten Problemen besser umgehen können, und ermutigt, sich von diesen Erfahrungen zu lösen und das eigene Leben selbst in die Hand zu nehmen.

Die Autorin

Dr. Diane Fassel lebt in Colorado, USA, und arbeitet seit vielen Jahren als Mediatorin und Beraterin von Familien, die mit Scheidungs- und Sorgerechtsfragen konfrontiert sind, sowie als Unternehmensberaterin.

Diane Fassel

Ich war noch ein Kind,
als meine Eltern sich trennten...

Spätfolgen der elterlichen Scheidung überwinden

Deutsch von
Karin Petersen

Rowohlt

Die Originalausgabe erschien unter dem Titel »Growing Up Divorced.
A Road To Healing For Adult Children Of Divorce«
bei Pocket Books, a division of Simon & Schuster, New York.

Veröffentlicht im Rowohlt Taschenbuch Verlag GmbH,
Reinbek bei Hamburg, August 1996
Die deutsche Erstausgabe erschien 1994 im Kösel-Verlag, München
Copyright © 1994 by Kösel-Verlag GmbH & Co., München
«Growing Up Divorced. A Road To Healing For
Adult Children Of Divorce»
Copyright © 1991 by Diane Fassel
Umschlaggestaltung: Susanne Heeder
(Foto: Pictor International)
Gesamtherstellung Clausen & Bosse, Leck
Printed in Germany
1490-ISBN 3 499 19984 X

Für die erwachsenen Scheidungskinder
dieser Untersuchung,
die sich und ihre Geschichten
so großzügig einbrachten,
und vor allem für meine »Kinder«
Roddy, Beth, Kate und John.

Inhalt

Dank

Ich bin dankbar für die Unterstützung, die ich aus meinem Freundeskreis und von Kolleginnen und Kollegen erhalten habe. Mein Agent, Jonathon Lazear, ermutigte mich, die Idee eines Buches über erwachsene Scheidungskinder ernsthaft zu verfolgen, als diese noch sehr vage war. Als ich bedauernd sagte, das sei zu schwer und man wisse zu wenig darüber, lachte er nur und sagte: »Ich weiß, daß Sie das können.« Er hatte recht, und durch seinen Glauben an mich förderte er meine Arbeit. Linda Lewis stellte die Daten für die Interviews zusammen, arbeitete sich durch Unmengen von Material hindurch und brachte es in eine Form, mit der ich arbeiten konnte. Ann Sprague tippte den größten Teil des Manuskripts und leistete einen unschätzbaren Beitrag für das Buch durch ihre Korrekturen, die immer durchdacht, klug und genau waren. Mary Ann Wells sprang jedesmal ein, wenn ein dringender Termin einzuhalten war, und tippte ebenfalls Teile des Manuskripts. Anne Wilson Schaef war diejenige, die darauf drang, das Konzept von erwachsenen Kindern aus Scheidungsfamilien dahin gehend zu erweitern, daß die Auswirkungen der Gesellschaft auf das Selbstbild von erwachsenen Scheidungskindern mit berücksichtigt wurden. Sie trug sehr viel zu meinen Gedanken über den Mythos von der intakten Familie bei. Claire Zion, meine Lektorin, brachte mich dazu, an diesem Buch intensiver zu arbeiten als an jedem anderen meiner früheren Bücher. Ich muß Claire dafür danken, daß sie mir half, eine bessere Autorin zu werden, und daß sie an diesem Buch dermaßen aktiv und persönlich Anteil nahm.

Da dies ein Buch über die Familie und die Sehnsucht nach der Familie ist, habe ich während des Schreibens viel an meine eigene Ursprungsfamilie gedacht. Wir waren keinesfalls eine perfekte Familie und hatten unter vielen der Belastungen zu leiden, die hier besprochen werden. Doch langsam beginnen wir mit unserer Genesung und erbringen damit den Beweis, daß es niemals zu spät ist. Ich bin meiner Ursprungsfamilie sehr dankbar für die Bereitschaft, sich unseren familiären Problemen zu stellen, und bin stolz darauf, an diesem gemeinsamen Prozeß beteiligt zu sein. Und schließlich danke ich auch meiner eigenen Familie und Großfamilie in Boulder für ihre ständige und liebevolle Unterstützung, vor allem Anne und John, die meine Lieben sind bei diesem Abenteuer, das wir »ein Leben im Wandel« nennen.

Teil I
Das Vermächtnis der Scheidung

1 Erwachsene Scheidungskinder – Probleme und Herausforderungen

Erwachsene Scheidungskinder machen einen beträchtlichen Teil unserer Bevölkerung aus. Es handelt sich bei ihnen um Menschen, deren Eltern sich irgendwann im Verlaufe ihrer Kindheit haben scheiden lassen. Obwohl mit der Absicht vorgenommen, zumindest für einen Elternteil und die Kinder ein besseres Leben zu bewirken, hat eine Scheidung häufig den gegenteiligen Effekt. Die Kinder fühlen sich verlassen, isoliert, schuldig und ängstlich. Diese und andere Gefühle bringen sie aus der Kindheit mit in das Erwachsenenleben. Erwachsene Scheidungskinder haben oft mit dem Problem zu kämpfen, an überholten Überlebenstaktiken festzuhalten, die ihnen als Kinder zwar geholfen haben, sich in ihren Erwachsenenbeziehungen aber als verheerend erweisen.

Das Interesse an den Auswirkungen, die Scheidungen auf Kinder haben, wächst, und neuere Untersuchungen beginnen diese Auswirkungen zunehmend zu dokumentieren. Leider weiß man wenig über erwachsene Scheidungskinder. Ich habe beschlossen, dieses Buch zu schreiben, weil ich davon überzeugt bin, daß die Probleme von erwachsenen Scheidungskindern erkannt und benannt werden müssen. Mein Interesse an erwachsenen Scheidungskindern ist sowohl persönlich als auch beruflich bedingt. Obwohl ich selbst kein Scheidungskind bin, war ich viele Jahre lang als Mediatorin, als Vermittlerin in Scheidungs- und Sorgerechtsangelegenheiten tätig.

Mediatoren stellen eine neutrale dritte Fraktion dar, die die Scheidung erleichtert und dem Scheidungspaar hilft, eine Regelung für die Gütertrennung und – falls es sich um Eltern handelt – für das Sorgerecht für die Kinder zu finden. Paare, die sich scheiden lassen, nehmen häufig die Hilfe einer Mediatorin oder eines Mediators in Anspruch, um die Einschaltung von Anwälten zu vermeiden, die sich oft genug als Widersacher erweisen und teuer sind. Die Mediation geht davon aus, daß die streitenden Parteien in der Mehrzahl der Fälle am besten selbst bestimmen, welche Sorgerechtsregelung für ihre Kinder die beste ist. Im Laufe der Jahre haben ich vielen Familien in der Zeit der Auflösung der Ehe bei den wichtigen Entscheidungen in bezug auf das Sorgerecht beigestanden. Ich habe mich sehr für meine Arbeit engagiert, mich gleichzeitig aber immer wieder gefragt, welche Auswirkungen die Scheidung auf die Kinder in deren späteren Leben haben wird.

Ich habe noch immer einen Abend deutlich vor Augen, als ich mich mit einer Familie traf, um die Sorgerechtsregelung zum Abschluß zu bringen. Ich hatte mich bis dahin mehrmals mit den Eltern zusammengesetzt, um die rechtlichen Details auszuarbeiten, und an diesem Abend gaben wir die Informationen an die vier Kinder weiter. Die Zusammenkunft schien in jeder Hinsicht ideal zu sein. Die Eltern, Cliff und Marge, sprachen von ihrer Liebe zu ihren Kindern. Sie gaben zu, welchen Schmerz ihnen die Trennung und die Veränderungen im Leben ihrer Kinder bereiteten. Sie versicherten ihren Kindern, daß für sie gesorgt werden würde und ihr Leben mit einem Minimum an Störungen weiterlaufen würde. Die Kinder, drei Jungen und ein Mädchen, saßen stumm und mit Tränen in den Augen da. Ich bat sie, uns zu sagen, ob sie Fragen oder sonst irgend etwas mitzuteilen hätten. Sie schüttelten den Kopf, nein. Wir füllten die Dokumente fertig aus, und ich stand auf, um zu gehen. Plötzlich umschlang die Jüngste, die vierjährige Cassie, meine Beine und schluchzte so heftig, daß sie am ganzen Körper zitterte. Ich nahm sie in meine Arme, während sie weinend sagte: »Bitte laß nicht zu, daß meine Mutti und mein Vati das tun!«

Ganz plötzlich fühlte sich unsere kleine Signierstunde schmerzlich und düster an. Als ich die frisch geschiedene Familie verließ, hatten alle Tränen in den Augen wie Cassie. Auf meinem Weg nach Hause war mir der Hals wie zugeschnürt, und mein Magen krampfte sich zusammen. Nach all den Jahren, in denen ich Familien bei ihren Scheidungsregelungen geholfen hatte, mußte ich zugeben, daß selbst die »besten« Scheidungen schmerzlich und traumatisch sind, vor allem für die Kinder. Ich habe mich oft gefragt, was aus Cassie wohl geworden ist. Ihr Schmerz ist mir in all diesen Jahren gegenwärtig geblieben.

Es ist eine Tatsache, daß Scheidungen für unsere Gesellschaft zur Norm geworden sind. Seit 1970 ist die Scheidungsrate ständig gestiegen, bis schließlich jede zweite Ehe geschieden wurde. Diese Rate ist bis in die neunziger Jahre hinein konstant geblieben. 38 Prozent aller Kinder machen die Erfahrung, daß ihre Eltern sich scheiden lassen oder sie – noch bevor sie das 18. Lebensjahr erreicht haben – infolge der Scheidung im Haushalt eines alleinerziehenden Elternteils leben müssen. Für Kinder, die in den achtziger Jahren geboren wurden, steigen in den Statistiken auch die Zahlen für mehrfache Scheidungen. Die Hälfte dieser Kinder wird erleben, daß ihre Eltern sich scheiden lassen. In den Fällen, in denen die Mütter eine zweite Ehe eingehen, endet die Hälfte dieser Ehen mit einer zweiten Scheidung. Auf diese Weise erleben die Kinder noch vor Erreichen ihres 16. Lebensjahres, daß ihre Familie sich zum zweitenmal auflöst.[1]

Untersuchungen zeigen, daß eine Scheidung für Kinder fast immer eine traumatische Erfahrung ist. Kinder empfinden Angst, Trauer, Schuld, Verlassenheit und Verlustgefühle. In den wenigen langfristig angelegten Untersuchungen, die existieren, wird festgestellt, daß die Auswirkungen einer Scheidung immer dauerhaft sind und nicht vorübergehend, wie noch vor einiger Zeit verkündet wurde. Glücklicherweise wendet man sich der genaueren Untersuchung der Auswirkungen von Scheidungen auf Kinder jetzt aufmerksamer zu. Wenn wir uns jedoch mit den Erwachsenen befassen, die als Kinder erleben mußten, daß ihre Eltern sich scheiden ließen, stoßen wir auf Stillschweigen. Zu diesem Thema gibt es fast keine Literatur. Die Forschung konzentriert sich, mit wenigen Ausnahmen, auf die Auswirkungen, die Scheidungen auf Kinder haben, kümmert sich aber nicht um die Erwachsenen, die aus Scheidungsfamilien stammen. Am nächsten kommen die Autorinnen Judith Wallerstein und Sandra Blakeslee in ihrem Buch *Gewinner und Verlierer* diesem Thema. Sie untersuchen 60 Scheidungsfamilien über einen Zeitraum von zehn Jahren.[2]

Ich habe beschlossen, diese Informationslücke zu füllen und möglichst viel über erwachsene Scheidungskinder in Erfahrung zu bringen. Meine Untersuchung ist eine inhaltliche. Ich habe nicht mit einer Hypothese, sondern mit einer Frage begonnen: Wie sehen die Erfahrungen von erwachsenen Scheidungskindern aus? Da zu diesem Thema nur wenig Material existiert, habe ich mit einer Reihe von Interviews mit Menschen zwischen 20 und 62 Jahren begonnen, deren Eltern sich scheiden ließen. Die Interviews waren Untersuchungsgespräche mit offenem Ausgang. Ich wollte wissen, ob erwachsene Scheidungskinder irgend etwas gemeinsam haben. Die Befragten hingegen beschrieben ihre Kindheitserfahrungen und die wichtigsten Probleme, mit denen sie als Erwachsene konfrontiert waren. Sie erzählten mit einer Offenheit, mit der ich nicht gerechnet hatte. Viele von ihnen hatten lange über die Ursachen für ihre Gefühle nachgedacht und in dem Erlebnis der elterlichen Scheidung häufig den Anfang für ihre Schwierigkeiten gefunden.

Anhand dieser Interviews, die hauptsächlich anekdotisch waren, begann ich einige typische Wesenszüge zu unterscheiden, die fast in jeder Geschichte auftauchten. Ich stellte diese charakteristischen Merkmale und weitere Fragen zu einer Liste zusammen und formulierte daraus einen Fragebogen, den ich an 350 zufällig ausgewählte Personen in den Vereinigten Staaten und Kanada schickte. Einige Fragebögen gingen auch nach Deutschland und Österreich. Ich bat diejenigen, die die Umfrage beantworteten, von ihren eigenen Erfahrungen auszugehen.

Auf die Reaktion, die auf meine Umfrage erfolgte, war ich in keinster Weise vorbereitet. Die Fragebögen wurden umgehend zurückgeschickt und waren sorgfältig ausgefüllt. Einigen waren sogar noch zusätzliche Blätter mit ausführlicheren Einzelheiten beigefügt. Viele Antwortende schrieben, daß der Fragebogen ihnen geholfen habe, Themen zu benennen, mit denen sie ihr ganzes Leben lang zu kämpfen gehabt hatten. In meinem Büro gingen Anfragen nach weiteren Fragebögen ein, die die von mir Angeschriebenen an ihre Familie und ihren Freundeskreis weitergeben wollten. Fast sämtliche Teilnehmerinnen und Teilnehmer waren damit einverstanden, ein Folgeinterview zu machen. Menschen, denen ich nie begegnet war, riefen mich an und bestanden darauf, für das Buch interviewt zu werden. Ein Mann rief an und verlangte, daß ich mir seine Geschichte anhörte. Wo ich auch hinkam (und ich bin aufgrund meines Berufes, der außer der Vermittlungstätigkeit innerhalb der Mediation auch Unternehmensberatung umfaßt, sehr viel unterwegs), stimmten Menschen bereitwillig zu, sich interviewen zu lassen. Sie erzählten mir ihre Geschichten mit einem Eifer und einer Intensität, wie ich es bei meiner bisherigen Forschungsarbeit selten erlebt hatte. Offensichtlich hatte ich bei diesen erwachsenen Scheidungskindern eine Quelle äußerst intensiver Gefühle angezapft.

Das Schreiben dieses Buches über erwachsene Scheidungskinder hat mein Denken entscheidend verändert. Ich war mit der Tatsache konfrontiert, daß nicht sämtliche Scheidungen gleich ablaufen. Es ist falsch, anzunehmen, daß Scheidungen ein in sich abgeschlossenes Ereignis sind. Wenn ich etwas gelernt habe aus meinen Untersuchungen, dann das, daß eine Scheidung ein Prozeß ist, der schon lange vor dem aktuellen Bruch beginnt und bei den Partnern zu dem Bedürfnis führt, getrennte Wege einzuschlagen. Dann ist da die Trennung selbst, die ihre eigene Folgegeschichte hat, welche Jahre andauern kann. Erwachsene Scheidungskinder werden vom gesamten Ablauf der Scheidung in Mitleidenschaft gezogen, nicht nur von der Trennung selbst. Scheidungen werden ganz unterschiedlich ausgetragen. Der Verlauf selbst ist entscheidend dafür, aus welchem Blickwinkel erwachsene Scheidungskinder sich selbst und die Probleme, denen sie sich als Erwachsene stellen müssen, betrachten.

Eine 40jährige Frau, deren Eltern sich scheiden ließen, als sie sechs Jahre alt war und die selbst geschieden ist und allein zwei Teenager großzieht, vertraute mir an, daß sie ihr ganzes Leben lang Angst vor dem Verlassenwerden gehabt habe. Sie ging Verbindungen mit Menschen ein, die sie tatsächlich verließen und so ihre größte Angst bestätigten. Zum erstenmal wurde sie verlassen, als ihre Eltern sich scheiden ließen und ihre Mutter von heute auf morgen verschwand, ohne jemals wieder aufzutauchen, nicht einmal für einen Besuch.

Offensichtlich haben Kinder, deren Väter oder Mütter »verschwanden«, andere Schwierigkeiten als Kinder, die ständig mit ansehen mußten, wie die Eltern sich stritten. Im Verlaufe meiner Untersuchung kristallisierten sich fünf verschiedene Scheidungsformen mit entsprechenden typischen Zügen bei Scheidungskindern heraus. Auch wenn einige Menschen außergewöhnliche Erfahrungen machen, die sich nicht nahtlos in diese Kategorien einfügen, finde ich diese Einteilung nützlich, weil sie in meinen Interviews immer wieder auftauchte: der Elternteil, der einfach verschwindet, die überraschende Scheidung, die Scheidung, die mit ewigen Streitereien einhergeht, die »Laß-uns-die-Kinder-da-heraushalten-Scheidung« und die späte Scheidung.

Außer daß jede dieser Scheidungsformen unterschiedliche Probleme für das erwachsene Scheidungskind mit sich bringt, scheint auch das Alter des Kindes zur Zeit der elterlichen Scheidung Einfluß darauf zu nehmen, mit welchen Schwierigkeiten es in seinem späteren Leben konfrontiert ist.

Erwachsene Kinder geschiedener Eltern haben vieles gemeinsam. Das erste und hervorstechendste Merkmal ist, daß sie eine ähnliche Erfahrung gemacht haben: Zu einem bestimmten Zeitpunkt ihres Lebens haben ihre Eltern sich scheiden lassen. Dieses Ereignis hat für alle langfristige Auswirkungen. Ganz gleich, ob sie zu dieser Zeit ein Jahr oder 22 Jahre alt waren, durch die Scheidung wurden unwiderrufliche Veränderungen eingeleitet.

Erwachsene Scheidungskinder müssen feststellen, daß sie ihr Leben lang ziemlich berechenbare Reaktionen zeigen. Sie haben ein übertrieben ausgeprägtes Verantwortungsbewußtsein. Sie haben Angst vor Konflikten, obwohl sie diese in ihren Beziehungen für bestimmte Zwecke benutzen. Sie sind leicht dazu zu bewegen, Partei zu ergreifen, obwohl sie sich dabei ständig unwohl fühlen. Sie haben das Gefühl, verlassen worden zu sein, ganz gleich, ob das der Realität entspricht oder nicht. Sie selbst lassen andere allein. Sie fühlen sich in ihren Beziehungen und im Beruf schnell ausgenutzt. Oft schaffen sie selbst die Bedingungen dafür, daß sie benachteiligt werden. Erwachsene Kinder geschiedener Eltern fühlen sich hilflos. Da ihnen kommunikative und soziale Fähigkeiten fehlen, stehen sie Situationen, die Handeln erfordern, als Zuschauer gegenüber. Sie suchen ein Zuhause. Auch wenn viele erwachsene Scheidungskinder eine gewisse ökonomische Sicherheit erreicht haben, leiden sie weiter unter der ständigen Angst, diese Sicherheit von heute auf morgen zu verlieren.

Autoritätspersonen sind für erwachsene Scheidungskinder eine Quelle der Angst. Sie werden entweder idealisiert oder mit Vorwürfen überhäuft und mit den Erwartungen befrachtet, die erwachsene Scheidungskinder an ihre Eltern hatten. Erwachsene Scheidungskinder haben mit Kontrolle zu kämpfen und müssen feststellen, daß ihre Beziehungen oft aufgrund ihres extremen Kontrollverhaltens scheitern. Sie haben unrealistische Erwartungen an ihre Beziehungen. Wenn sie eine Ehe eingehen, ist dieser Schritt oft mit rigiden Forderungen verbunden. Intimität, die als etwas Unerreichbares erlebt wird, riskieren sie manchmal überhaupt nicht. Diese und andere typische Wesenszüge werden im Teil I besprochen, in dem ich versuche, das Phänomen des erwachsenen Scheidungskindes zu identifizieren und zu definieren.

Im zweiten Abschnitt dieses Buches wende ich mich den guten Seiten des Themas zu. Denn nicht alle Scheidungen sind negativ. Einige stellen positive Lösungen für gestörte Situationen dar. Manche erwachsene Scheidungskinder haben wertvolle Fähigkeiten gelernt. Andere haben erlebt, daß sie in ihrem Leben eine Wahl haben und nicht in unguten Situationen ausharren müssen. Viele erwachsene Kinder aus Scheidungsfamilien haben Unabhängigkeit, Flexibilität und Selbstvertrauen entwickelt, Eigenschaften, die sie niemals erlernt hätten, wenn sie nicht mit der Scheidung ihrer Eltern konfrontiert gewesen wären.

Erwachsene Scheidungskinder können sehr wohl genesen. Wie die Scheidung selbst ist auch die Heilung von den Auswirkungen der Scheidung ein Prozeß. Glücklicherweise leben wir in einer Zeit, in der es viele Bücher und Gruppen zur Selbsthilfe gibt. Da ich keine speziellen Gruppen kenne, die sich ausschließlich der Genesung erwachsener Scheidungskinder widmen, mache ich an späterer Stelle im Buch Vorschläge, wie solche Gruppen unter Einbeziehung zuverlässiger Methoden aus der Selbsthilfebewegung gebildet werden können.

In den letzten Kapiteln dieses Buches wende ich mich schließlich von der detaillierten Untersuchung spezieller Probleme von erwachsenen Scheidungskindern mehr den entsprechenden globaleren gesellschaftlichen Aspekten zu. Wenn erwachsene Scheidungskinder uns irgend etwas zeigen können, dann das, daß die Scheidung ein Ablauf ist, der im Rahmen des größeren Prozesses der gestörten Familien abläuft, der wiederum in den noch umfassenderen Prozeß der gestörten Gesellschaft eingebettet ist. Während ich dieses Buch schrieb, wandten sich oft Menschen an mich, die überraschenderweise darauf bestanden, die gleichen Wesenszüge aufzuweisen wie erwachsene Scheidungskinder, obwohl sie selbst in Familien lebten, in denen die Eltern sich nicht scheiden ließen. Bei näherer Untersuchung wurde deutlich, daß viele dieser Menschen Eltern hatten, die zwar offiziell verheiratet waren, sich aufgrund jahrelanger familiärer Gestörtheit aber emotional getrennt fühlten. Obwohl diese Menschen keine erwachsenen Scheidungskinder waren und deswegen auch viele andere Erfahrungen machten als jene, halfen sie mir zu bestimmen, welche wichtige Rolle die Gesellschaft bei unserer Sicht von Scheidung und bei der Scheidungserfahrung selbst spielt.

Ich glaube, die Gesellschaft nährt den Mythos von der intakten Familie, um zu verleugnen, daß Scheidungen heute ein allgemein verbreitetes Phänomen geworden sind. Uns wird ein Schwarzweißdenken beigebracht: Ehe und langfristige Verbindungen sind gut, Scheidung ist schlecht. Aus meinen Interviews und der Meinung vieler weiterer Beobachter geht aber hervor, daß die traditionelle Familieneinheit – Mutter, Vater und zwei Kinder – in Schwierigkeiten ist. Das Maß an Schuld, Scham und Vorwürfen, das erwachsene Scheidungskinder mit sich herumtragen, hat mir jedoch gezeigt, daß wir beharrlich an dem Glauben festhalten, wir *sollten* imstande sein, eine intakte Familie zu bilden, die durch dick und dünn geht. Ich glaube, daß viele erwachsene Scheidungskinder Opfer dieser gesellschaftlichen Einstellung sind. Deswegen ist es wichtig, zu erkennen, daß die Genesung erwachsener Scheidungskinder keine individuelle Angelegenheit ist. Das einzelne erwachsene Scheidungskind muß Heilung finden, aber auf einer gewissen Ebene muß auch die Gesellschaft selbst gesunden. Unsere kulturellen Mythen müssen verändert werden, sonst halten wir an den Erwartungen fest, unter deren Last ein Großteil unserer Bevölkerung zusammenbricht.

Während meiner Arbeit an diesem Buch habe ich mich oft gefragt, ob es richtig ist, bestimmte typische Züge ausschließlich erwachsenen Scheidungskindern zuzuschreiben. Sind erwachsene Scheidungskinder nicht einfach Produkte gestörter Familien? Sind sie nicht in einigen Fällen erwachsene Kinder von Suchtfamilien? Beides stimmt. Erwachsene Scheidungskinder neigen zu vielen Wesenszügen, die typisch für erwachsene Kinder aus gestörten Familien sind. Außerdem finden wir in den Familien von erwachsenen Scheidungskindern oft Alkoholismus, Drogenabhängigkeit, Arbeitssucht sowie Beziehungs- und Sexsucht (um nur einige Abhängigkeiten zu nennen).

Trotzdem ist für Menschen, die sich selbst als erwachsene Scheidungskinder sehen, die Scheidung das zentrale Ereignis im Rahmen des umfassenderen Prozesses der gestörten Familie. Sie ist die Nabe, um die sich alles andere dreht. Wenn erwachsene Scheidungskinder begreifen wollen, woher ihre Schuld, Verlassenheitsgefühle und Ängste stammen, befassen sie sich mit dem Scheidungsablauf. Die Scheidung war der Rahmen, in dem erwachsene Scheidungskinder verschiedene Rollen in der Familie gespielt haben, wobei einige zum »Helden«, andere zu »schwarzen Schafen«, »stillen Kindern« oder »Clowns« geworden sind (vgl. Sharon Wegscheider: *Es gibt doch eine Chance*, Anm.d.Ü.). Die Scheidung ist es, die ihnen einfällt, wenn sie über ihre Schwierigkeiten mit intimen Beziehungen sprechen oder davor zurückschrecken, sich auf einen anderen Menschen wirklich einzulassen.

Das Phänomen des erwachsenen Scheidungskindes läßt sich auf keinen Fall einseitig betrachten. Es steht außer Zweifel, daß viele Betroffene davon profitieren, wenn sie etwas über ihre süchtigen und gestörten familiären Verhaltensmuster erfahren. Aber da innerhalb des Ganzen die Scheidung der entscheidende Prozeß in ihrem Leben war, bereitet dieses Thema ihnen auch die größten Schwierigkeiten und muß als erstes »bearbeitet« werden.

Ich glaubte anfangs, meine Motive für eine Untersuchung über erwachsene Scheidungskinder seien professionelle, erlebte aber, wie sie schnell zu persönlichen Gründen wurden. Ich dachte, diese Untersuchung würde mir bei meiner Tätigkeit als Mediatorin bei Scheidungen und Sorgerechtsfragen helfen zu verstehen, was mit den Kindern in all jenen Familien geschah, in denen ich vermittelte. Das war auch tatsächlich der Fall, und ich kam auf einer persönlichen Ebene mit dem Schmerz, der Frustration und dem Kampf vieler Menschen in Berührung, die mir ihre Geschichte mitteilten. Ich glaube, ihre Bereitschaft, ihre Erfahrungen in diesem Buch weiterzugeben, ist selbst schon eine Erlösung für sie und ihre Geschichte als erwachsenes Kind geschiedener Eltern. Durch all das ist meine Überzeugung gewachsen, daß erwachsene Scheidungskinder reale Probleme und Schwierigkeiten haben, die auf den Auswirkungen des Scheidungsverlaufs beruhen und die verdienen, daß wir sie beim Namen nennen und uns mit ihnen befassen. Ich hoffe, erwachsene Scheidungskinder sind erleichtert, wenn sie ihre eigenen Erfahrungen hier beschrieben finden. Ich hoffe auch, sie fühlen sich nicht mehr so allein, wie viele sich laut eigener Aussage so lange Jahre gefühlt haben. Ich vertraue darauf, daß erwachsene Kinder aus Scheidungsfamilien dieses Buch als Hilfe für ihre Heilung benutzen und sich daran erinnern, daß ihre Vergangenheit nicht zwangsläufig auch ihre Gegenwart oder ihre Zukunft prägen muß.

Und schließlich glaube ich, daß die Not erwachsener Scheidungskinder ein Symptom für ein tiefer gehendes Problem, eine in unserer gesamten Gesellschaft vorherrschende Verleugnung ist. Ich habe dieses Buch geschrieben, um beide Seiten zu untersuchen – die individuelle und die gesellschaftliche – und Wege vorzuschlagen, die beiden zur Linderung und Besserung verhelfen.

2 Scheidung und Gestörtheit –
Das Netz entwirren

Als Phil mich mit einer gewissen Dringlichkeit in der Stimme anrief, ging ich schneller auf ihn ein, als das sonst meine Art ist. Ich kannte Phil seit seinem 15. Lebensjahr. Er war einer von den vielen Teenagern gewesen, die sich auf mein Auto stürzten, um die für junge Menschen vor der Führerscheinprüfung obligatorischen Fahrversuche zu unternehmen. Jetzt fragte mich Phil, ob wir uns irgendwo verabreden und miteinander reden könnten. Er sagte, er fühle sich aufgewühlt und durcheinander. Wir kamen überein, uns am nächsten Nachmittag in einem kleinen Café zu treffen.

Als ich im Café ankam, bemerkte ich überrascht, wie sehr Phil sich verändert hatte. Er war nicht mehr der Junge, den ich in Erinnerung hatte. Mit 25 war sein Körper voll entwickelt und nicht mehr der eines schlaksigen High-School-Jugendlichen. Wir umarmten uns und bestellten unseren Tee. Nach einem kleinen Vorgeplänkel steuerte Phil direkt auf den Grund für seinen Anruf zu. »Ich muß dich etwas fragen«, begann er mit unsicherer Stimme. »Stimmt etwas nicht mit mir, weil meine Eltern geschieden sind?« Seine Frage schockierte mich, und ich wollte wissen, warum der junge Mann, den ich als einen strahlenden, lebendigen und liebevollen Menschen kannte, innerhalb von nur zehn Jahren so ernst und traurig geworden war. Ich forderte Phil auf, mehr von sich zu erzählen und mir zu sagen, warum er sich wegen der Scheidung seiner Eltern für gestört hielt.

»Nun«, begann Phil, »ich glaube, du weißt, daß meine Leute sich scheiden ließen, als ich im ersten Jahr das College besuchte. Ich war gerade 18 geworden. Ich war überhaupt nicht überrascht, weil es in unserer Familie seit Jahren sehr viele Spannungen gegeben hatte, und es war in gewisser Weise auch eine Erleichterung, daß es damit nun endlich vorbei sein würde. Vati wollte schon sehr viel früher als Mutti aus der Ehe ausbrechen. Bis zu meinem Abschluß an der High-School hatte jeder der beiden sein eigenes Leben geführt. Ich denke, sie sind vielleicht meinetwegen zusammengeblieben. Aber jetzt habe ich das Problem, daß ich Beziehungen nicht traue. Ich treffe Mädchen, die ich wirklich mag, und wenn wir gerade anfangen, uns näherzukommen, breche ich die Beziehung ab. Ich habe schreckliche Angst vor Nähe, aber ohne Beziehung fühle ich mich einsam.«

Phil fuhr fort, indem er zwei Beziehungen beschrieb, die er mit jungen Frauen eingegangen war. Bei der einen Beziehung meinten beide es ernst und dachten ans Heiraten. »Als es zu diesen Überlegungen kam, rastete ich einfach aus«, erzählte Phil weiter. »Ich war so verrückt und kompromißlos, daß ich glaubte, keine andere Wahl zu haben. Ich hatte das Gefühl, diese Frau heiraten oder die Beziehung ganz abbrechen zu müssen. Schließlich machte ich meine Freundin so unglücklich, daß sie die Beziehung beendete. Sie verließ mich. Obwohl sie mich gebeten hatte, mit ihr zusammenzubleiben, ohne mich für das eine oder andere zu entscheiden, konnte ich die Ungewißheit einfach nicht ertragen. Es macht mich ganz krank, wenn ich daran denke. Kann sein, daß ich sie nicht heiraten wollte, aber am Ende hatte ich außerdem eine gute Freundin verloren, vielleicht meine beste Freundin.« Phil machte eine Pause. Er starrte in seine Teetasse, während er den Inhalt herumschwenkte. Dann schaute er aus dem Fenster. Draußen war alles weiß von frisch gefallenem Schnee. Ich wartete. Phil schien noch nicht zu Ende zu sein. Schließlich blickte er mich wieder an und sagte: »Bevor meine Alten sich scheiden ließen, hatte ich diese Probleme mit Freundinnen offensichtlich nicht. Glaubst du, daß ihre Scheidung der Grund dafür ist?«

Ich fühlte mich von Phils Frage völlig überfordert. Obwohl ich mich im Verlauf des vergangenen Jahres in genau solche Geschichten wie die von Phil vertieft und einen mikroskopischen Blick auf die Schwierigkeiten erwachsener Scheidungskinder geworfen hatte, verwirrte mich jetzt das »dafür« in Phils Frage. War die Scheidung die Ursache »dafür«? Hatte sie einen bislang einigermaßen stabilen Teenager in einen rigiden, kontrollierten, ängstlichen jungen Mann verwandelt, der seine engsten Beziehungen sabotierte?

Phil und ich sprachen länger miteinander. Ich erzählte ihm, was ich über erwachsene Scheidungskinder in Erfahrung gebracht hatte. Er schien erleichtert, einige seiner Gefühle benennen zu können. Nach mehreren Stunden gingen wir auseinander. Die Sonne ging hinter den Bergen unter, und im Café bediente bereits die nächste Schicht. Ich stapfte zu meinem Wagen und war nachdenklicher als vor dem Treffen. Ganz offensichtlich hielten viele Menschen (einschließlich Phil) eine Scheidung für etwas Schlechtes. Er hatte – verständlicherweise – einfach den Schluß gezogen, daß sein Leben ohne die Scheidung seiner Eltern problemlos verlaufen wäre. Leider enthält Phils Denken ein Fünkchen Wahrheit. Aber eben nur ein Fünkchen. Die Scheidung war sicherlich zentral für das jahrelange Leid in Phils Familie. Und doch war die Scheidung andererseits nur der Gipfel einer langfristig bestehenden Störung. Auch ohne Scheidung hätte Phil mit vielen der Gefühle, die er beschrieb, zu kämpfen gehabt. Die Scheidung war der Prozeß, in dessen Verlauf die Verleugnung der starken Gestörtheit von Phils Familie zusammenbrach.

Bevor ich hier fortfahre, halte ich es für notwendig, den Zusammenhang zwischen Gestörtheit und Scheidung verständlich zu machen. Gestörtheit und Scheidung sind nicht das gleiche, und doch sind beide manchmal miteinander verwandt. Zwischen Scheidung und Gestörtheit besteht insofern ein Zusammenhang, als ein Mensch in dem Maße unfähiger wird, sich auf einen Partner oder eine Partnerin und Kinder einzulassen, wie er sich kontrollierend, verärgert, zurückhaltend und depressiv verhält. Dieses Verhalten führt dazu, daß das Familiensystem seine eigene Gestörtheit entwickelt und anfängt zusammenzubrechen. In diesem Fall verursacht die Gestörtheit die Scheidung, weil die intime Beziehung, die eine Ehe darstellt, unerträglich wird.

Umgekehrt ist aber nicht jede Scheidung die Folge von Gestörtheit. Manchmal entwickeln Menschen sich auseinander. Dabei geht es ihnen tatsächlich nach und nach besser, und sie sehen, daß ihre Ehe sie in ihrem Wachstum nicht mehr unterstützt. In diesem Fall trennen sich die Partner freundschaftlich. Ich hoffe, daß die Klärung des Unterschieds zwischen Scheidung und Gestörtheit es uns leichter macht, uns auf die spezifischen Probleme erwachsener Scheidungskinder zu konzentrieren. Wir wollen damit anfangen, indem wir uns ansehen, was Gestörtheit genau ist.

Gestörtheit verstehen

Um eine Arbeitsdefinition des Begriffes »Gestörtheit« zu gewinnen, stellen Sie sich Gestörtheit bitte als einen großen Schirm vor. Unter diesem Schirm sind zahlreiche verschiedene Problematiken versammelt, mit denen heutige Familien zu kämpfen haben und die dazu führen, daß das Familienleben nicht mehr zu bewältigen ist. Es geht dabei um Verhaltensweisen, die als Ersatz für Intimität benutzt werden, wie Sucht, Mißbrauch und emotionale Unterdrückung. Beispiele dafür wären der Mißbrauch von Suchtmitteln wie Alkohol, Drogen und Essen, der Mißbrauch von Suchtprozessen wie Arbeit, Beziehungen, Sex, Geld ausgeben, konsumieren und Religion so-

wie körperlicher, sexueller, psychischer und verbaler Mißbrauch.

Jeder dieser drei Problembereiche – Sucht, Mißbrauch und
emotionale Unterdrückung – ist seiner Definition nach als solcher gestört. Sucht, Mißbrauch und emotionale Unterdrückung
unterscheiden sich von der Scheidung, die – je nach Verlauf –
sowohl wohltuende als auch schädliche Auswirkungen haben
kann, insofern, als sie die Bedingungen dafür schaffen, daß die
Familie immer gestörter wird. Für Gewalt innerhalb der Familie zum Beispiel gibt es keinerlei Rechtfertigung. Gewalt ist ein
Zeichen für große Respektlosigkeit vor anderen und verletzt
persönliche Grenzen. Sie hat nichts Positives an sich. Die Familie wird gestört, weil die Zugehörigkeit zur Familie unter
anderem erfordert, daß die Mitglieder bestimmte Rollen annehmen, die weder frei gewählt sind noch ausgehandelt werden.

Die Familienmitglieder können nicht sie selbst sein, und mit
der Zeit wird jede Form von Intimität unmöglich. Die Wurzeln
von Gestörtheit liegen immer in der Unfähigkeit zu fühlen, der
Erstarrung oder dem Ignorieren von Gefühlen. Gestörte Familien sind an allererster Stelle Familien, in denen es gefährlich
erscheint, Gefühle zu haben.

Die Gestörtheit eines Individuums oder einer Familie weist
folgende typische Züge auf:

* Verleugnung der familiären Realität;
* vor sich selbst und anderen geheimhalten, was in der Familie
  tatsächlich vor sich geht;
* die Übernahme von Rollen, die dem Alter oder der Erfahrung nicht entsprechen, wie zum Beispiel, daß ein neunjäh-
  riges Mädchen für seine jüngeren Geschwister spricht;
* eine Umgebung, in der nur bestimmte Gefühle geäußert
  werden dürfen, während andere verboten sind, wie zum Beispiel in der Familie, in der die Mutter den Kindern, während
  sie sich auf den Weg zur Beerdigung ihres Vaters machen,

einen scharfen Blick zuwirft und sagt: »Wir weinen nicht in der Öffentlichkeit, reißt euch also zusammen«;

- eine vage, indirekte und über Dritte laufende Kommunikation, bei der die Familienmitglieder meistens raten müssen, was gemeint ist; Botschaften werden von dritter Seite weitervermittelt, und man hat nicht das Gefühl, gehört zu werden, wenn man etwas sagt. Die meisten Gespräche sind formal, ritualisiert oder mechanisch;
- mangelnder Respekt für persönliche Einschränkungen, Grenzen und die Privatsphäre, vor allem verbreitet in Familien mit sexuellem Mißbrauch;
- ängstliche Besorgtheit ist vorherrschend, Verspieltheit selten;
- Kontrolle, die sich auf sämtliche Bereiche des familiären Lebens erstreckt; Finanzen, Kleidungsstil, Hausarbeit, politische Einstellungen und anderes mehr werden durch feste Regeln bestimmt. Der Zweck dieser Regeln besteht darin, die Geschlossenheit des Systems zu wahren;
- Mangel an eigener Identität insofern, als es nicht in Ordnung ist, anders zu sein als die Familie; umgekehrt ist das familiäre System so geschlossen, daß die Außenwelt als fremd und bedrohlich empfunden wird.

Da die Familie ein System ist, wird sie von jedem Mitglied beeinflußt. Wenn also auch nur ein Mitglied gestört ist, fängt auch die restliche Familie an, gestörte Verhaltensweisen zu übernehmen. Selbst ein freundlich gemeintes Verhalten kann sich zu Gestörtheit entwickeln. In einer Familie, in der ein Sohn infolge eines Autounfalls körperlich behindert war, stellten die Familienmitglieder ihre eigenen Bedürfnisse zurück, um für ihn da zu sein. Im Laufe der Jahre wurde er immer abhängiger und die anderen immer verärgerter, aber wegen des »armen Joes« wagte niemand seine Gefühle zu äußern. Joe wurde schließlich abhängig von Schmerzmitteln. Die Familie errichtete einen Wall von Verleugnung. Sie weigerte sich, Joes wachsende Sucht zu sehen. Ihre Entschuldigung dafür war, daß man ihm nach allem, was er erlitten hatte, einige Abhängigkeiten erlauben müsse. Ihr Kümmern und Sorgen um Joe wurde immer unflexibler und reglementierter. Die Familie erkannte einfach nicht, daß sie auch ein Bedürfnis nach Ruhe und Abstand von Joe hatte, und da der einzige Weg, sich zu erholen, darin bestand, selbst körperlich krank zu werden, kam es regelmäßig zu entsprechenden Erkrankungen.

Das stellt eine Situation dar, in der die Familie einfach aufhörte, sich auf die Bedürfnisse ihrer einzelnen Mitglieder einzustellen und Joe zu ihrem absoluten Mittelpunkt machte. Wenn alle sich auf ein Mitglied der Familie konzentrieren, vernachlässigen die anderen Mitglieder sich selbst, auch wenn die Bedürfnisse der Person im Mittelpunkt legitim sind, wie das auch bei Joe der Fall war. Statt sich damit auseinanderzusetzen, daß sie das Gefühl hatten, übergangen zu werden und weder Liebe noch Zuwendung zu verdienen, kanalisierten sie ihre Gefühle in die Fürsorge für Joe. Das gestörte Gleichgewicht ihres Systems äußerte sich darin, daß alle der Reihe nach immer wieder krank wurden. Statt sich damit auseinanderzusetzen, daß sie Schuldgefühle empfanden, weil sie zwei gesunde Beine hatten und Joe nicht, verhielten sie sich so, daß es ihnen schlechtging. Sie wurden emotional ebenso behindert, wie Joe körperlich behindert war.

Gestörtheit beeinträchtigt nicht nur die ganze Familie, sondern wirkt auch generationsübergreifend. Ich habe eine Freundin, die bekannt ist für ihre Vorträge und die zu ihren Zuhörern immer sagt: »Es macht mich krank, ständig nur von gestörten Familien zu hören. Hat irgend jemand von Ihnen jemals eine intakte Familie erlebt?« Die Reaktion auf ihre Bemerkung besteht meistens in Gelächter und Applaus. Wenn wir uns jetzt Joes Familie wieder zuwenden, können wir sehen, wie stark deren Gestörtheit ist und welche langfristigen Aspekte sie hat. Schon vor Joes Unfall gab es in der Familie bestimmte Regeln, die sich nach diesem Ereignis noch verfestigten. Man agierte auf der Grundlage von Einstellungen wie »nicht fühlen«, »nicht darüber reden«, »nicht um das bitten, was man braucht« und »halt die Ohren steif«. Als Joes Geschwister aus dem Haus gingen und selbst eine Familie gründeten, zeigten sie die Tendenz, selbst wieder Beziehungen mit bedürftigen Menschen einzugehen. Was sie bei Joes Betreuung gelernt hatten, ließ sich leicht übertragen, und so wurden die gestörten Verhaltensmuster fortgesetzt. Auf diese Weise wurden auch die dritte und die vierte Generation zu »Helfern«, und alle glaubten die ganze Zeit, ihr familiäres Verhalten sei normal. Schließlich hatten sie niemals etwas anderes kennengelernt. Also mußte es richtig sein.

Bei dem von mir schon zitierten Beispiel, bei dem eine Mutter zu ihren Kindern sagte, »wir weinen nicht in der Öffentlichkeit«, wuchsen die Kinder mit einer Regel auf, die wie ein Ehrenkodex wirkte, der ihre Stärke bewies. Als ich dieser Familienregel bei mehreren Mitgliedern auf den Grund ging, entdeckte ich, daß der Satz »wir weinen nicht in der Öffentlichkeit« in die Botschaft »wir zeigen niemandem, was wir fühlen, auch den anderen in unserer Familie nicht« übersetzt worden war. Was früher eine dubiose Form von Stolz gewesen war, hatte sich im Laufe der Zeit zu einer massiven Gestörtheit entwickelt, die auf emotionaler Unterdrückung beruhte.

Ich halte es für wichtig, hier etwas über die Rolle zu sagen, die die Gesellschaft bei der Entwicklung von Gestörtheit spielt. Viele von uns glauben, daß unsere Probleme aus unserer Ursprungsfamilie stammen und es uns gutgehen würde, wenn wir diese Probleme lösen könnten. Wenn jeder Mensch die Schwierigkeiten, die er aus seiner Ursprungsfamilie mitbringt, überwinden würde, wäre die Welt in Ordnung. Ich stimme dem nicht zu, sondern glaube vielmehr, daß die Gesellschaft selbst auf der Grundlage von Prinzipien und Normen operiert, die Individuen und Familien in ihrer Gestörtheit fördern.

Meine Kollegin Anne Wilson Schaef hat in ihrem bahnbrechenden Buch *Im Zeitalter der Sucht* geschrieben, daß die Gesellschaft Sucht aktiv unterstützt, denn viele Menschen können nur überleben, indem sie sich gegen den Schmerz betäuben, der mit dem Leben in unserer heutigen Gesellschaft einhergeht.

Viele gesellschaftliche Institutionen und Organisationen verhalten sich gestört. Folglich können Sie aus einer denkbar intakten Familie stammen, um aber gleichzeitig feststellen zu müssen, daß Sie sich in Ihrer Schule oder bei der Arbeit in einer gestörten Umgebung befinden. Besonders für erwachsene Scheidungskinder kann diese Tatsache zum entscheidenden Problem werden. Viele erwachsene Scheidungskinder haben mir erzählt, daß ihre Familie die Scheidung zwar auf relativ angenehme Weise abgewickelt hat, die Diskriminierung und Anschuldigungen aber, die sie von seiten der Kirche und der Schule erlebten, dazu führten, daß sie sich schämten und minderwertig fühlten. Diese Scham, die nicht auf ihren familiären Erlebnissen beruhte, trugen sie jahrelang mit sich herum.

Die Gesellschaft fördert Gestörtheit auch durch die Verbreitung der Bilder, die sie uns als Symbole eines normalen Beziehungslebens präsentiert. Durch die meisten Medien werden wir dazu gebracht, von der Ehe sofortige Intimität zu erwarten, ebenso gaukeln wir uns vor, daß Familien ihre Probleme genauso lösen können, wie es innerhalb halbstündiger Fernsehserien passiert. Wir werden mit Bildern bombardiert, die wir in unserem Alltagsleben unmöglich füllen können. Es ist kein Zufall, daß Sucht und die gestörte Familie Hand in Hand gehen. Sucht ist ein künstliches Hochgefühl und blockiert reale Gefühle. In einer Gesellschaft, die diese Gestörtheit hinter glatten Fassaden verbirgt, existiert enorm viel Schmerz. Kein Wunder, daß Beziehungen fehlschlagen und Scheidungen ein so verbreitetes Phänomen sind.

Das Phänomen der Scheidung verstehen

Wir wollen uns jetzt mit der Scheidung befassen. Formal betrachtet ist eine Scheidung ein Akt, der einen Ehevertrag und damit auch die existierende Familieneinheit auflöst. Sie bedeutet die Trennung der Ehepartner, und tatsächlich enden die meisten Scheidungen mit einem deutlichen Bruch. Nach der Scheidung ändert sich vieles: Beziehungen, tägliche Abläufe, Finanzen, die Anzahl der in der Familie lebenden Personen und anderes mehr. Trotzdem ist die Scheidung selbst nur selten das wichtigste Thema für erwachsene Scheidungskinder, und zwar deswegen, weil die Scheidung mehr ist als das Ende der Ehe. Sie ist kein bloßes Ereignis, sondern ein Prozeß.

Der Scheidungsprozeß besteht aus mindestens drei Phasen. Die erste Phase ist die Phase vor der Scheidung. Sie führt zu dem Entschluß, die Ehe zu beenden. Für viele erwachsene Scheidungskinder ist das die Zeitspanne, an die sie sich erinnern, wenn sie auf die gesamte Scheidung zurückblicken. Typisch für diese Phase ihrer Kindheit waren ständiger Streit, offene Kämpfe und eine Veränderung des Familienalltags. In dieser Zeit hatten die Kinder das Gefühl, daß etwas nicht stimmte, und zwar lange bevor sie den offenkundigen Beweis hatten, daß eine Scheidung unvermeidlich war. In der Phase vor der eigentlichen Scheidung ist deutlich zu spüren, daß die Eltern auseinanderstreben, während die Kinder das panische Gefühl haben, daß etwas geschieht, was sich ihrer Kontrolle entzieht.

Mein junger Freund Phil konnte diese Phase vor der Scheidung deutlich erkennen. Er sagte: »Zu der Zeit, als ich mit der High-School begann, wußte ich, daß sich zwischen meinen Eltern etwas verändert hatte. Ich kann das nur so beschreiben, daß sie es nicht mehr miteinander versuchten. Ich wußte auch schon vor dieser Zeit, daß sie Schwierigkeiten hatten, aber da waren sie offensichtlich noch entschlossen, ihre Probleme zu lösen. Plötzlich schienen sie keine Energie mehr für die Ehe zu haben. Sie gaben auf.«

Diese erste Phase vor der Scheidung ist ziemlich komplex, denn oft will ein Partner die Scheidung und der andere nicht. Anders als Phils Eltern verdoppelt also ein Ehepartner seine Anstrengungen, die Ehe zu retten, während der andere sich dem widersetzt. Trotzdem ist diese Phase für die meisten erwachsenen Scheidungskinder entscheidend, weil der Schmerz und das Trauma dieser Zeit den Boden bilden, aus dem viele der Gefühle und Verhaltensweisen erwachsen, die sie im Erwachsenenleben behindern. So lernten zum Beispiel viele erwachsene Scheidungskinder in dieser Phase die Regel »sprich nicht darüber«. Sie spürten, daß irgend etwas in der Familie und mit ihren Eltern nicht stimmte, aber sie sprachen ihre Ängste nicht aus. Dieses Verhalten, das im Erwachsenenleben fortgesetzt wird, ist eine Last für erwachsene Scheidungskinder, weil sie in ihren intimen Beziehungen ihre Bedürfnisse nicht äußern.

Man sollte untersuchen, wie lange die Phase vor der Scheidung jeweils gedauert hat. Ausgehend von der Komplexität unseres Rechtssystems kann selbst eine einmütig gewollte Scheidung ein Jahr oder länger dauern. Sind Kinder mit im Spiel, zieht sie sich meistens noch länger hin. Bei den erwachsenen Scheidungskindern, mit denen ich gesprochen habe, dauerte die Phase vor der Scheidung meistens zwischen drei und fünf Jahren. Für viele andere waren es sieben Jahre oder noch mehr. Mehrere von ihnen äußerten, daß sie bereits als kleine Kinder gewußt hätten, daß die Ehe ihrer Eltern auf wackeligen Beinen stand, selbst wenn die Eltern sich erst Jahre später tatsächlich trennten. Wir sollten uns also bewußtmachen, daß es eine »offizielle« Phase vor der Scheidung geben kann (die dann eintritt, wenn die Eltern die Scheidung eingereicht haben) und eine »intuitiv erahnte« (in der das Kind, lange bevor von den Erwachsenen überhaupt darüber gesprochen oder entsprechend gehandelt wird, weiß, daß die Scheidung eine reale Möglichkeit ist). Ich weise auf diesen Unterschied hin, weil so viele erwachsene Scheidungskinder damit zu kämpfen haben, daß sie ihrer eigenen Wahrnehmung nicht trauen. Sie führen ihr

Mißtrauen auf die Zeit zurück, in der sie gespürt haben, daß ihre Eltern in Schwierigkeiten waren, den Kindern aber sagten, sie hätten unrecht oder seien verrückt.

Die zweite Phase des Scheidungsablaufs ist die Scheidung selbst. Während die Phase vor der Scheidung sich meistens ermüdend in die Länge zieht, kann die zweite Phase überraschend schnell verlaufen. In dieser Phase werden meistens die Scheidungspapiere unterschrieben und/oder der Gerichtstermin wahrgenommen. Erwachsene Scheidungskinder können sich zum Beispiel daran erinnern, von der Schule nach Hause gekommen zu sein, um zu hören, daß sie am nächsten Tag umziehen würden. War die Familie bereits räumlich getrennt, mußten die Kinder oft erleben, daß ein Elternteil die Scheidung feierte. Die Kinder reagierten auf die Scheidung ganz anders. Sie fühlten sich am Boden zerstört. Es gibt aber auch viele erwachsene Scheidungskinder, für die der Moment der Scheidung unbemerkt vorüberging. Er bestätigte lediglich, was schon vor Monaten oder Jahren in Gang gesetzt worden war, daß nämlich die Eltern sich räumlich trennten, wobei der Vater oder die Mutter aus der gemeinsamen Wohnung auszog.

Die dritte Phase, die Zeit nach der Trennung oder Scheidung, kann ebenso schwierig sein wie die Phase vor der Scheidung. Viele erwachsene Scheidungskinder waren in dieser Zeit besonders verletzlich. Sie fühlten sich zwischen den Eltern hin- und hergerissen. Sie wurden zu kleinen Helfern, vor allem wenn sie spürten, daß ein Elternteil Unrecht erlitten hatte. Sie waren den gegenseitigen Anschuldigungen der Eltern ausgeliefert. Sie agierten als Puffer und Vermittler zwischen den Eltern, und viele erwachsene Scheidungskinder haben tatsächlich geglaubt, sie könnten ihre Lieben wieder zusammenbringen.

Diese Phase kann sich ebenso wie die Zeit vor der Scheidung über Jahre hinziehen. Eigentlich geht sie für erwachsene Scheidungskinder, die die Probleme, die sich aus der Scheidung ihrer Eltern ergaben, nicht lösten, ihr ganzes Leben lang weiter. Selbst nachdem Eltern ihre Gefühle verarbeitet haben, können die Kinder sich weiter bemühen, sie wieder zusammenzubringen. Sie leiden unnötig. Die älteste Teilnehmerin an meiner Befragung, eine 62jährige Frau, bekannte, daß sie aufgrund der Scheidung so lange wütend auf ihre Eltern war, bis diese starben. Diesen Ärger trug sie mit in jedes Treffen mit den Eltern, obgleich diese selbst mit ihrer Entscheidung längst Frieden geschlossen hatten. In diesem Fall hat das erwachsene Scheidungskind die Phase nach der Scheidung fortgesetzt, während sie für die Eltern abgeschlossen war. Natürlich bleiben viele Menschen an ihre ehemaligen Ehepartner gebunden und belasten ihre Kinder oft mit ihren Feindseligkeiten oder beklagen sich bitterlich über ihren Exmann oder ihre Exfrau. All diese Verhaltensweisen machen die Phase nach der Scheidung aus und haben einen nachhaltigen Einfluß auf die Kinder.

Ich hoffe, aus dieser Darstellung der einzelnen Scheidungsphasen ist deutlich geworden, daß ich mich, wenn ich über erwachsene Scheidungskinder schreibe, auf einen Ablauf beziehe und nicht auf die für sich allein stehende Entscheidung, eine Ehe zu beenden. Dieser langwierige Ablauf ist es, der erwachsene Scheidungskinder beeinflußt, nicht die Tatsache der Scheidung selbst.

Die Scheidung als solche ist weder falsch noch schlecht. Auch wenn einige religiöse Gruppierungen darin nicht mit mir übereinstimmen, bin ich davon überzeugt, daß die Scheidung als solche kein gestörtes Verhalten zeigt, sondern vielmehr ein neutrales Ereignis ist. Entscheidend ist, *wie* die Scheidung ausgetragen wird. Der allerwichtigste Faktor, der Scheidungskinder beeinträchtigt, ist der Ablauf der Scheidung.

Schmerzlich wird die für sich gesehen neutrale Scheidung erst durch die Gestörtheit der Familie, die den Ablauf der Scheidung prägt. Wir wollen uns dazu zuerst einmal ein Beispiel für eine Scheidung vornehmen, die die Folge einer familiären Gestörtheit war. In Phils Familie war die Mutter schwer depressiv. Folglich war sie die meiste Zeit teilnahmslos und emotional für Phil nicht da. Vom Kopf her konnte Phils Vater den

Zustand seiner Frau begreifen. Den Gefühlen jedoch, die ihre Depression in ihm auslösten, ging er aus dem Weg, indem er viel arbeitete und mehrere Affären hatte. Innerhalb der Familie sprach keiner von ihnen jemals über seine Gefühle. Wenn man sie fragte, wie es ihnen ginge, sagten sie immer: »Gut.« Daß sie ihre Gefühle verleugneten und so taten, als sei alles normal und Phils Mutter ein Mensch, der sie in Wirklichkeit nicht war – all das trug dazu bei, daß sie den Kontakt zur Realität der Familie und der Beziehungen zueinander immer weiter verloren. Intimität zwischen ihnen war auf keiner Ebene möglich. In diesem Fall war die Scheidung die Folge einer bereits vorher existierenden Gestörtheit. Sie war, zusammen mit anderen Verhaltensweisen, ein Symptom, das auf die problematischen Prozesse hinwies, die der Scheidung vorausgegangen waren.

Oft tragen Menschen ihre ungelösten emotionalen Schwierigkeiten in die Ehe. Und ebensooft heiraten sie in dem Glauben, daß die Ehe diese Probleme lösen werde. Das ist aber nur selten der Fall. Tatsächlich verstärkt eine Ehe meistens die Probleme, die von der Ursprungsfamilie mitgebracht werden. Wir sollten also nicht die Scheidung zum Sündenbock machen und ihr die Schuld an Problemen geben, die bereits lange vor der Ehe existiert hatten. Die Scheidung ist lediglich die unvermeidliche Folge, das Resultat, und damit in Wirklichkeit ein weiteres Symptom für die zugrundeliegende Gestörtheit.

Des weiteren kann auch die Scheidung selbst gestört verlaufen. Der gesamte Drei-Phasen-Prozeß kann durchzogen sein von Vorwürfen, endlosem Ärger, Geheimnissen, Manipulation und versteckten Angriffen. Man gesteht sich Gefühle vielleicht niemals ein und fordert sich gegenseitig auch nicht auf, sie zu äußern. Die Familienmitglieder können durch die Ereignisse stark mitgenommen sein und das Gefühl haben, sie dürften nicht sie selbst sein. Nicht alle Scheidungen verlaufen jedoch so. Später beschreibe ich in diesem Buch auch Scheidungen, bei denen für sämtliche Beteiligten positiv gehandelt wurde. Doch scheint der problembehaftete Scheidungsablauf zu überwiegen, und ich konzentriere mich beim Besprechen der Probleme erwachsener Scheidungskinder vor allem auf ihn. Damit berücksichtige ich auch die Tatsache, daß viele erwachsene Scheidungskinder es als Zeugen der elterlichen Trennung mit mächtigen Vorbildern zu tun hatten. Immer wieder werden erwachsene Scheidungskinder von den Erlebnissen eingeholt, die sich ihrer Psyche durch den Scheidungsverlauf eingeprägt haben.

Wenn wir auf das Bild des Schirms für Gestörtheit zurückgreifen, können wir leicht sehen, daß Scheidungskinder mehrere Möglichkeiten haben, die Auswirkungen der Scheidung zu begreifen. Am wichtigsten ist es für erwachsene Scheidungskinder, daß der Scheidungsverlauf selbst der Punkt gewesen sein kann, an dem die familiäre Gestörtheit sich konzentrierte und ausagiert wurde. Die Folge ist, daß erwachsene Scheidungskinder bei sich typische Wesenszüge feststellen, mit denen sie sich auseinandersetzen müssen, um zu genesen. Auf diese typischen Merkmale wird später noch genauer eingegangen. Weiterhin kann die Scheidung die Folge einer bereits länger existierenden Gestörtheit sein, und deswegen weist das erwachsene Scheidungskind vielleicht auch Verhaltensweisen auf, die typisch für das erwachsene Kind eines Alkoholikers oder eines in anderer Form vernachlässigten Kindes sind und mit den Problemen des erwachsenen Scheidungskindes einhergehen. So kann letzteres eine der Rollen übernommen haben, die wir in der Alkoholiker- beziehungsweise Suchtfamilie vorfinden, wie »der Held«, »das schwarze Schaf«, »das stille Kind« oder »der Clown«, und zwar zusätzlich zu den für erwachsene Scheidungskinder typischen Eigenschaften wie Hilflosigkeit, Verlassenheitsgefühle, Partei ergreifen und anderes mehr. Und schließlich müssen wir uns bei sämtlichen Formen von Gestörtheit an die fördernde Rolle der Gesellschaft erinnern. Selbst wenn wir als Kinder unsere familiären Erfahrungen relativ unbeschadet überstanden haben, können wir immer noch von der Gestörtheit der Gesellschaft und ihrer Institutionen in Mitleidenschaft gezogen werden.

Die Scheidung als eine Form von Gestörtheit kann mit anderen Formen von Gestörtheit koexistieren und zusammenhängen. Und trotzdem ist die Scheidung ein außergewöhnliches Geschehen, das sich von anderen Formen der Gestörtheit insofern unterscheidet, als es die gestörte Situation der Eltern beendet, während diese für die Kinder weiterbesteht. Die Eltern versuchen ihre Situation durch die Scheidung zu entspannen, und meistens gelingt ihnen das auch, während die Kinder sich oft stärker belastet fühlen als vorher. Somit ist die Scheidung sowohl eine zwiespältige Wohltat als auch ein komplexes Phänomen. Die Familie wird mit Sicherheit auch durch andere Formen von Gestörtheit beeinträchtigt. Die Scheidung jedoch ist einer der wenigen Prozesse, die eine existierende Familieneinheit tatsächlich auflösen. Deswegen geht die Scheidung über andere Formen von Gestörtheit hinaus. Die Macht der Scheidung liegt in der Beendigung des Familienlebens, wie das Kind es kennt. Auch das ist einzigartig für die Scheidung und der Grund dafür, daß deren Auswirkungen im Leben von erwachsenen Scheidungskindern so tief gehen. Die Art und Weise, wie die Betroffenen mit diesen Themen umgehen, wird im Zusammenhang mit den für sie typischen Wesenszügen untersucht, die später in diesem Buch aufgeführt werden.

Nachdem wir uns mit der Wechselbeziehung zwischen Scheidung und Gestörtheit befaßt haben, möchte ich jetzt fortfahren mit einer genaueren Beschreibung von Sucht und Mißbrauch. Beide Themen kommen in den Erzählungen von erwachsenen Scheidungskindern immer wieder vor und führen dazu, daß sowohl mit dem Scheidungsverlauf als auch mit der Umstellung der Eltern-Kind-Beziehung eine Reihe ganz bestimmter Probleme einhergehen. Nach einem Blick auf die Auswirkungen, die Suchtkrankheiten und Mißbrauch auf erwachsene Scheidungskinder haben, werde ich mich auf die Scheidung selbst sowie auf die Gefühle und Verhaltensweisen konzentrieren, die erwachsene Scheidungskinder aufgrund der Form, wie sie die Scheidung in ihrer Familie erlebt haben, mit sich herumtragen.

3 Erwachsene Scheidungskinder und Sucht

Erwachsene Scheidungskinder, deren Eltern sich aufgrund von Suchtproblemen getrennt haben oder bei denen die Sucht den Scheidungsverlauf verschärft hat, können sich mit dem Wissen trösten, daß sie nicht alleine dastehen. Tatsächlich verbreiten sich Suchtkrankheiten in unserer Gesellschaft wie eine Epidemie. Eine Beobachterin dieses Phänomens, Sharon Wegscheider-Cruse, schätzt, daß 96 Prozent der Bevölkerung aus Familien stammen, in denen Sucht innerhalb der familiären Gestörtheit eine Rolle spielte.[3] Wegscheider-Cruses Zahlenwerte sind alarmierend und weisen sowohl auf das Vorherrschen von Suchtkrankheiten als auch auf den generationsübergreifenden Aspekt dieser Leiden hin. Wenn bei Sucht nicht interveniert wird, setzt sie sich von Generation zu Generation fort. Warum ist Sucht solch ein Problem für Scheidungsfamilien? Ich glaube, daß die Sucht hier anstelle des Lebensprozesses tritt. Süchte sind allumfassend und ihrer Definition nach eine Familienkrankheit.

Süchte sind allumfassend

Wir haben bislang geglaubt, daß Menschen lediglich von bestimmten Substanzen abhängig sind. Die bekanntesten Suchtmittel sind Alkohol, Drogen und Essen. Im Laufe der vergangenen zehn Jahre ist aber deutlich geworden, daß es auch prozeßorientierte Abhängigkeiten gibt. Die meistverbreiteten prozeßorientierten Süchte sind Arbeit, Konsum, Spielen, Schuldenmachen, Sex, Beziehungen und Religion. Es wird immer offensichtlicher, daß jeder Prozeß als Sucht benutzt werden kann.

Das Muster der Sucht ist immer das gleiche, ob sie nun Suchtmitteln wie Essen oder einem Prozeß wie Beziehungen gilt. Wenn Menschen ihrer Sucht nachgehen, gleitet ihnen ihr Leben allmählich aus der Hand. Grundsätzlich bedeutet das, daß die Sucht sie beherrscht und sie sich selbst oder ihr Suchtverhalten nicht mehr unter Kontrolle haben. Sie sind nicht imstande, nein zu sagen. Süchte sind folglich chronische, fortschreitende und tödliche Krankheiten. Die 50jährige Forschung auf diesem Gebiet hat gezeigt, daß eine Sucht nicht einfach verschwindet, wenn wir spontan beschließen, damit aufzuhören. Wenn wir nicht aktiv eingreifen, endet die Sucht unweigerlich mit dem Tod. Menschen, die aktiv süchtig sind, sterben auf vielen Ebenen – spirituell, emotional, geistig und körperlich.

Süchte sind in der Hinsicht allumfassend, als sie den süchtigen Menschen ständig beschäftigt halten. Suchtkranke denken ständig an die Sucht, sehnen den nächsten »Schuß« herbei und schützen ihr geheimes Vorratslager vor Menschen, die sich vielleicht Sorgen um sie machen. Die Sucht schafft eine Distanz zu ihren eigenen Gefühlen und damit zu den Menschen, die sie lieben. Eine Sucht wirkt immer abstumpfend auf Gefühle; sie agiert als Puffer zwischen der Person und ihrer Wahrnehmung. Sucht verhindert, daß die Betroffenen für das, was um sie herum geschieht, präsent bleiben. Es ist so gut wie unmöglich, mit einem süchtigen Menschen eine Beziehung einzugehen, weil er nicht »da« ist, sondern von seiner Sucht vereinnahmt wird.

In dem Maße, wie das Wissen über Suchtkrankheiten gewachsen ist, wurde es zur allgemein akzeptierten Tatsache, daß die

41

meisten Süchtigen mit mehr als einer Sucht konfrontiert sind. Das wird jedem klar, der einmal ein Treffen der Anonymen Alkoholiker besucht und in einen Raum gerät, der voller Rauch und Kaffeetassen ist. Es ist nichts Ungewöhnliches, daß Menschen eine ganze Reihe von Süchten haben. Ein Arbeitssüchtiger zum Beispiel kann auch nach Essen süchtig sein. Die Eßsucht wird dazu benutzt, den Schmerz über das exzessive Arbeiten zu mildern.

Allen individuellen Süchten liegt ein allgemeiner Suchtprozeß zugrunde. Typisch für diesen ist Verleugnung, Unehrlichkeit, Kontrolliertsein, Selbstbezogenheit, Größenwahn sowie ein zwanghaftes Schwarzweißdenken, das übertrieben rational und logisch ist. Sämtliche Süchte enden mit einem moralischen Verfall und dem Verlust der eigenen Spiritualität.

Zu Beginn der Genesung setzen sich Süchtige mit ihrer spezifischen Sucht wie zum Beispiel Alkoholismus auseinander. Das Verlangen nach Alkohol durchzieht nicht ihr ganzes Leben. Die Herausforderung besteht vielmehr darin, den Auslösern für die »Krankheit« nicht nachzugeben, was heißt, nicht in die oben beschriebenen typischen Verhaltensweisen zu verfallen. Das ist einer der Gründe dafür, daß genesende Süchtige sagen, sie befänden sich ständig auf dem Weg der Heilung und würden niemals ganz gesund werden, denn wer von uns kann schon seine Unehrlichkeit oder sein ständiges Urteilen über Menschen ein für allemal aufgeben?

Viele Familien gehen auseinander, weil sie den Druck und die tägliche Verrücktheit, die der Suchtprozeß mit sich bringt, nicht aushalten können. Leider hat nicht nur der oder die Abhängige ein Suchtproblem. Die Familie leidet ebenfalls, aber nicht als Opfer. Sie wirkt aktiv an diesem Prozeß mit.

Eine Familienkrankheit

Früher glaubten die Familienmitglieder, der suchtkranke Mensch habe ein Problem. Heute wissen wir, daß Süchtige an einer Krankheit leiden, die sich behandeln läßt. Früher glaubten wir, die Familie litte *unter* der Krankheit des süchtigen Mitglieds. Heute können wir sehen, daß Sucht eine Familienkrankheit *ist*. Jedes Familienmitglied wird von der Krankheit des süchtigen Menschen in Mitleidenschaft gezogen. Meistens sind die Familienmitglieder am Suchtprozeß in der Form beteiligt, daß sie sich in die Schwierigkeiten des suchtkranken Menschen verwickeln, ihn zu kontrollieren versuchen oder zu retten und zu beaufsichtigen. Mit diesem Verhalten, das als Co-Abhängigkeit bezeichnet wird, erweist sich jedes Familienmitglied als gestört. Um diese Gestörtheit zu überwinden, muß nicht nur der oder die Süchtige, sondern jedes Familienmitglied mit einem Genesungsprogramm beginnen.

Als unser Wissen über Suchtkrankheiten wuchs, haben wir erfahren, daß die gesamte Familie sich dem Suchtprozeß stellen muß. Meistens wird der oder die unmittelbar Süchtige zuerst als solcher oder solche erkannt. Später gesteht seine Partnerin oder sein Partner ein, co-abhängig oder beziehungssüchtig zu sein (das heißt, vom suchtkranken Menschen abhängig zu sein und sich kein Leben ohne ihn vorstellen zu können). Ein Kind ist vielleicht eßsüchtig (es holt sich über Essen die Zuwendung, die es anders nicht bekommt), ein anderes arbeitssüchtig (es benutzt die Arbeit, um Intimität zu vermeiden und den Schmerz über die Gestörtheit der Familie zu betäuben). Welche Form der Suchtprozeß auch annehmen mag, er verbreitet sich in der Familie wie eine ansteckende Krankheit.

Sowohl das Vorherrschen der verschiedenen Süchte als auch das Mitwirken der Familie an diesen Süchten sind beim Scheidungsverlauf von entscheidender Bedeutung. Bei meinen Interviews mit erwachsenen Scheidungskindern hatten Suchtkrankheiten in 80 Prozent der Gespräche dominierende Wichtigkeit. Das heißt, daß 80 Prozent der erwachsenen Scheidungskinder in meiner Untersuchung sich sowohl mit dem Streß der Scheidung als auch mit dem Streß der Sucht auseinanderzusetzen hatten. In den meisten dieser Fälle ist die Sucht Ursache für die familiäre Gestörtheit. Mit Sicherheit hat der Suchtprozeß einen starken Einfluß auf den Ablauf der Scheidung.

Der gestörte Scheidungsverlauf hat mit dem Suchtprozeß vieles gemeinsam. Bei einer gestörten Scheidung machen die Erwachsenen sich gegenseitig *Vorwürfe*. Sie übernehmen nur selten die Verantwortung für ihr Verhalten. Auch beim Suchtprozeß arbeitet der oder die Süchtige mit Vorwürfen. Indem er anderen die Verantwortung zuschiebt, vermeidet der suchtkranke Mensch die Konfrontation mit seiner eigenen Krankheit.

Typisch für den Suchtprozeß ist, daß Süchtige *isoliert* sind und sich der Möglichkeit einer Unterstützung und/oder Konfrontation entziehen. Süchtige isolieren sich selbst, um ihren »Nachschub« zu sichern. Familie und Freunde ziehen sich zurück, indem sie verleugnen, was geschieht, verwirrt sind und sich schämen. Auch beim gestörten Scheidungsverlauf kapselt sich die Familie ab und zeigt nicht, daß sie Hilfe braucht. Die Familienmitglieder schämen sich und behalten ihre internen Schwierigkeiten für sich. Darüber hinaus ist die Scheidung, wie Wallerstein und Blakeslee in *Gewinner und Verlierer* ausführen, die einzige große Familienkrise, bei der die soziale Unterstützung wegfällt. Weder die Kirche noch Nachbarn oder soziale Vereine unternehmen Anstrengungen, einer Scheidungsfamilie zu helfen. Die Familie muß feststellen, daß sie isolierter ist denn je.

Der Suchtprozeß ist voller *Verleugnung*. Niemand erlaubt sich zu sehen, was wirklich vor sich geht. Auch der gestörte Scheidungsverlauf gedeiht auf dem Boden von Verleugnung. In vielen Fällen wurden erwachsene Scheidungskinder angewiesen, zu verschweigen, was sie in der Beziehung ihrer Eltern beobachteten. Ein erwachsenes Scheidungskind, das im Alter von acht Jahren miterlebte, wie der Vater die Mutter tätlich angriff, bekam vom Vater zu hören: »Du hast nichts gesehen.«

Die gestört Familie erlebt einen *Perfektionismus*, der ins Gegenteil umschlägt. Viele erwachsene Scheidungskinder stammen aus Familien, in denen die Mütter versuchten, perfekte Hausfrauen und Ehefrauen zu sein. Sie steckten ihren verhinderten Ehrgeiz in Aktivitäten, mit denen sie glaubten, anderen zu gefallen, und mußten am Ende feststellen, daß sie ohne Ehemann und ohne berufliche Fähigkeiten dastanden, mit denen sie ihr Geld verdienen konnten. Auch süchtige Menschen haben mit Perfektionismus zu kämpfen, und zwar in der Form, daß sie glauben, es sei nicht akzeptabel, so menschlich zu sein wie andere auch. Die Illusion, göttergleich zu sein, stirbt bei Süchtigen nur langsam.

Scheidungskinder haben immer wieder erlebt, daß sie Partei ergriffen und in Konflikte gerieten, weil sie nicht wußten, zu welchem Elternteil sie halten sollten. Auch der Suchtprozeß gedeiht auf dem Boden von *Schwarzweißdenken*. Bei dieser Form des Denkens schwanken wir in dem Glauben zwischen zwei extremen Möglichkeiten hin und her, wir könnten herausfinden, was das »Richtige« sei. Wir haben keine Vorstellung von der mittleren oder »grauen Zone« und können Menschen nicht verstehen. Wir glauben, wir müßten uns nur auf die richtige Seite schlagen, um völlig im Recht zu sein. Viele erwachsene Scheidungskinder haben sich in ihrer Kindheit damit gequält, herauszufinden, welche Seite die »richtige« sei. Bei den meisten gestörten Scheidungen haben die Eltern diesen Kampf verstärkt. Es gab keine Neutralität. Ebenso wie das Suchtsystem ein geschlossenes System ist und das Schwarzweißdenken diese Geschlossenheit wahrt, versuchten erwachsene Scheidungskinder das Familiensystem zu erhalten, indem sie Partei ergriffen. Erwachsene Scheidungskinder waren so damit beschäftigt, sich auf eine Seite zu schlagen, daß sie darüber ihre eigenen Bedürfnisse, die vielleicht mit ihren Eltern gar nichts zu tun hatten, vergaßen.

Süchtige sind völlig *selbstbezogen*. Für sie ist alles, was geschieht, für sie oder gegen sie, und sie unternehmen alles, was in ihrer Macht steht, um an ihren »Schuß« zu kommen. Auch den gestörten Scheidungsverlauf empfanden erwachsene Scheidungskinder als sehr egoistisch. An sie schien niemand zu denken. Sie fühlten sich alleingelassen, während ihre Eltern ihrer Sache nachgingen. Und doch wurden die Kinder total in die Konfliktlösung verwickelt. Dabei fühlten sie sich um ihre Rechte betrogen und übergangen und von den Eltern behandelt, als ob sie gar nicht wichtig seien.

Beim gestörten Scheidungsverlauf ist es üblich, daß die Parteien versuchen, ihn zu *kontrollieren*. Die Kinder wurden Zeugen, wie ihre Eltern um Finanzen, Eigentum und Sorgerecht konkurrierten. Selten sprachen die Eltern offen miteinander über ihre Wünsche. Rechtsanwälte traten auf den Plan und regelten Macht- und Eigentumsprobleme. Erwachsene Scheidungskinder können sich daran erinnern, daß sie versuchten, ihre Gefühle unter Kontrolle zu halten, weil diese für die Familie nur eine zusätzliche Last waren. Auch der Suchtprozeß beruht auf Kontrolle oder zumindest der Illusion von Kontrolle. Süchtige glauben, ihr zwanghaftes Verhalten kontrollieren und auch Einfluß auf das Bild nehmen zu können, das andere sich von ihnen machen. Das ist Teil ihrer Selbstüberschätzung. Das Paradoxe an der Genesung ist, daß sie in dem Moment beginnt, in dem Süchtige ihre Machtlosigkeit und den Verlust der Kontrolle über die Sucht zugeben. Dann können sie aufhören, ihrer Sucht nachzugehen.

Im Suchtsystem sagt der Co-Abhängige: »Ich komme damit allein zurecht. Ich werde es alleine schaffen.« Auch Kinder aus geschiedenen Familien glauben, sie müßten alles allein machen. Sie haben die Erfahrung gemacht, ohne jede Nähe und Unterstützung dazustehen, und sie fühlen sich allein. Oft schämen sie sich, sich an andere zu wenden und sich ihnen mitzuteilen, weil sie nicht anders sein möchten als andere Kinder in ihrem Alter. Also gehen sie das Problem allein an und bürden sich Lasten auf, die für Kinder viel zu schwer sind und unter denen sie zusammenbrechen.

Süchtige Menschen machen ständig *Versprechungen*, die sie nicht halten. Das gehört zur Unehrlichkeit und zum Selbstbetrug, die den Suchtprozeß mit ausmachen. Süchtige versprechen häufig Dinge, die sie gar nicht einhalten können. Manchmal vergessen sie ihre Versprechen aufgrund ihres Gedächtnisschwunds, der wiederum eine Folge der Sucht ist. Oft dient das Versprechen dazu, sich jemanden vom Halse zu schaffen, und wird sofort wieder vergessen. Auch erwachsene Scheidungskinder haben oft das Gefühl, daß Versprechen gebrochen werden. Während der Scheidung und der Zeit danach versprechen Eltern Dinge, die die Kinder vom Schmerz der Scheidung ablenken sollen. Einige dieser Versprechen werden unbedacht gemacht und können gar nicht erfüllt werden, ob es nun um Ferienreisen oder Geschenke geht. Mehrere erwachsene Scheidungskinder erinnern sich daran, daß man ihnen ein Haustier versprach, wenn die Scheidung überstanden sein würde. Dem nun alleinerziehenden Elternteil wurde dann aber schnell klar, daß ein Haustier die Belastungen eines sowieso bereits anstrengenden Alltagslebens noch vergrößern würde. So »vergaß« er sein Versprechen aus Bequemlichkeitsgründen oder vertröstete das Kind. Scheidungskinder fingen dann an, sich zu fragen, ob sie ihren Eltern vertrauen können. Einige fühlten sich bedenklich allein mit einem Menschen, der nicht hielt, was er versprach.

Das sind nur einige typische Merkmale, die der Suchtprozeß und der Scheidungsverlauf gemeinsam haben. In Familien mit aktiven Suchtkranken verwickelten sich die Mitglieder so stark mit dem Süchtigen und untereinander, daß es für die Kinder fast unmöglich war, losgelöst von den familiären Schwierigkeiten ihr eigenes Leben zu führen. Das Gefühl, vom Scheidungsverlauf völlig überrannt zu werden, taucht in den Geschichten erwachsener Scheidungskinder immer wieder auf.

Interessant ist, daß bei den Eltern erwachsener Scheidungskinder der Suchtmittelmißbrauch überwiegt, während erwachsene Scheidungskinder selbst eher zu prozeßbedingten Süchten neigen. Nach meiner Untersuchung sind in den Ursprungsfamilien der Befragten die meisten süchtigen Väter Alkoholiker. Einige nahmen Alkohol und Marihuana. Auch einige Mütter wurden als Alkoholikerinnen bezeichnet, aber an erster Stelle stand ihre Co-Abhängigkeit vom trinkenden Ehemann.

Im folgenden gebe ich eine Geschichte wieder, die typisch für viele erwachsene Scheidungskinder ist. Sie wurde mir von Jack erzählt, der 15 war, als seine Eltern sich scheiden ließen.

Mein Vater war Bankier, und ich nehme an, daß er arbeitssüchtig war, denn er arbeitete ständig, selbst in den Ferien. Auf jeden Fall trank er am Wochenende immer enorm viel Alkohol. Er fing an mit Bier und ging dann zu Whisky über. Und dann bekam er seinen Wutanfall. Er stellte das Haus so oft auf den Kopf, daß es ein Wunder war, daß wir überhaupt noch einen Platz zum Leben hatten. Nach so einem Wutanfall ging er weg, nur um in den frühen Morgenstunden voller Reue zurückzukehren. Das ging zwölf Jahre lang so, außer in den Ferien, wenn Vatis Eltern zu Besuch waren. Da er ein Quartalssäufer war und sein Trinken scheinbar unter Kontrolle halten konnte, leugnete Mutti, daß er alkoholkrank war. Sie fand sich mit den Wutanfällen am Wochenende ab, obwohl sie im Verlaufe der Jahre depressiver wurde. Schließlich reichte sie nach einem besonders gewalttätigen Wochenende, an dem er ihr ganzes gutes Porzellan aus dem Schrank räumte, die Scheidung ein. Am nächsten Tag konnte er sich an nichts mehr erinnern.

Jack trifft seinen Vater regelmäßig und sagt, daß die Trinkanfälle seit der Scheidung etwas abgenommen haben, der Alkoholismus aber immer noch ein Problem für seinen Vater sei. Jack beschreibt sich selbst als beziehungssüchtig – als Menschen, der von anderen Menschen und deren Problemen abhängig ist und nicht ohne sie leben kann. Mit seiner eindeutigen Tendenz zu prozeßbedingten Süchten zeigt er auffallende Ähnlichkeit mit anderen erwachsenen Scheidungskindern.

Im folgenden führe ich die Suchtkrankheiten auf, mit denen erwachsene Scheidungskinder laut eigenen Angaben in ihrem augenblicklichen Leben zu tun haben.

Arbeitssucht

»Die Arbeit hält mich beschäftigt, so daß ich meinen Schmerz nicht fühle. Das ständige Denken an die Arbeit, auch in meiner Freizeit, verhindert außerdem, daß ich mich mit meinem Bedürfnis nach Nähe befasse. Ich werfe mich in die Arbeit, ohne auf meine Gesundheit oder die Bedürfnisse anderer Menschen Rücksicht zu nehmen.«

Konsumieren/Schulden machen

»Ich nutze jede Chance, um mir etwas zu kaufen. Ich brauche all diese Dinge gar nicht unbedingt für mein Leben. Ich habe das Gefühl, nicht genug bekommen zu können und verwöhne mich auf eine ziemlich egoistische Weise. Da ich so viel Geld ausgebe, fehlt es meiner Familie oft am Nötigsten. Ich hatte so eine schlimme Kindheit, daß ich das Gefühl habe, mir das schuldig zu sein.«

Denken

»Durch mein ständiges Denken steht mein Leben kurz vor dem Ruin. Ich mache mich mit diesem zwanghaften Denken völlig fertig. Ich versuche, alles in Gedanken durchzugehen. Mein Kopf untersucht und stellt alles in Frage, was ich tue. Ich bin niemals sicher oder unsicher. Ich glaube, ich kann allein durch Denken eine Lösung für die Scheidung meiner Eltern und einen Weg zum Glück finden. Ich möchte auf alles eine logische, rationale Antwort. Mein Denken blockiert mein Fühlen, und auf diese Weise halte ich die Illusion aufrecht, die Kontrolle über alles zu haben. Leider ist das sehr anstrengend. Meine

Sucht ist unsichtbar. Sie können nicht sehen, wie ich sie ausübe, aber tatsächlich bin ich ständig mit ihr beschäftigt.«

Essen/Kaffee/Zucker

»Ich benutze meine Freßanfälle, damit ich mir meine schmerzlichen Gefühle nicht anschauen muß. Ich bin auch süchtig nach Kaffee und Zucker, weil ich Angst vor Erschöpfung und Müdigkeit habe. Diese Zustände sind der hoffnungslosen Langeweile in meiner Familie zu ähnlich.«

Religion

»Nach der Trennung meiner Eltern suchte ich in der Kirche eine Zufluchtsstätte und eine Gemeinschaft. Ich hoffte, die Religion würde mir geben, was mir meine Familie nie gegeben hatte – Sicherheit und Antwort auf Lebensfragen. Ich bin so besessen von Religion, daß ich meine eigene Spiritualität verloren habe. Ich benutze die Religion dazu, die Suche nach eigenen Antworten auf die tiefsten Lebensfragen zu umgehen. Ich treffe keine wichtige Entscheidung ohne religiöse Anleitung.«

Drogen/Alkohol

»Ich bin meiner unglücklichen familiären Situation so begegnet, daß ich mit 13 anfing, Drogen und Alkohol zu konsumieren. Das betäubte meine Einsamkeitsgefühle, und ich glaubte, jederzeit aufhören zu können. Während der Scheidung hatten meine Eltern weniger Zeit für mich, so daß mein Drogenkonsum, glaube ich, gar nicht bemerkt wurde. Mit 16 war ich süchtig, und mein Vater brachte mich in Behandlung. Als Erwachsener nehme ich immer noch Drogen und Alkohol, wenn ich ängstlich bin oder ein intensives Gefühl wegdrücken will.«

Bei den meisten erwachsenen Scheidungskindern fing der Suchtprozeß gegen Ende der Teenagerzeit an. Zumindest ist das die Zeit, in der die Sucht ihnen bewußt wurde. Sie diente dazu, den Schmerz auszuschalten, der mit der Herausforderung verbunden war, erwachsen zu werden, ohne von beiden Eltern Zuwendung und Unterstützung zu bekommen. In Kombination mit den oben aufgeführten Süchten kommt auch die Sucht nach Beziehungen, Sex und Verliebtheit in den Geschichten erwachsener Scheidungskinder sehr häufig vor.

Die Sucht nach Beziehungen, Sex oder Romanzen

In *Die Flucht vor der Nähe* beschreibt Anne Wilson Schaef Formen von »Pseudobeziehungssucht«, die ihrer Meinung nach nichts mit Liebe zu tun haben. Es gibt Suchtbeziehungen, in denen ein Mensch entweder erstens süchtig nach einer bestimmten Person und deren Problemen ist, oder zweitens in einer Beziehung lebt, weil er sich einfach nicht vorstellen kann, nicht in einer Beziehung zu leben, oder drittens von Beziehungen mit unangemessenen Partnern oder Partnerinnen träumt wie zum Beispiel der Kassiererin im Supermarkt, die im Teenageralter ist. Der Beziehungssüchtige wechselt von einer Beziehung zur anderen über, wobei es ihm oft gar nicht um einen bestimmten Partner geht, sondern um das Hochgefühl, das mit der Beziehung verbunden ist.

Des weiteren gibt es die verschiedenen Formen von Sexsucht, die sexuelle Phantasien, sexuelles Ausagieren, sexuellen Mißbrauch, exzessives Masturbieren, Pornographie und sexuelle Anorexie umfassen.

Und schließlich beschreibt Schaef die Romanzensucht, zu der die Sucht nach Affären sowie die Weigerung gehört, Menschen und Situationen realistisch zu sehen, weil man abhängig von der Romantik ist, die sie umgebt. Romanzensüchtige halten fest an weit entfernten Orten, Kerzenlicht und äußeren Erscheinungen. Sie sind nicht am Inhalt einer Beziehung interessiert, sondern an deren äußerer Form. Sie basteln sich einen bestimmten äußeren Rahmen und eine Phantasie zusammen und versuchen in dieser Welt zu leben, statt realistisch zu sein.[4]

Erwachsene Scheidungskinder sind offenbar besonders anfällig für Beziehungs-, Sex- und Romanzensucht. Ihre Erzählungen sind voll von Beispielen für besessene Beziehungen. Karl zum Beispiel suchte mich zwei Jahre nach der Trennung seiner Eltern auf. Er beschrieb sich als »Sportlertyp«, jemanden, der ein sehr guter Sportler ist und relativ problemlos durchs Leben geht. Ich kannte Karl auch aus anderen Zusammenhängen und würde seiner Beschreibung zustimmen. Am Tag unseres Gesprächs jedoch schien Karl traurig zu sein, was untypisch für ihn war. Karls Mutter verließ die Familie, als er 21 war. Karl sagte, daß ihn ihr Verschwinden erschüttert habe, obwohl man ja annehmen konnte, daß er zu der Zeit bereits erwachsen war. »Ich begann mich zu fragen, ob ich wirklich imstande war, dauerhafte Beziehungen einzugehen. Meine Welt war ins Wanken geraten, und ich zweifelte an allem, woran ich früher geglaubt hatte.«

Nach der Scheidung seiner Eltern hatte Karl eine Reihe von Freundinnen. Sein vorherrschendes Gefühl war die Angst, in seinem Leben keinen Menschen zu haben, der ihm nahestand, und trotzdem blieb er kaum lange genug bei einem Menschen, um wirkliche Nähe entwickeln zu können. Darüber hinaus vertraute Karl mir an, daß er das Hochgefühl, das seine Beziehungen ihm gaben, dazu mißbrauchte, seiner schmerzlichen Angst zu entkommen. Damit trifft auf ihn zu, was Schaef als zweite Form von Beziehungssucht beschreibt, bei der Menschen Beziehungen benutzen, um sich selbst aus dem Weg zu gehen. Karl sah schon bald, daß die meisten Frauen, mit denen er sich traf, für ihn vor allem Objekte waren. Sein Hauptthema war seine Angst vor dem Alleinsein. Mit welchem Menschen er es zu tun hatte, war zweitrangig. In manchen Fällen paßten die Frauen noch nicht einmal zu ihm. Während seines Besuches sagte Karl zu mir: »Ich wollte die Angst und Einsamkeit, unter der ich litt, nachdem Mutti gegangen war, auf keinen Fall spüren. Ich habe entsetzliche Angst vor dem Alleinsein.«

Einige erwachsene Scheidungskinder blockieren Intimität, indem sie mehrere Beziehungen gleichzeitig eingehen (man fühlt sich anderen nahe, was aber nicht der Realität entspricht), während andere Intimität durch Angst und sexuelle Anorexie vermeiden. Lorrie kombinierte sexuelle Anorexie mit exzessiver Fürsorge für andere (was auch eine Form von Beziehungssucht ist). Lorries Mutter reagierte auf ihre eigene Scheidung, indem sie süchtig nach Kitschfilmen wurde. Während die Familie auseinanderbrach, vertiefte sie sich immer häufiger in diese Rührstücke, wodurch sich bei ihr die Grenzen zwischen den Phantasiewelten im Fernsehen und ihrer eigenen Situation verwischten. »Meine Mutter wollte meiner Meinung nach glauben, daß das, was sie erleben mußte, ein wirkliches Drama war. Sie gab Sätze von sich wie: ›Ich kann nicht glauben, daß diese Scheidung mir wirklich passiert. Ich fühle mich wie in einem Fernsehfilm.‹ Es war beängstigend, sowohl meinen Vater zu verlieren, der auszog, als auch meine Mutter, die in eine Phantasiewelt abtauchte.«

Lorrie sagt, sie sei besessen von Gedanken an Sex, habe aber Angst, sich sexuell einzulassen. Sie vermeidet sämtliche Begegnungen, die zu sexuellen Aktivitäten führen könnten, und trotzdem wird ihr Leben beherrscht vom Denken an Sex. In ihren Beziehungen zu Menschen ist sie übertrieben gebend und fürsorglich. Oft kontrolliert sie andere mit ihrer Nettigkeit. Lorrie hat über ihre sexuelle Sucht nachgedacht. Sie sagt, sie sei entschlossen gewesen, nicht wie ihre Mutter zu werden, die in einer Phantasiewelt lebte. Als sie sich ihr Leben aber im Rückblick anschaute, sah sie, daß ihre sexuelle Anorexie und ihre Phantasien dazu geführt hatten, daß sie ihrer Mutter sehr wohl ziemlich ähnlich wurde. Lorrie benutzte ihre Phantasiewelt, um der Realität und potentiellen intimen Begegnungen auszuweichen, und ihr Leben wies starke Ähnlichkeiten mit dem Leben ihrer Mutter in der Scheidungsfamilie auf.

Während des Scheidungsablaufs erlebten viele erwachsene Scheidungskinder, daß die Eltern zu vielen Partys gingen und verstärkt sexuelle Begegnungen suchten. Ein erwachsenes Scheidungskind, das von seiner Mutter mit zu Verabredungen mit Männern genommen wurde, sagte: »Meine erste Verabredung hatte ich mit neun, als meine Mutter mich mitnahm zum Treffen mit ihrem Freund. Man kann also sagen, daß meine sexuelle Erziehung zu diesem Zeitpunkt begann.« Mehrere erwachsene Scheidungskinder erinnern sich mit Peinlichkeit daran, daß ihre Eltern anfingen, sich wie Teenager zu benehmen, die wilde Partys gaben und sie freundschaftlich ins Vertrauen zogen. »Zu einer Zeit in meinem Leben, wo ich Eltern gebraucht hätte, bekam ich eine 35jährige beste Freundin, die mir Dinge mitteilte, die ich kaum verstand. Das war beängstigend. Ich fühlte mich Mutti nahe, empfand sie aber nicht mehr als Mutter.« Diese Situation wurde von einer 29jährigen Frau aus einer Scheidungsfamilie geschildert, die sagte, sie habe Schwierigkeiten, zwischen sich und anderen klare Grenzen zu ziehen. Ihre Sexsucht nahm die Form an, daß sie sich sehr schnell sexuell auf Menschen einließ, die Beziehung aber abbrach, wenn klar wurde, daß sie wenig gemeinsam hatten, was wiederholt geschah.

Abschließend müssen wir uns der Rolle zuwenden, die die Sucht nach Romanzen in Scheidungsfamilien und im Leben erwachsener Scheidungskinder selbst spielt. Die Erzählungen über die Ursprungsfamilien sind voll von Schilderungen von Paaren, die Eltern »spielten« und erschreckend wenig auf diese Rolle vorbereitet waren. Die Ehen schienen auf der Grundlage sofortiger intimer Beziehungen geschlossen worden zu sein, und als die Fassade zu bröckeln begann, hatten die Partner keine wirkliche Verbindung, die sie zusammenhielt. Imponiergehabe war an der Tagesordnung, da die Mittelklassefamilie, die im Vorort wohnt, immer das richtige Auto kauft, den richtigen Hund hat und die richtige Kleidung trägt. Die Scheidungsfamilien suchten außen nach Vorbildern für das Familienleben. Die wenigen, die sie fanden, waren innerlich leer. Die Familien litten unter dem heute üblichen Streß, Suchtkrankheiten gediehen, und die Zahl der Ehen, die auseinandergingen, wuchs in ungeahnte Höhen.

Charlene ist eines von vielen erwachsenen Scheidungskindern, deren Sucht nach Romanzen in der Ursprungsfamilie begann. Als älteste von zwei Kindern beschreibt sie ihre Familie als »Bilderbuchfamilie«. Sie sagt: »Meine Eltern standen nicht nur unter dem Einfluß der Werbung und populärer Trends – wir *lebten* diese Trends. Meine Mutter kleidete uns nach der neuesten Mode. Wir kauften Möbel, die ›in‹ waren, und wechselten sie, sowie etwas Neues als schick galt. Wir sahen wie aus einer Illustrierten entsprungen aus. Meine Familie war nicht besonders religiös – wir gingen nie zur Kirche, aber mein Vater schnappte auf, daß anständige Familien beteten, also begannen wir jede Mahlzeit mit einem Tischgebet. Nach außen hin waren wir tadellos. Wir imitierten in unserem Zusammensein ideale Eltern und deren Kinder, indem wir eine Nähe vorgaben, die einfach nicht existierte. Wir verglichen uns auch mit anderen Familien, meistens mit dem Resultat, daß die anderen mit uns nicht mithalten konnten. Wir fühlten uns überlegen und fielen gerne auf.«

Charlenes Sucht nach Romanzen wurde bereits in frühen Jahren gefördert, und zwar dadurch, daß ihrer Familie mehr an dem Bild lag, das sie nach außen hin bot, als sich für die Gefühle ihrer Mitglieder zu interessieren. Sie lebten in der Illusion, daß ihr romantisches Selbstbild sie durch alle Widrigkeiten tragen würde, statt sich Tag für Tag um wirkliche Beziehungen zu bemühen.

Dieses idealisierte romantische Selbstbild bekam Risse, als Charlenes Vater ihnen eröffnete, er träfe sich schon seit einiger Zeit mit einer anderen Frau und wolle die Scheidung. »Es war ein Schock für mich, daß meine perfekte Familie ein geheimes Leben führte«, sagte Charlene. »Ich konnte diese beiden Seiten einfach nicht zusammenbringen, also entwickelte ich eine romantische Phantasie, nach der diese Frau die ›wahre Liebe‹ meines Vaters war. Das war natürlich alles eine Lüge. Aber es zeigte mir, wie wichtig es mir war, den äußeren Schein zu wahren.«

Als erwachsenes Scheidungskind ließ Charlene sich exzessiv auf Liebesaffären mit Menschen ein, die mit Füßen getreten worden waren. Häufig idealisierte sie ihre Partner als fehlerlos, entschuldigte ihr Verhalten, weigerte sich zu sehen, wer sie wirklich waren, und setzte damit die romantische Schwärmerei fort, die sie in ihrer Familie gelernt hatte.

Wie Charlene gehen die Kinder dieser schwierigen Verbindungen später selbst Beziehungen ein, in denen sie die Sucht nach Romanzen fortsetzen. Sie glauben, es gäbe in der Welt eine perfekte Gefährtin oder einen perfekten Gefährten für sie. Sie betrachten die Ehe als eine Zufluchtsstätte, in der sie endlich einmal »alles richtig machen«. Sie sind auf Erfolg aus und arbeiten wie verrückt, und das alles im Dienst von Pseudobeziehungen, in denen Menschen sich nicht wirklich nahekommen. Sie leben in einer Welt, in der die Werbung immer raffinierter und verführerischer wird und im Radio ständig Liebeslieder ertönen, die ihre Sucht fördern und ihnen einreden, sie könnten ohne Liebespartner nicht (über-)leben. Ihre körperlichen Sinne und ihr Selbstgefühl sind betäubt, weil sie sämtlichen Süchten nachgehen, die der Menschheit bekannt sind. Sie traten ihr Leben als Erwachsene an, ohne Vorbilder für gesunde Beziehungen gehabt zu haben. Ist es da ein Wunder, daß viele erwachsene Scheidungskinder süchtig nach Romanzen werden?

Scheidung und Sucht

Scheidung und Sucht hängen insofern zusammen, als die Sucht Umstände schafft, die ein gesundes Familienleben verhindern. Durch Suchtkrankheiten werden die Familienmitglieder voneinander getrennt, denn der Suchtprozeß der Familie und des Individuums ist so allumfassend, daß wenig Raum für fürsorgliches Verhalten für die eigene Person oder Aufmerksamkeit für die familiäre Entwicklung bleibt. Obwohl der Suchtprozeß den Schmerz des süchtigen Individuums betäubt, wirft er die Familie paradoxerweise ins Chaos und bereitet ihr noch mehr Leid.

Häufig führt die Sucht zur Scheidung, weil einer der Partner nach einiger Zeit den Schluß zieht, daß er mit der Verrücktheit der Sucht nicht mehr zurechtkommt. Um zu überleben, trennt er sich. Bei der Trennung vergessen viele Eltern, daß sie dem Suchtprozeß nicht entkommen, wenn sie ihren süchtigen Gefährten oder ihre süchtige Gefährtin verlassen. Die Familienmitglieder setzen den Suchtprozeß in der nächsten Familie und ihren nachfolgenden Beziehungen fort. Das genau bedeutet es, das erwachsene Kind einer Suchtfamilie zu sein. Die Betroffenen tragen die gestörten Rollen, die sie in ihrer Ursprungsfamilie gespielt haben, in ihre Zukunft. Sie leben nach den Regeln, die sie damals gelernt haben, selbst wenn diese Regeln überholt sind.

Wenn die Sucht ausschlaggebend war für den Beschluß der Eltern, sich scheiden zu lassen, sind erwachsene Scheidungskinder also von zwei Prozessen in Mitleidenschaft gezogen worden. Sie haben mit den Problemen des erwachsenen Kindes aus einer Suchtfamilie zu kämpfen und können selbst süchtig sein. Mit der Scheidung erleben erwachsene Scheidungskinder dann das Ende ihrer Ursprungsfamilie – dies bringt seine eigenen speziellen Probleme und Gefühle mit sich. Selbst wenn die Familie schwer gestört war, stellte die Scheidung eine Art Tod dar und ist ein wirklicher Verlust. Für einige erwachsene

Scheidungskinder mag es eine Erleichterung gewesen sein, vom süchtigen Elternteil wegzukommen, aber damit sind die Probleme, denen sie sich stellen müssen, nicht beendet. Sie bringen diesem Elternteil weiterhin ambivalente Gefühle entgegen, und der Verlust der ersten Familie, in der wir aufgewachsen sind, ist niemals leicht. Die gründliche Heilung erwachsener Scheidungskinder muß sowohl die Genesung vom Schmerz der Sucht als auch die Verarbeitung des Traumas der Scheidung umfassen.

4 Erwachsene Scheidungskinder und Mißbrauch

Wie Sucht scheint auch Gewalt überall in unserer Gesellschaft verbreitet zu sein, und wie Sucht führt auch Gewalt manchmal zur Scheidung. Tatsächlich kommt es in vielen Scheidungsfamilien zu Gewalttätigkeiten. Für unsere Zwecke definiere ich Gewalt und Mißbrauch als jeden Akt (körperlich, verbal oder psychisch), mit dem ein Mensch einen anderen vorsätzlich verletzt und sein Wohlergehen bedroht oder angreift. Da viele gewalttätige Menschen sich nicht zu ihrem Verhalten bekennen und auch die Mißhandelten oft schweigen, ist es schwierig, Statistiken über den Mißbrauch von Ehefrauen, Ehemännern und Kindern zu gewinnen. Ein Bericht der American Association for Protecting Children (Kinderschutzverein, Anm.d.Ü.) dokumentiert für 1984 1.726.649 Fälle von mißhandelten und verwahrlosten Kindern in den Vereinigten Staaten. Die Mißhandlung von Ehefrauen betrifft – so die Zahlen für 1985 – 30 von 1.000 Frauen.[5]

In meiner Untersuchung über erwachsene Scheidungskinder sind etwa 40 Prozent der Befragten Zeugen von körperlicher oder verbaler Gewalt geworden oder wurden selbst von einem Familienmitglied sexuell mißbraucht. Manchmal kam es in den Zeiten, wo der Streß für die Eltern am größten war, zu Gewalttätigkeiten. Typischer ist aber, daß Gewalt eine Art Lebensstil war, eine akzeptierte Umgangsform in der Familie. Die Ursache für Gewalt in der Scheidungsfamilie scheint nicht in einem Einzelfaktor zu liegen, und es gibt in den Erzählungen erwachsener Scheidungskinder bestimmte wiederkehrende Muster.

Die belastenden Umstände der Scheidung

Eltern, die sich scheiden lassen, stehen unter einem enormen Streß. Gewöhnlich wenden sich Menschen in Zeiten großer Belastung um Unterstützung an ihre Partner und andere Personen, die ihnen nahestehen. Bei der Scheidung fühlen sie sich aber dem Menschen, auf den sie glauben, sich verlassen zu können, nämlich ihrem Ehepartner, am meisten entfremdet. Damit ist die primäre Quelle für ihren Streß die Verunsicherung gegenüber dem Gefährten, dem sie einstmals vertraut haben. In gewalttätigen Familien tritt dieses Problem noch verschärft auf, weil einige Eheleute der täglichen Gefahr körperlicher Gewalt ausgesetzt sind. Sie wissen nie, wann es zum nächsten Ausbruch kommt und sind deshalb ständig auf der Hut. In Tabellen über Streß-Management steht Scheidung als eine der Erfahrungen, die Menschen am meisten belasten, ganz oben auf der Liste an zweiter Stelle hinter dem Tod.
Zusätzlich zum Verlust des Partners und der Desillusionierung in Hinsicht auf die Beziehung ändern sich durch eine Scheidung – ähnlich wie beim Tod – fast sämtliche Aspekte des Lebens. Diese Veränderungen betreffen den Wohnort, finanzielle Vereinbarungen und das Verhältnis zu den Kindern. In Familien mit geringerem Einkommen ist der Streß noch größer. Insgesamt gesehen befinden sich Eltern und Kinder in einer Situation, in der ihnen die Unterstützung durch die familiäre Umgebung und die emotionale Stabilität fehlen, die sie jetzt am dringendsten brauchen. Genau diese Umstände sind es, durch die die Wahrscheinlichkeit steigt, daß es zu Gewalttätigkeiten kommt.

Gewalttätige Eltern wurden als Kinder häufig selbst mißhandelt

In vielen Untersuchungen wird die Frage gestellt, ob Eltern, die ihre Kinder mißbrauchen, selbst mißhandelt wurden. Auch wenn sich keine eindeutigen Schlüsse ziehen lassen, ist doch offensichtlich, daß Eltern einflußreiche Vorbilder sind, selbst in Bereichen, bei denen wir wissen, daß ihr Verhalten falsch ist. Deswegen zeigen Kinder im Verlauf der Generationen die Tendenz, das gestörte Verhalten ihrer Eltern selbst auszuagieren.

Menschen, die zu Hause Gewalt erlebt haben, sagen, daß sie selbst zu Gewalt greifen, wenn sie sich nicht anders zu helfen wissen. Thalias Geschichte ist typisch für viele weitere, die ich in meinen Interviews mit erwachsenen Scheidungskindern zu hören bekommen habe. Thalia ist Therapeutin und arbeitet für eine soziale Einrichtung. Sie sagt, sie habe sich zu diesem Beruf hingezogen gefühlt, weil ihr eigenes Leben aus Kampf und Gewalt bestanden habe. Sie wollte anderen helfen, obwohl sie in letzter Zeit feststellen mußte, daß sie ärgerlich auf ihre Klienten war. Als ich sie darauf hinwies, daß sie vielleicht ihren eigenen Prozeß in bezug auf ihre Scheidungsfamilie noch nicht abgeschlossen habe, stiegen ihr sofort Tränen in die Augen. »Ich glaube, Sie habe recht«, sagte sie, sich die Nase putzend. »Ich empfinde so viel Ärger, wenn ich an meine Familie nur denke, vor allem auf meine Mutter.« Thalia fuhr damit fort, daß sie die Familie ihrer Mutter beschrieb, die im Süden eine Farm gehabt hatte. »Im Haus meiner Großmutter gab es nie genug Geld. Großvater machte sich aus dem Staub, als das letzte der fünf Kinder gerade geboren worden war. Oma brachte meine Mutter und meine Onkel meistens dadurch zum Arbeiten auf der Farm, daß sie ihnen Schläge androhte. Sie nörgelte an den Kindern herum, sie seien träge und faul, und meine Mutter wurde oft geschlagen. Ihr linker Arm ist durch eine Verbrennung verunstaltet, die sie erlitt, als meine Großmutter wieder einmal einen Wutausbruch hatte und meine Mutter gegen einen Holzfeuerofen stieß.« Thalia schwieg eine Weile. Sie schien in einer anderen Welt zu sein. Die Tränen liefen ihr ständig über das Gesicht, und ich wartete mit ihr, um zu sehen, wo ihre Erinnerungen sie weiter hinführen würden. »Ich wußte, daß meine Mutter einen Haß darauf hatte, wie sie zu Hause behandelt worden war, und sie verließ die Farm bei der erstmöglichen Gelegenheit. Ich weiß auch – oder möchte zumindest gern glauben –, daß Oma kein schlechter Mensch war. Ich glaube, sie fühlte sich hilflos und ließ das an den Kindern aus. Aber es tut immer noch weh, wenn ich daran denke, wieviel Angst diese Kinder gehabt haben müssen.« Während Thalia die Kindheit ihrer Mutter beschrieb, fragte ich mich, ob ihre Tränen nicht ihr selbst galten, denn ihre eigene Geschichte ist genauso entsetzlich.

Thalias Mutter ließ sich scheiden, als Thalia drei Jahre alt war. Der Armutskreislauf, der auf der Farm begonnen hatte, setzte sich fort, als Thalias Mutter in die Stadt zog. Sie war eine Teenager-Mutter und hatte überhaupt keine Ausbildung, also lebte sie von Sozialhilfe und gelegentlichen Unterhaltsschecks von Thalias Vater. »Ich konnte sehen, wie Mutters Ärger wuchs, wenn die Tage vergingen, ohne daß ein Scheck von Vati eintraf. Sie versuchte alles. Sie rief ihn an. Sie drohte. Wenn sie damit nichts bewirkte, suchte ich das Weite. Denn mich würde ihr Ärger als nächstes treffen.« Thalia wurde von ihrer Mutter nach der Scheidung vier Jahre lang geohrfeigt, herumgestoßen und beschimpft. Dann rannte sie weg und suchte rechtliche Unterstützung.

Nachdem Thalia ihre Geschichte beendet hatte, war es lange still im Raum. Die ganze Zeit hatte sie geweint, und ich war verblüfft über die Ähnlichkeiten zwischen Großmutter und Mutter: Armut, alleinerziehende Mutter unter schlimmsten Umständen, Hilflosigkeit, die an den Kindern ausgelassen wurde. »Natürlich weine ich um mich«, sagte Thalia. »Aber ich weine auch um uns alle, Oma, Mutti und mich. Wir taten Dinge, von denen wir wußten, daß sie falsch waren und nichts brachten, aber wir konnten offensichtlich nicht anders.«

Scheidungsfamilien sind isoliert

Die gewalttätigsten Geschichten beruhen auf Situationen, bei denen kein Außenstehender anwesend war. Viele Scheidungsfamilien ziehen sich völlig zurück. Weder suchen sie bei anderen Hilfe, noch wird ihnen Unterstützung angeboten. Die Kernfamilie ist bereits als solche eine kleine Insel für sich, aber für die Scheidungsfamilie gilt das noch verstärkt. Die Verwandten distanzieren sich meistens. Niemand möchte sich in den Scheidungsverlauf einmischen. Die Familie muß mit ihrer gestörten Dynamik allein zurechtkommen. Heutzutage suchen Eltern, die sich scheiden lassen wollen, oftmals eine Eheberatungsstelle auf. Vor 15 oder 20 Jahren war das noch nicht so üblich. Ein erwachsenes Scheidungskind bestätigte diese Isoliertheit mit folgender Erzählung: »Mein Vater trennte sich von meiner Mutter, als ich auf der High-School war. Ich lebte dann in zwei Welten. In der Schule spielte ich die Starke. Ich sagte, mir ginge es gut. Ich erzählte nicht, was zu Hause vor sich ging. Ich schämte mich so. Ich lud niemals andere Kinder zu mir ein, denn man konnte ja nie wissen, was passierte. Bevor mein Vater uns verließ, wußte ich nie, ob sich meine Eltern nicht gleich wieder streiten würden. Nachdem er gegangen war, stritt sich Mutti mit ihm am Telefon.« In dieser Familie eskalierten die verbalen Streitigkeiten zu körperlichen Schlägen, aber es gab keine Zeugen, und die Kinder bewahrten Stillschweigen und wandten sich nicht um Hilfe an die schulischen Autoritäten.

Auch wenn der Streß, der mit einem geringen Einkommen verbunden ist, offensichtlich dazu führt, daß in diesen Familien häufiger geschlagen wird, dürfen wir nicht so naiv sein, anzunehmen, Mißbrauch käme nur in den unteren Schichten vor. Selbst in den »besten Familien« kommt es zu Gewalttätigkeiten.

Das erwachsene Scheidungskind lernt durch die Beobachtung und Erfahrung von Gewalt einige sehr spezielle Dinge. Die im folgenden aufgeführten drei verinnerlichten Einstellungen stammen aus Gelles' und Straus' Arbeit über intime Gewalt. Sie behaupten, daß Kinder, die beobachten, wie ihre Eltern sich schlagen, eher zu gewalttätigen Erwachsenen werden, als Kinder, die selbst geschlagen werden. Diese Kinder lernen daher:

1. Die, die uns lieben, sind auch die, die uns schlagen, und Menschen, die wir lieben, sind Menschen, die wir schlagen können.

2. Wenn wir bei uns zu Hause Gewalttätigkeiten sehen und erleben, leiten wir daraus die moralische Berechtigung ab, die Menschen, die wir lieben, zu schlagen.

3. Wenn unsere Versuche, uns durchzusetzen, Streß zu bewältigen oder uns verständlich zu machen, nichts bewirken, ist Gewalt zulässig.[6]

Diese tiefgreifenden Lektionen haben viele erwachsene Scheidungskinder sich gut gemerkt. Wie wir später bei den typischen Wesenszügen von erwachsenen Scheidungskindern sehen werden, verwechseln viele von ihnen Streit mit Intimität. Ein junger Mann bestätigte dies mit seiner eigenen Geschichte: »Ich wußte, daß es falsch war, auf Menschen einzuschlagen, aber diese Art von Streit war bei uns zu Hause so alltäglich, daß ich, als ich älter wurde, in meinen Beziehungen selbst immer häufiger herumbrüllte und Drohungen ausstieß. Neue Verhaltensweisen empfand ich als peinlich, und wenn ich herumbrülle, bekomme ich meistens, was ich will, also bleibe ich dabei.« Das Aufwachsen in einer gewalttätigen Umgebung führte bei einigen erwachsenen Scheidungskindern zu vielen persönlichen Problemen. Sie waren in der Schule schlecht, zerstritten sich mit Gleichaltrigen, hatten Schwierigkeiten, Freundschaften zu schließen und fingen bereits als Jugendliche an, zu trinken und Drogen zu nehmen. Erwachsene Scheidungskinder fühlten sich wertlos und hatten Angst. Und sie kämpften mit anderen und mit Familienmitgliedern. Sie hatten kein Vertrauen zu Erwachsenen. Die ersten Erwachsenen in ihrem Leben, ihre Eltern, zwangen ihnen ein Leben voller Gewalt und Unglück auf, und sie fühlten sich von ihnen alleingelassen.

Mehrere erwachsene Scheidungskinder sprachen über die Auswirkungen, die die Gewalttätigkeiten auf ihre schulischen Leistungen hatten. Sie sagten, als die Familie zerfiel, sei es ihnen fast unmöglich gewesen, sich in der Schule zu konzentrieren. Durch die Spannungen zu Hause waren sie körperlich erschöpft. Sie machten ihre Hausaufgaben nicht und waren während des Unterrichts mit ihren Gedanken ganz woanders. Zogen die Gewalttätigkeiten sich über mehrere Jahre hin, erzielten sie bei den üblichen Intelligenztests immer weniger Punkte. Am problematischsten aber war, daß sie immer aggressiver wurden. Die folgende Schilderung eines 33jährigen Mannes aus einer Scheidungsfamilie ist ein eindringliches Beispiel für die Auswirkungen von Gewalt.

Es ist ein Wunder, daß ich heute überhaupt klarkomme im Leben. Mein Vater schlug meine Mutter regelmäßig, und ich wurde von beiden mißhandelt. Als ich dann in die Schule kam, war ich so mißtrauisch gegen Erwachsene, daß niemand mich anfassen durfte. Als eine Lehrerin mir in der ersten Klasse in die Jacke helfen wollte, rannte ich vor ihr weg. Ich war die ganze Schulzeit über ein Störenfried. Ich nehme an, Sie hätten mich als kriminell bezeichnet. Meine Mutter brauchte sechs Jahre, um meinen Vater zu verlassen. Als ich älter wurde, schlug sie mich nicht mehr. Ich war zu groß, und sie wußte, daß ich sie zusammenschlagen konnte, wenn ich wollte. Aber sie fuhr fort, mich zu beschimpfen. Am traurigsten macht mich, daß ich umgeben war von Erwachsenen, die mir hätten helfen können, aber ich konnte zwischen ihnen und meinen durchgedrehten Eltern, die mich mißbrauchten, nicht unterscheiden. Ich war selbst so aggressiv, daß ich jeden vertrieb. Das ist das Tragische an Gewalt. Man fühlt sich total allein!

Einige erwachsene Scheidungskinder waren in ihrem gewalttätigen Zuhause völlig allein und kapselten sich aus Angst von anderen Menschen ab, die hätten eingreifen und ihnen helfen können. Die Kinder, die den langfristigen Auswirkungen von Gewalt entkamen, fanden meist einen Erwachsenen, der sie beschützte und ihnen Zuwendung gab. Besonders ans Herz gewachsen ist mir Joes Geschichte. Sie zeigt, wie wichtig es ist, daß andere Verwandte und eine starke Großmutter sich um die Kinder kümmern!

Joe, ein ausgelassener 28jähriger Mann, gehört zu den Menschen, die die familiären Ereignisse ohne langfristige Schäden überstanden haben. Joe wurde von seinem Vater, dessen Wutausbrüche eskalierten, als die Scheidung näher rückte, körperlich mißhandelt. Joe mußte auch miterleben, wie seine Mutter und sein Vater sich stritten, was damit endete, daß sie sich stießen und traten. Aber das Blatt wendete sich, als Joes Großmutter auf den Plan trat. Sie erkannte die Lage mit einem Blick, setzte Joe und seine Schwester in ihr Auto und nahm sie mit zu sich, »bis die Schwierigkeiten vorbei sind.« Auch wenn die Kinder später ganz bei ihrer Mutter lebten, hatte Joe das Gefühl, bei seiner Großmutter einen sicheren Hafen zu haben, und er kehrte oft zu ihr zurück. Heute kann man sagen, daß er das Aufwachsen in einer gewalttätigen Scheidungsfamilie offensichtlich relativ unbeschadet überstanden hat.

Scheidungskinder, die in ihrer Kindheit Gewalt und Mißbrauch erlebten, haben im Erwachsenenleben ganz spezielle Probleme. Erwachsene Scheidungskinder müssen sich meistens direkt einen oder sämtliche der folgenden Problembereiche zu Herzen nehmen:

Erwachsene Scheidungskinder müssen sich mit ihrer Aggressivität auseinandersetzen.
Da erwachsene Scheidungskinder Streit und Gewalt als akzeptable Umgangsformen erlebten, wenden sie diese Mittel heute selbst an. Aggressionen sind aber *nicht* akzeptabel und auch kein angemessener Weg, mit anderen umzugehen und zu kommunizieren. Auch wenn man mit Aggressionen vertraut ist, sind sie kein normaler Weg, seinen Willen durchzusetzen.

Erwachsene Scheidungskinder glauben, Streit bedeute Nähe.
Erwachsene Scheidungskinder verwechseln Streit mit Nähe. Wenn sie sich während der Scheidung ihrer Eltern emotional

verschlossen haben, sind Streitereien für sie vielleicht die einzige Möglichkeit, Gefühle zu empfinden. Aber erwachsene Scheidungskinder stellen Nähe zu anderen nicht darüber her, daß sie sich mit ihnen streiten. Vielleicht laufen sie Gefahr, sich den Ärger des Menschen zuzuziehen, dem sie wirklich am Herzen liegen, deswegen sollten sie Streit nicht mit einer wirklichen Verbindung zu diesem Menschen verwechseln. Streit und Nähe sind nicht das gleiche.

Erwachsene Scheidungskinder müssen lernen, angemessene Grenzen zu setzen.

Gewalt gleicht einem Fluß, der über die Ufer getreten ist, oder – genauer – einer Flutwelle. Gewalt zieht mit der Zeit alles und jeden in ihren Strudel und überflutet alles. Die Probleme, die mit dem Scheidungsablauf einhergehen und das Familienleben allmählich ganz beherrschen, werden durch das Auftreten von Gewalt nachhaltig verstärkt. Erwachsene Scheidungskinder gehen aus diesem Trauma mit einem geschwächten Selbstwertgefühl und einer Verwirrung in bezug auf Grenzen hervor. So wissen einige erwachsene Scheidungskinder zum Beispiel nicht, daß man ein Zimmer nicht betritt, ohne vorher anzuklopfen. In ihr Zimmer kamen die anderen ständig hereingerannt. Eine verschlossene Tür war kein Hindernis. Einigen ist vielleicht nicht bewußt, daß gewisse Berührungen unangemessen sind, denn viele erwachsene Scheidungskinder wurden grob angefaßt. Erwachsene Scheidungskinder erlebten oft, daß ihre Grenzen nicht respektiert wurden. Die Folge ist, daß ihnen ihre Erfahrungen heute nicht als Maßstab für ihr Handeln dienen können.

Erwachsene Scheidungskinder müssen sich ihrer Angst vor Veränderungen stellen.

Um sich vor der Unberechenbarkeit von Gewalt zu schützen, haben viele erwachsene Scheidungskinder eine ziemlich rigide Abwehr gegen Veränderungen entwickelt. Oft wurden sie von

Veränderungen völlig unvorbereitet überrascht. Um sich davor zu schützen, gehen sie ins andere Extrem. Wenn erwachsene Scheidungskinder mit Veränderungen konfrontiert werden, zeigen sie Überreaktionen. Ohne intensive Vorbereitung ändern sie ihre Pläne niemals. Ihre Kontrollbedürfnisse in bezug auf Veränderungen sind extrem und können sie im persönlichen Leben und im Beruf behindern. Die Welt befindet sich in einem ständigen Veränderungsprozeß. Erwachsene Scheidungskinder sind in einer Unflexibilität erstarrt, die nicht länger notwendig ist.

Erwachsene Scheidungskinder müssen sich Zeit und Raum nehmen und sich helfen lassen, um von ihrem sexuellen Miß-brauch zu heilen.

Inzest ist eine Form von intimer Gewalt, die sämtliche bereits aufgeführten Themen wie Veränderungen, Grenzen, Intimität und Aggression beinhaltet. Meistens war der Inzest jedoch ein heimliches Geschehen, und so haben erwachsene Scheidungskinder sich damit oft besonders allein gefühlt. Außerdem verleugnen Eltern oft, daß ihre Kinder Opfer von Inzest waren, was bei den Kindern dazu führt, daß sie ihren eigenen Erinnerungen oder Körperempfindungen mißtrauen. Vielleicht haben erwachsene Scheidungskinder bereits in der Kindheit die Erinnerungen an das Inzesterlebnis unterdrückt. Erst als Erwachsene beginnen sie allmählich, kurze Einblicke in ihre Vergangenheit zu gewinnen. Die Heilung von Inzest ist ein ganz grundlegender Prozeß, der getrennt von der Genesung als erwachsenes Scheidungskind verläuft, die sich meistens auf die Auswirkungen der Scheidung konzentriert. Für die Verarbeitung von Inzesterlebnissen brauchen wir Zeit und eine sichere Umgebung. Manche erwachsenen Scheidungskinder stellen fest, daß sie erst dann mit einem Partner intim sein können, wenn sie ihr Inzesterlebnis verarbeitet haben. Sexueller Mißbrauch betrifft nicht nur Frauen, sondern auch Männer.

Viele sexuell mißbrauchte Scheidungskinder machen die Erfahrung, daß sie sich ihren Gefühlen in bezug auf ihren sexuellen Mißbrauch erst dann zuwenden können, wenn sie sich in einer sicheren Umgebung befinden. Da Trennungsfamilien kein sicherer Ort waren, kommt das Thema Inzest meistens erst dann zur Sprache, wenn erwachsene Scheidungskinder nicht mehr in ihrer Familie leben. Die Folge ist, daß sie erst 30, 40 Jahre alt werden müssen, bevor sie sich mit den Folgen des frühen sexuellen Mißbrauchs zum erstenmal auseinandersetzen können. Die Heilung von sexuellem Mißbrauch ist eine grundlegende Aufgabe, die manchmal Jahre dauert. Sie ist ein ganz wesentlicher Ablauf, eingebettet in den umfassenderen Prozeß, die Scherben des eigenen Lebens wieder zusammenzufügen.

Gewalt in der Scheidungsfamilie hat viele Gesichter. Einige der destruktivsten Formen wie zum Beispiel der Inzest sind nach außen hin am wenigsten sichtbar. Ganz gleich, ob die Gewalt sexuell, körperlich, verbal oder psychisch war, die Folge war eine massive familiäre Gestörtheit, die schließlich zur Scheidung führte. Hier ist es wieder wichtig, zu erkennen, daß Scheidungen nicht die Ursache von Gewalt sind. Gewalt dagegen ist eine gewählte Entscheidung. Wenn Eltern fortgesetzt zu Gewalt greifen, ist das ein Zeichen dafür, daß bereits eine Gestörtheit vorliegt. Eine Scheidung »macht« Menschen nicht zu Gewalttätern. Für erwachsene Scheidungskinder ist Gewalt ein schweres Erbe. Bei einigen von ihnen führte das Erleben von Gewalt zu einem gestörten Verhalten. Um von den Folgen des Scheidungsablaufs zu heilen, der von Gewalttätigkeiten begleitet war, müssen erwachsene Scheidungskinder neu lernen, sich in Beziehungen angemessen zu verhalten.

Als ich die langfristigen Auswirkungen der Scheidung auf erwachsene Scheidungskinder untersuchte, hatte ich Gelegenheit, meine Ideen verschiedenen Zuhörern probeweise vorzutragen. Mir war dieser Austausch immer willkommen, da sich im Publikum jedesmal zwangsläufig viele Betroffene befanden, die zu meinen Untersuchungsergebnissen viel zu sagen hatten. Die meisten erwachsenen Scheidungskinder waren erleichtert, daß jemand ihre Erfahrungen richtig einschätzte; einige fühlten sich angeregt, ihre Geschichte mitzuteilen und ihre Familie mit anderen zu vergleichen. Wenn es aber zu den Auswirkungen kam, die Sucht und Gewalt auf den Scheidungsverlauf haben, wurde oft Wut ausgedrückt. Die erwachsenen Scheidungskinder, deren Familien sich aufgrund von Suchtproblemen trennten oder deren Zusammenleben voller Gewalt war, fühlten sich besonders belastet und waren besonders verärgert über ihre Vergangenheit. Larry ist hierfür ein Beispiel von vielen.

Larry ist total wütend. Ich kann sehen, wie sein Ärger sich im Körper ausbreitet und ihm bis ins Gesicht steigt. Er ist fast wirr in seinen Aussagen und stottert seine Worte heraus. »Das ist ungerecht!« sagt er. »Ich habe genug damit zu tun, daß ich aus einer Scheidungsfamilie komme. Warum muß ich mich auch noch mit dem ganzen anderen Zeug wie Gewalt und Sucht auseinandersetzen?« Larry, der 32 Jahre alt ist, ist gerade dabei, die Erinnerungen an seine Familiengeschichte zuzulassen, die auch beinhalten, daß er von seinem alkoholkranken Vater mehrmals schwer verprügelt wurde.

Larry hat recht. Wenn ein Mensch sowohl Opfer einer Scheidung ist als auch unter Gewalt und Sucht gelitten hat, trägt er eine doppelte Last. Wie wir später sehen werden, verlaufen nicht sämtliche Scheidungen so gestört wie die von Larrys Eltern, und doch sind Scheidungen in einem alarmierenden Ausmaß von Gewalt begleitet. Das berechtigt uns zu der Frage: Was geht in unserer Gesellschaft vor, daß wir es mit Generationen von Erwachsenen zu tun haben, die in die Familien, die sie neu gründen, so viel gestörtes Verhalten einbringen?

Auch wenn Larry glaubt, er stehe ganz alleine da, befindet er sich doch in großer Gesellschaft. Ihm steht die Aufgabe bevor, seine Vergangenheit zu betrauern, die Verantwortung für sein gegenwärtiges Verhalten zu übernehmen und das neu Gelernte – hoffentlich – an seine Kinder weiterzugeben. Aber Larry darf mit dieser Aufgabe nicht alleingelassen werden. Wir als Gesellschaft müssen durch den Schaden, der bei Kindern heute sichtbar wird, zum Handeln wachgerüttelt werden. Wenn wir das soziale System, das diesen Druck auf Familien ausübt, nicht untersuchen und verändern, werden wir das gestörte Verhalten fortsetzen und eine sehr schwere Zukunft vor uns haben.

5 Verschiedene Formen von Scheidung

Ich habe eben die Auswirkungen von Scheidungen in ihrem Zusammenhang mit Sucht und Mißbrauch beschrieben. Das ist deswegen wichtig, weil die Scheidung im Leben erwachsener Scheidungskinder kein isoliert dastehendes Problem ist. Wenn die Scheidung mit der Bürde von Sucht und Mißbrauch einhergeht, kann das erwachsene Scheidungskind das Gefühl haben, mehrere Knoten entwirren zu müssen. Oder, wie ein junger Mann witzelte: »Ich weiß, daß ich mich in einem ganz schönen Schlamassel befinde. Meine Familie war wie ein Tintenfisch, der sich mit allen Beinen gleichzeitig in Bewegung setzt.«

Ich möchte mich jetzt der Scheidung selbst zuwenden: der Scheidung als Ablauf und als Tatsache. Für das erwachsene Scheidungskind ist die Scheidung quasi das Zentrum des Tintenfisches. Es stimmt natürlich, daß alle Tentakel sich bewegen, aber für das erwachsene Scheidungskind haben diese Tentakel eine Rückverbindung zum Zentrum des Geschöpfes, und dieses Zentrum heißt Scheidung. Die Scheidung war das wichtigste Thema in der familiären Erfahrung des erwachsenen Scheidungskindes, ein sowohl traumatisches als auch langfristiges Ereignis, das die Entwicklung seiner Persönlichkeit, seine Beziehungen und selbst seine Berufswahl beeinflußt hat.

Das Alter zur Zeit der Scheidung

Bevor wir uns den einzelnen Formen der Scheidung zuwenden, möchte ich der Frage nachgehen, ob das Alter von Scheidungskindern zur Zeit der Trennung der Familie auf die langfristigen Auswirkungen dieses Erlebnisses einen Einfluß hat. Über den Zusammenhang zwischen dem Alter zur Zeit der Scheidung und den Spätfolgen der Scheidung für die Entwicklung der Kinder ist nicht viel bekannt. In der spärlichen Literatur äußert man sich nur zurückhaltend. In einer Untersuchung des *Scientific American* wird behauptet, die Scheidung sei am schwersten für Jugendliche, weil sie zur Zeit des sexuellen Reifeprozesses ohne Rollenvorbilder aufwachsen müssen, was mit starken Verlassenheitsgefühlen einhergehen kann.[7]

Wallerstein und Blakeslee äußern in *Gewinner und Verlierer* die Überzeugung, daß die Scheidung für Vorschulkinder am leichtesten zu verkraften sei. Sind ältere Geschwister vorhanden, geben diese den ganz kleinen Kindern besonderen Schutz. Diese kleinen Kinder haben nur eine vage Erinnerung an den Elternteil, der geht, und keine tiefer gehenden Bilder von der intakten Familie. Sie können sich nicht darauf beziehen, »wie es einmal war«, und empfinden den Verlust der ehemaligen Familie nicht so intensiv wie die älteren Kinder.[8]

Ich fragte meine Umfrageteilnehmerinnen und -teilnehmer, wie sie sich zur Zeit der Scheidung fühlten. Ich bat sie auch, die Probleme zu beschreiben, mit denen sie sich als Erwachsene heute auseinanderzusetzen haben. Ich glaube nicht, daß sich aus ihren Beschreibungen irgendwelche deutlich wiederkehrenden Muster entnehmen lassen, und trotzdem enthält das Gesagte einige interessante Aspekte, die nun beschrieben werden.

Wie zu erwarten, haben Vorschulkinder nur wenige Erinnerungen an die Scheidung. Sie waren zu klein oder verstanden nicht, was vor sich ging. Sie hatten zu der Zeit ganz einfache Bedürfnisse, die sich in Wünschen äußerten wie, »Vati soll mich abends wie immer zudecken.«

Die damals Drei- und Vierjährigen konnten sich aber durchaus an Gefühle erinnern. Mehrere männliche erwachsene Scheidungskinder sagten, sie hätten sich allein gefühlt, »als wäre Vati wegen mir gegangen, weil er mich nicht mehr liebte.« Andere Drei- und Vierjährige fühlten sich schuldig und bedrängt: »Ich muß unbedingt brav sein, weil Mutti und Vati nicht klarkommen. Ich hatte das Gefühl, sie erwarteten von uns Kindern, daß wir ihre Beziehung in Ordnung bringen.« Viele können sich an ein generelles und durchdringendes Gefühl von ängstlicher Sorge erinnern, das sich bis ins Erwachsenenalter fortsetzte.

Jennifer, eine 35jährige Mutter von zwei Kindern, traf sich mit mir während einer Konferenz im mittleren Westen. Ich hatte sie um ein Interview gebeten, weil ihre Geschichte so typisch für all die Menschen zu sein scheint, deren Eltern sich scheiden ließen, als die Kinder noch klein waren. Wir gingen in eine Ecke des Konferenzsaals, um in Ruhe miteinander zu sprechen. Jennifer rutschte nervös auf ihrem Stuhl hin und her. Sie erweckte durch ihr Aussehen und Verhalten immer noch einen kindlichen Eindruck.

»Nun«, sagte sie und kam gleich zum Thema, »ich glaube nicht, daß die Scheidung meiner Eltern eine große Sache war. Nicht so ein Alptraum wie für manche Leute, wissen Sie. Heute weiß ich, daß Vati sich auf eine andere Frau eingelassen hatte, und Mutti war nicht wild darauf, ihn für sich zurückzugewinnen, also ließen sie sich scheiden. Ich habe lange Zeit nicht geglaubt, daß das alles viel Einfluß auf mich hatte – ich war vier, als es passierte –, aber heute habe ich wirklich

Schwierigkeiten mit meinen eigenen Kindern und habe das Gefühl, daß das mit der Scheidung zusammenhängt.«

Ich bat Jennifer, mir mehr über ihre Erinnerungen an die Scheidung ihrer Eltern zu erzählen. Sie war das jüngste von drei Kindern, und zur Zeit der Scheidung hatte sie das Gefühl, daß etwas Schreckliches geschah, das sie nicht verstand. Es jagte ihr entsetzliche Angst ein, ohne daß sie einen Namen dafür gehabt hätte. Etwa um diese Zeit herum begann sie Alpträume zu haben und ins Bett zu nässen. Man sagte ihr niemals direkt, daß Veränderungen bevorstünden, nur daß Vati nicht mehr mit ihnen leben, sondern in Zukunft nur noch zu Besuch kommen würde. »Trotz aller Versicherungen fühlte ich mich, als ob mir der Magen wegrutschte. An dieses Gefühl kann ich mich bis auf den heutigen Tag erinnern. Es schien endlos anzuhalten und wirkte sich auf mich so stark aus, daß ich als Kind sehr oft Bauchschmerzen hatte. Das Schlimmste an alledem war, daß meine Eltern mir beide ständig erzählten, alles würde gut, aber ich glaubte ihnen nicht, denn der Schmerz in meinem Magen sprach eine deutlichere Sprache.«

Jennifers Probleme als erwachsenes Scheidungskind begannen zutage zu treten, nachdem sie ihr jüngstes Kind zur Welt gebracht hatte. Sie stellte fest, daß sie von Angst überwältigt wurde, sowie sie ihre Kinder allein lassen mußte. In den ersten zwei Jahren nach der Geburt ihres ersten Kindes ließ sie die Kleine nur dreimal bei einem anderen Menschen. »Mein Mann und ich haben ständig Spannungen, weil ich mich weigere, die Kinder allein zu lassen. Ich weiß, daß ich öfter ausgehen sollte, aber jedesmal, wenn ich aus der Tür gehe, habe ich dieses Gefühl im Bauch. Ich möchte meinen Kindern nicht antun, was mir angetan wurde, aber ich kann mich sowieso nicht amüsieren, wenn ich nicht in ihrer Nähe bin.«

Jennifer und ich unterhielten uns noch etwas länger. Ich bin beeindruckt von der Tatsache, daß sie vom Verstand her weiß, daß ihre ängstliche Bindung an ihre Kinder für diese wahrscheinlich nicht gut ist. Und trotzdem scheint sie machtlos zu sein, ihr Verhalten zu ändern, solange sie sich nicht mit ihrer Vergangenheit und den Problemen in ihrer Ursprungsfamilie befaßt. Wie sehr ihre Eltern sie auch zu beruhigen versuchten, sie konnten ihr das Gefühl von einem drohenden Unheil nicht nehmen. Jetzt äußert sich dieses Gefühl in der Form, daß sie sich an ihre Kinder klammert. Die Probleme von erwachsenen Scheidungskindern sind tatsächlich generationsübergreifend.

Probleme als erwachsenes Scheidungskind
Erwachsene Scheidungskinder, deren Eltern sich in den Vorschuljahren der Kinder scheiden ließen, berichten, am meisten Angst hätten sie vor Intimität. Sie zögern, sich verbindlich auf einen Menschen einzulassen, und sind innerlich voller Furcht. Ihre größte Angst ist, verlassen, gedemütigt und zurückgewiesen zu werden. Die Männer fühlen sich ihrem Vater gegenüber nach wie vor entfremdet. Für sie ist die mangelnde Kommunikation mit ihrem Vater ein Hauptproblem. Als Erwachsene befürchten sie, beiden Eltern nicht genug Zeit zu widmen. Sie haben Angst, ihre Ehe könne unstabil sein, weil sie wie ihre Väter sind. Sie haben mit geringem Selbstwertgefühl, Groll und mangelndem Durchsetzungsvermögen zu kämpfen. Mehrere erwachsene Scheidungskinder haben das Gefühl, sich ihr ganzes Leben lang abgemüht zu haben, um die Liebe und Zuneigung ihrer Mutter zu gewinnen. Sie glauben, keine Liebe zu verdienen, wenn sie dafür nichts tun. In ihrer eigenen Ehe müssen sie ihr »Allerbestes« geben, nur um Anerkennung zu bekommen. Wie Jennifer ersticken viele von ihnen ihre Ehepartner und Kinder mit zuviel Zuwendung. Sie übertreiben die Fürsorge für ihre Familie.
Für Menschen, von denen man annimmt, sie hätten die Scheidung kaum mitbekommen, haben sie ziemlich massive Probleme mit der Angst vor dem Verlassenwerden. Ich glaube, hier liegt ein Beweis dafür, daß die Scheidung über die eigentliche Trennung der Partner hinausgeht und die Auswirkungen der

Scheidung sich für diese erwachsenen Scheidungskinder über die Vorschule hinaus erstrecken.

Schüleralter: Kinder von 6-13 Jahre

Schulkinder verspürten Angst und Verwirrung, aber auch Erleichterung. Von Erleichterung war in den meisten Erzählungen die Rede. Diese Altersgruppe fühlte sich tyrannisiert von Familien, in denen ständig gestritten wurde. Die Kinder waren dankbar, daß die Kämpfe vorbei waren, und manchmal waren sie auch wütend auf die Situation und das Verhalten, das schließlich zur Scheidung führte. Kinder dieser Altersgruppe haben die Tendenz, ihr Leben einfach weiterzuleben. Mehrere erwachsene Scheidungskinder erinnern sich an ihren Pragmatismus. »Ungefähr einen Tag lang regte ich mich auf, und dann wußte ich, daß meine Eltern genau das Richtige taten.« Ein anderer Befragter sagte: »Ich hoffte, alle würden die Scheidung meiner Eltern als Entschuldigung für meine schlechten Zensuren in der Schule gelten lassen.«

Die Erfahrungen dieser Altersgruppe werden von Verwirrung und dem Gefühl von Betäubung beherrscht. Erwachsene Scheidungskinder sagen, ihre Verwirrung habe sich darauf bezogen, daß sie bei einem anderen Elternteil leben wollten als dem, dem das Sorgerecht zugesprochen worden war.

Eine 30jährige Frau, Keri, deren Eltern sich scheiden ließen, als sie sieben war, konnte sich an ihre inneren Kämpfe erinnern, die jedesmal abliefen, wenn es um das Zusammensein mit ihrem Vater ging. Die Mutter hatte die Scheidung eingereicht und das Sorgerecht für die Tochter zugesprochen bekommen. »Vati tat mir so leid. Er schien so traurig und verloren. Ich dachte, wenn ich bei ihm wäre, könnte ich ihn glücklich machen«, begann sie ihre Geschichte. »Eines Tages bekam ich einen großen Gefühlsausbruch auf dem Rücksitz des Wagens. Ich weinte und sagte dann, daß ich bei Vati leben wolle. Mutti drehte sich zu mir um – inzwischen war sie von der Autobahn abgefahren und hatte angehalten –, sah mir direkt in die Augen und sagte: ›Dein Vater und ich haben darüber gesprochen und sind uns einig, daß es besser ist, wenn du bei mir lebst. Ich habe das Sorgerecht. Du wirst also bei mir leben, nicht bei deinem Vater.‹« Keri machte eine Pause und atmete tief durch. »Wissen Sie«, fuhr sie fort, »ich war erleichtert, nachdem meine Mutter ein Machtwort gesprochen hatte. Ich mußte mich also nicht um meinen Vater kümmern. Jemand, der älter war als ich, hatte eine Grenze gesetzt, und ich konnte mich entspannen.«

Ich glaube, Keris Geschichte zeigt, daß die Verwirrung des Kindes unter anderem darin begründet ist, daß es glaubt, es hätte die Macht, Entscheidungen zu fällen, die von Rechts wegen bei den Erwachsenen liegen. Als die Mutter eine Grenze setzte, konnte Keri wieder Kind sein, denn ihr war die Last genommen, ihren Vater für seinen Schmerz entschädigen zu müssen.

Andere erwachsene Scheidungskinder hatten das Gefühl, daß man ihnen in bezug auf die Scheidung etwas vorlog. Die Trennung wurde ihnen häufig völlig überraschend mitgeteilt. Einige können sich überhaupt nicht daran erinnern, daß sich jemand die Zeit nahm, ihnen zu erklären, was vor sich ging. Ein Mann wurde in das Haus einer Kusine befördert, wo man ihn zwei Wochen später abholte und in eine Wohnung brachte, die er nie zuvor gesehen hatte. Die Kinder, die in einer Atmosphäre von ständigem Streit und körperlicher Mißhandlung lebten, töteten sämtliche Gefühle in sich ab.

In einigen Fällen zogen die Mütter sofort nach der Scheidung mit einem neuen Mann zusammen. Die Kinder können sich daran erinnern, daß sie verwirrt waren hinsichtlich der Rolle, die dieser Mann in ihrer Familie einnahm. Manchmal brachte der neue Mann Erleichterung, weil er die finanzielle Seite sicherte, um die sich erstaunlich viele dieser Kinder Sorgen machten. Viele hatten Angst vor der Zukunft und waren ärgerlich, weil sie nicht die Zuwendung bekamen, die sie brauchten.

Probleme als erwachsenes Scheidungskind

Wie bei den Vorschulkindern taucht Intimität auch in den Geschichten dieser Scheidungskinder als etwas Bedrohliches auf, wenn sie ihre Probleme als Erwachsene beschreiben. Sie sagen, sie hätten Schwierigkeiten, Menschen zu vertrauen und um Hilfe zu bitten. Als Erwachsene neigen sie zu strengen Urteilen über andere und zu Schwarzweißdenken. Männer empfinden Feindseligkeit gegenüber ihren abwesenden Vätern und haben Angst, genauso zu werden wie diese. Als Erwachsene achten diese Menschen genau darauf, wer »zur Familie gehört«, und haben oft Schwierigkeiten, Außenstehende zu akzeptieren. Einige fühlen sich unwohl bei sozialen Anlässen und sagen, sie könnten einfach keine lockeren Gespräche führen. Sie fühlen sich ernst und älter, als sie sind. Viele glauben, sie seien sehr schnell erwachsen und zu Ersatzeltern geworden und hätten ihre Kindheit geopfert. Eine Frau berichtete: »Hier bin ich also, 38 Jahre alt, und kann so kompetent sein und im nächsten Augenblick so gefühlsbetont. Ich fühle mich dann immer noch wie zehn.« Einige haben Angst vor ökonomischer Unsicherheit und fragen sich, ob sie allein durchkommen. Sie fühlen sich wohl in der Rolle des oder der Fürsorglichen, auch wenn sie wissen, daß ihr Rollenverhalten gestört ist. Einige Frauen erzählen, daß sie gerade erst lernen, sexuelle Beziehungen mit ihren Partnern zu entwickeln. Sie haben damit zu kämpfen, daß sie sich einerseits eine intensive, leidenschaftliche sexuelle Beziehung wünschen, andererseits aber Angst haben, sich im anderen zu verlieren oder von ihm verlassen zu werden. Viele dieser erwachsenen Scheidungskinder sagen, sie wüßten nicht, wie man eine gute Beziehung führt, und befürchten, ihren Kindern keine guten Eltern zu sein.

Jugendalter: Jugendliche von 14-19 Jahre

Teenager scheinen zwischen Ärger und Betäubtheit hin- und herzuschwanken. Diejenigen, die wie betäubt sind, sind von der gestörten familiären Dynamik, die schon in den Jahren vor der eigentlichen Scheidung existierte, ganz offensichtlich stark in Mitleidenschaft gezogen worden. Hier die Worte einer Frau, deren Eltern sich scheiden ließen, als sie 17 war: »Ich war wie betäubt. Als die Scheidung dann tatsächlich ablief, konnte ich überhaupt nichts mehr empfinden. Ich kann mich an den Tag der Scheidung genau erinnern. Ich rauchte damals zum erstenmal Haschisch.«

Ich sprach mit dieser Frau und mehreren anderen Scheidungskindern, die einverstanden waren, sich mit mir zusammenzusetzen und über ihre Lebensgeschichte zu reden, in einem Restaurant. Andere schalteten sich in das Gespräch ein. Das gemeinsame Thema schien zu lauten: »Was ich mir während der Scheidung alles erlaubte.« Ein Mann steuerte bei, daß er im Verlauf des Scheidungsprozesses seiner Eltern sexuell promiskuös geworden sei. Dieser Mann, Alex, schien auch für andere zu sprechen, als er vorbrachte, daß er Sex benutze, um starke Gefühle zu vermeiden und dem gestörten Ablauf der Scheidung seiner Eltern zu entkommen. »Meine Eltern brauchten vier Jahre, um sich zu trennen – meine ganze High-School-Zeit. Als sie sich dann tatsächlich scheiden ließen, war ich ziemlich fertig und völlig desinteressiert. Was mich betrifft, war das Familienleben die ganze Zeit über auf Eis gelegt.«

Sherrie, ein weiteres Mitglied dieser Gruppe, verbrachte die letzten Jahre auf der High-School damit, sich an drei verschiedene Elternpaare zu gewöhnen: an ihre richtigen Eltern, ihre Mutter und deren neuen Ehemann und ihren Vater und dessen neue Frau. Im Verlaufe eines Jahres besuchte sie drei verschiedene Schulen in drei verschiedenen Bundesstaaten. »Es war verrückt, und ich war auch verrückt. Ich fühlte mich völlig verloren und nahm Drogen.«

Wer verärgert war, bekannte, daß sein Ärger von Furcht und Prahlerei begleitet war. Eine Frau, die bei der Scheidung 15 war, sagte, sie sei extrem wütend gewesen, habe sich aber natürlich meistens so verhalten, als habe sie diese Gefühle nicht.

Sie hatte auch deswegen Angst, weil ihre Mutter stark zu trinken begann und sie sich von ihrem Vater im Stich gelassen fühlte. Andere fürchteten, sich um ihre Mütter kümmern zu müssen, und hatten Angst, daß diese es allein nicht schaffen würden. Wieder andere empfanden Scham und Peinlichkeit. Ein junger Mann hingegen dachte, er sei »ein klasse Typ«, weil er aus einer »kaputten Familie« stammte. An seiner Schule gab es spezielle Gruppen für Kinder, die bei einem alleinerziehenden Elternteil lebten, und er wurde »getestet« und als Mitglied aufgenommen. Heute glaubt er, daß er diese Heldenprobe auf sich nahm, weil er dahinter den Schmerz verstecken konnte, den die Scheidung in ihm hervorrief. Einige Kinder waren völlig in Anspruch genommen von ihren sozialen Kontakten. Andere entwickelten sich nicht weiter und wirkten jünger, als sie waren. Die meisten Teenager hatten unter den Ereignissen, die zur Scheidung führten, so lange Jahre gelitten, daß sie neben der Traurigkeit auch Erleichterung empfanden, als sie dann tatsächlich eintrat. Viele sagen, die Eltern hätten sich schon früher scheiden lassen sollen.

Probleme als erwachsenes Scheidungskind

Als Erwachsene fühlen sich die Scheidungskinder, deren Eltern sich scheiden ließen, als sie selbst noch Teenager waren, »familienlos«. Die Folge ist, daß sie schwer arbeiten, um den Zusammenhalt ihrer eigenen Ehe und Familie sicherzustellen. Sie haben in mehrerer Hinsicht das Gefühl, etwas zu entbehren. Sie fühlen sich betrogen, weil das Leben, von dem sie glaubten, es beschere ihnen die ideale Beziehung, eine Lüge war. Sie spüren, daß das, was ihnen beigebracht wurde, überhaupt nicht der Realität entspricht. Entsetzt erleben sie, als welche Menschen sich ihre Eltern entpuppen. Eine Frau formulierte das wie folgt: »Ich schäme mich immer noch, nicht so sehr wegen der Scheidung, sondern wegen der Verrücktheit, die meine Mutter zu der Zeit an den Tag legte. Sie änderte ihr Verhalten radikal und wurde irrational anmaßend, wie ein

Kind, das alles allein machen will. Mir tat es schrecklich weh, mit anzusehen, was ihr angetan wurde und wie es ihr an Selbstachtung fehlte. Mein Vater in seiner männlichen Betäubtheit und Scham schien von alledem weit entfernt und relativ unberührt zu sein, auch wenn er traurig war. Er wollte keine Verantwortung für sein gönnerhaftes Verhalten und sein Herumkommandieren übernehmen und ließ auf seinem Weg lauter Verrückte hinter sich zurück.«

Wer als Scheidungskind in seinen Teenagerjahren eine Vermittlerrolle übernommen hat, neigt dazu, diese Rolle als Erwachsener weiterzuspielen. Diese Menschen wiederholen folgendes Verhaltensmuster: Sie kommen Menschen nahe und mischen sich in deren Schwierigkeiten ein. Meistens nehmen andere das Hilfsangebot an, denn diese Menschen wissen, wovon sie sprechen. Sie helfen anderen, die Sache von allen Seiten zu betrachten und die Ursache für ihren Schmerz zu beseitigen. Dann ist ihre Aufgabe erledigt, und sie werden nicht mehr gebraucht. Der andere geht, und das erwachsene Scheidungskind fühlt sich verlassen.

Erwachsene Scheidungskinder, die bei der Auflösung ihrer Familie Teenager waren, haben offensichtlich eine realistischere Sicht von den Stärken und Schwächen ihrer Eltern. Viele erwachsene Scheidungskinder sagen, daß sie sich aktiv darum bemühen, zu beiden Eltern eine eigenständige Beziehung zu entwickeln und Beziehungsprobleme mit beiden getrennt zu lösen.

Wie für andere Altersgruppen ist auch für diese erwachsenen Scheidungskinder Intimität ein Problem. Auch sie haben Angst, anderen Menschen zu nahe zu kommen. Dieses Risiko gehen sie nur ein, wenn sie sich eines Menschen sicher sind. Sehr oft sind sie beziehungssüchtig.

Sie sind ständig auf der Suche. Sie suchen nach einer Familie, aber auch nach etwas Tieferem. Sie möchten ihre Wurzeln finden. Mit den Worten eines Mannes, dessen Eltern sich scheiden ließen, als er 22 war: »Ich war auf der Suche nach meinem Weg und habe keinen gefunden, der mir entspricht. Ich bin von Tibet nach Guatemala, von Neuseeland nach China gereist, um meine innere Wahrheit, meinen Weg zu finden. Jetzt studiere ich Medizin und frage mich, wie sieht mein Weg aus? Ich bin bei dieser Suche nach meinen Wurzeln mit vielen Menschen verbunden und doch auch wieder allein.«

Für einige liegt die Schwierigkeit einfach darin, daß sie sich fragen, wen sie besuchen sollen, wenn sie »nach Hause« fahren, mit wem sie die Ferien verbringen sollen, mit Mutter oder Vater? Diese Entscheidungen scheinen für Scheidungskinder mit den Jahren immer schmerzlicher zu werden.

Und schließlich sind diese erwachsenen Scheidungskinder fest entschlossen, dafür zu sorgen, daß ihre eigene Ehe funktioniert. Sie haben Angst vor einer Scheidung. Einige Betroffene haben sich trotzdem scheiden lassen. Insgesamt jedoch sagen sie, daß sie sich um ihre Ehe mehr bemühen, als ihre Eltern es taten. Sie fühlen nicht nur ihren Ehepartnern, sondern auch ihren Kindern gegenüber eine große Verpflichtung. Diese Gruppe hat aufgrund der Scheidungserfahrung den Wunsch nach einer Familie entwickelt und schätzt das Familienleben offenbar ganz besonders.

Verhaltensmuster, die auf das Alter zur Zeit der elterlichen Scheidung zurückgehen

Führt das Alter zur Zeit der Scheidung zu irgendwelchen deutlich erkennbaren Verhaltensmustern bei erwachsenen Scheidungskindern? Es gibt kleine klaren Hinweise, aus denen sich Schlußfolgerungen ziehen ließen, aber ich stieß in den Geschichten dieser Scheidungskinder auf einige wiederkehrende Themen. Erstens schienen ihre Probleme je nach Alter von eher persönlichen (bei Vorschulkindern) zu globaleren (bei

Teenagern) zu tendieren. Was die Eltern zum Beispiel betrifft, hatten Kinder, die zur Zeit der Scheidung zwischen einem und fünf Jahre alt waren, es schwer, ihre Eltern einfach nur kennenzulernen. Erwachsene Scheidungskinder, die die Trennung im Alter zwischen sechs und 13 erlebten, sind verärgert und verwirrt über ihre Eltern, während erwachsene Scheidungskinder, die bei der Scheidung Teenager waren, glauben, daß sie ihre Eltern klarer und realistischer sehen.

Was die Verantwortung nach der Scheidung betrifft, fühlen Vorschulkinder sich verlassen, Schüler betrachten sich als Helfer und die Teenager fühlen sich verantwortlich und haben Angst. Schulkinder haben häufiger Angst vor ökonomischer Unsicherheit als die anderen beiden Gruppen.

Vorschulkinder fürchten auch als Erwachsene noch, verlassen zu werden. Die anderen beiden Gruppen haben generell Angst vor Beziehungen, und ihnen ist klar, daß sie keine Rollenvorbilder für intakte Beziehungen hatten.

Alle drei Gruppen haben eine Abneigung gegen Konflikte, obwohl die Teenager schneller die Vermittlerrolle übernehmen als die anderen. Erwachsene Scheidungskinder, die zur Zeit der Scheidung im Vorschul- und Schüleralter waren, sind Experten darin, Konflikte vorauszuahnen und neigen dazu, sie aktiv zu vermeiden.

Insgesamt gesehen haben alle drei Gruppen Angst vor Nähe. Sie zweifeln an ihrer Fähigkeit, dauerhafte Beziehungen zu entwickeln. Sie versuchen über fürsorgliches Verhalten Beziehungen zu anderen herzustellen und erleben oft, daß sie verlassen werden. Einige gehen das Risiko ein, in ihren Beziehungen um das zu bitten, was sie brauchen. Fast allen ist sehr stark bewußt, welche Auswirkungen die Scheidung auf sie hatte. In dieser Hinsicht sind sie voller Hoffnung. Sie glauben, ihr Leben anders leben zu können. Sie bemühen sich nach Kräften, die Lektionen aus ihrer Vergangenheit zu lernen und das Gelernte in der Gegenwart anzuwenden.

Typische Merkmale der einzelnen Formen von Scheidung

Als nächstes möchte ich die verschiedenen Formen von Scheidung darstellen, denn nicht alle Scheidungen verlaufen gleich. Diese Tatsache ergibt sich bereits aus dem vorher Gesagten. Wenn wir die Formen von Scheidung untersuchen, ist es wichtig, im Kopf zu behalten, daß eine Scheidung als solche weder schlecht noch gut ist. Wir konzentrieren uns auf den Ablauf, den Weg, auf dem die Entscheidung, sich zu trennen, gefällt wird. Dieser Ablauf ist ausschlaggebend dafür, wie das erwachsene Scheidungskind in Mitleidenschaft gezogen wurde und inwieweit es sich mit Problemen auseinandersetzen muß, die die Scheidung für sein späteres Leben bewirkt. So besteht zum Beispiel ein ziemlicher Unterschied zwischen erwachsenen Scheidungskindern, deren Eltern den Kindern die Scheidung erklärten und auch die einzelnen Entwicklungsschritte des Scheidungsablaufs vermittelten, und denjenigen, deren Eltern die Kinder bei Verwandten ablieferten und ihre gesamte häusliche Situation änderten, ohne daß die Kinder davon wußten oder daran teilhatten. Erwachsene Scheidungskinder, die auf die Scheidung vorbereitet wurden, haben mehr Vertrauen zu Erwachsenen, während andere, denen die Scheidung plötzlich eröffnet wurde, argwöhnischer und stärker auf der Hut sind.

Die Gestörtheit, die sich infolge von Scheidungsabläufen entwickeln kann, entsteht innerhalb der Familie. Probleme, die von einer Generation nicht gelöst wurden, werden an die nächste weitergegeben. Das macht der Scheidungsablauf ganz deutlich sichtbar. Die Scheidungen der Eltern verliefen überraschend unterschiedlich. Sie taten, was sie für vernünftig hielten. Manchmal handelten sie mit guten Absichten und manchmal auf der Grundlage eines schwer gestörten Verhaltens, von dem erwachsene Scheidungskinder betroffen waren.

Für alle erwachsenen Scheidungskinder ist das Ende der Familie als Einheit, wie sie sie kannten, das Kernproblem. Ich bin selten auf eine Scheidung gestoßen, die dieser grundlegenden Tatsache widersprach. Das Ende der Familie, *wie das Kind sie gekannt hat*, wird immer als Verlust empfunden, auch dann, wenn die Familie schwer gestört ist. Trotzdem gibt es aber positivere Möglichkeiten für die Abwicklung dieses schmerzhaften Übergangs von der Gemeinschaft, die das Scheidungskind als Familie kannte, zu neuen Formen des Zusammenlebens.

In diesem Abschnitt befassen wir uns mit den am häufigsten vorkommenden Formen von Scheidung und ihren Auswirkungen auf das Leben von erwachsenen Scheidungskindern. Ich glaube, es ist notwendig, die folgenden Fallbeispiele unvoreingenommen zu lesen. Wir müssen staunen, auf wie vielfältige Weise erwachsene Scheidungskinder lernten, mit ihren Kindheitserfahrungen umzugehen. Einige der dabei entwickelten Verhaltensweisen erwiesen sich langfristig als gestört, aber damals haben sie das Überleben des Kindes gesichert.

Beim Lesen dieser Schicksale bin ich manchmal wütend geworden und habe gelernt, Mitgefühl zu entwickeln. Mein Ärger richtete sich immer stärker auf eine Gesellschaft, die diese Entwicklung und das gestörte Verhalten von Menschen fördert. Mein Mitgefühl gilt den ganz realen Menschen dieser Fallbeispiele, die wahrscheinlich nach bestem Wissen handelten.

Vater oder Mutter verschwindet

Elaine ist 42 Jahre alt, eine auffallend große Frau mit blondem Haar und grünen Augen. Sie hat zwei Kinder, die sie allein großzieht, seit ihr Mann plötzlich an Krebs gestorben ist. Elaine hat das Gefühl, als erwachsenes Scheidungskind mit mehreren Problemen kämpfen zu müssen. Das fing an, als sie vier Jahre alt war.

Zu der Zeit verließ ihre Mutter über Nacht das Haus. Elaine fragte die Haushälterin: »Wo ist Mutti hingegangen?« Und die

Frau antwortete: »Ich weiß es nicht.« Elaine hatte das Gefühl, daß damit das letzte Wort zu diesem Thema gesprochen war. Monate später schickte ihre Mutter ihr Briefe, in denen sie schrieb, daß sie Elaine liebe, aber das Kind glaubte diesen Briefen nicht, denn es sagte sich, wenn meine Mutter mich liebte, dann würde sie nach Hause zurückkommen.

Elaines Vater, ein harter Mann, weigerte sich, mit ihr über das Verschwinden seiner Frau zu sprechen. Eines Tages, mehrere Monate, nachdem ihre Mutter gegangen war, verkündete Elaines Vater: »Deine Mutter und ich haben uns heute scheiden lassen«, und verließ den Raum. »Als mein Vater sagte, ›Deine Mutter‹, war das für mich wie ein Schlag ins Gesicht. Als hätte *er* niemals etwas mit Mutti zu tun gehabt, sondern als hätte das Ganze nur mit mir zu tun.«

Elaine erinnert sich, daß bei ihr zu Hause unausgesprochen in der Luft lag, daß ihre Mutter eine schlechte Frau und Mutter sei. Sie hatte das Gefühl, daß »Frauen wie Mutti schrecklich sind«. Heute ist ihr bewußt, daß ihre Mutter 26 war, als der Zweite Weltkrieg zu Ende ging. Elaines Mutter war eine kontaktfreudige Frau, aber ihr Vater kehrte aus dem Krieg als düsterer Mensch zurück. Er machte seine Religion zur Lebensgrundlage. Er glaubte, leben hieße leiden, und seine Religion unterstützte ihn in dieser Auffassung. Er wollte, daß seine Frau diese Sicht der Welt mit ihm teilte, aber das konnte sie nicht. Wo er melancholisch war, liebte sie die Aufregung und war sehr lebenslustig. Sie paßten einfach nicht zusammen, und schließlich schickte er sie fort. Erstaunlicherweise ging sie, ohne sich aufzulehnen, vielleicht weil Scheidungen in den fünfziger Jahren noch ungewöhnlich waren.

Während Elaine ihre Mutter besuchte, bestand zwischen ihren Eltern keinerlei Kontakt. Elaines Vater klopfte immer an die Tür und verschwand, und dann öffnete ihre Mutter die Tür und holte Elaine herein. Elaine hatte das Gefühl, daß diese Tür zum Flur in ein Niemandsland führte. Zur Mutter gehen hieß, ein anderes Leben betreten. Ihre Mutter kaufte ihr Kleider, damit sie sich nicht für die heruntergekommenen Sachen schämen mußte, die der Vater das Kind tragen ließ. Ihr Vater war wütend über diese Käufe. Elaines taillenlanges Haar wurde zum erstenmal während eines Besuchs bei ihrer Mutter geschnitten. Und wieder regte ihr Vater sich auf. Er tat Elaine weh, indem er ihr die Ohren langzog. Sie fühlte sich hilflos und wußte nicht, wie sie sich wehren sollte.

Elaine hatte in Gegenwart ihres Vaters immer Angst, selbst als Erwachsene noch. Sie fühlte sich auch von den anderen Erwachsenen im Stich gelassen, denn niemand kam ihr zu Hilfe, obwohl die Großeltern und Onkel wußten, was vor sich ging. Sie sagten sich, das alles ginge sie nichts an.

Probleme als erwachsenes Scheidungskind

1. *Vertraue niemandem.* Elaine glaubt, daß sie aufgrund der Scheidung ihrer Eltern und des Verschwindens ihrer Mutter immer noch Schwierigkeiten hat, anderen zu vertrauen. Sie sagt, meistens sei sie gegen Menschen mißtrauisch und habe Angst, daß diese nicht ehrlich zu ihr seien. Sie hat auch kein Vertrauen in ihre eigenen Gefühle. Elaine glaubt, sie wäre verrückt geworden, wenn sie als Kind ihre Gefühle zugelassen hätte.

2. *Unsicherheit.* Elaines Vergangenheit wird beherrscht von der ständigen Unsicherheit in Form eines Elternteils, der das Sorgerecht hat und das Kind mißhandelt. Sie befürchtet, sie habe es nicht verdient, daß man ihr Dinge offen mitteilt, und erwartet, daß ihr Vater ihr das gleiche antut, was er ihrer Mutter angetan hat. Weil seine Launen so unberechenbar sind, weiß sie nicht, wie sie sich verhalten soll. Sie weiß nie, was als nächstes geschieht. Auch wenn sie ihren Vater fürchtet, hat sie entsetzliche Angst, daß er sie ebenfalls verläßt.

3. *Eine Frau, die das Leben genießt, ist eine Hure.* Elaine hält ihre Freude, ihre Aufregung und ihre Lebendigkeit für etwas Falsches und Schmutziges. Ihre Mutter wurde für ihre Lebenslust bestraft. Elaine fühlt sich zur Lebenseinstellung ihrer

Mutter hingezogen, hat aber gleichzeitig die Mißbilligung ihres Vaters verinnerlicht. Elaine hat Angst vor Männern.

4. *Es ist gefährlich, Erwachsenen gegenüber für sich selbst einzutreten.* Elaine fühlte sich in Gegenwart ihres Vaters in Gefahr. Wenn sie versuchte, ihre Wünsche durchzusetzen, wurde sie eingeschüchtert und körperlich verletzt. Andere Erwachsene, die sie beschützten, gab es nicht in ihrem Leben.

5. *Behalte Geheimnisse für dich/Sprich nicht darüber/Unterdrücke deine Gefühle.* Diese repressiven Regeln stellen wahrscheinlich die wichtigste Lektion dar, die Elaine von ihrer Familie erhielt. Sie machte die Erfahrung, daß Familien ihr gestörtes Verhalten durch Schweigen verfestigen. Die Familie drängte ihre Gefühle weg und tat so, als führte sie ein normales Leben. Es war aber enorm anstrengend, Gefühle zu unterdrücken und das Geheimnis zu wahren. Elaine glaubt, daß sie jetzt, wo sie sich ihren Problemen als erwachsenes Scheidungskind stellt, die Gefühle eines ganzen Lebens zu verarbeiten hat.

6. *Sei als Mutter oder Vater perfekt.* Elaine beschloß, die beste Mutter der Welt zu werden. Sie würde ihren Kindern niemals etwas antun und sie niemals allein lassen. Schon bald mußte sie erfahren, daß ihr Perfektionismus für sie und ihre Kinder eine Last war. Nach einer Weile suchten die Kinder Abstand von ihr, weil sie das Gefühl hatten, ihre Mutter wache wie eine Glucke über sie.

Die überraschende Scheidung

Ron ist 29 Jahre alt. Er hat einen sportlichen Körper und arbeitet als Assistenzarzt. Offensichtlich fühlt er sich wohl mit seinem Leben, auch wenn er etwas schüchtern ist. Er ist nicht verheiratet. Zwei Jahre lang war er verlobt und brach dann die Beziehung abrupt ab. Jetzt widmet er sich seiner Arbeit, läuft im Winter Ski und geht im Sommer bergsteigen.

Rons Eltern ließen sich scheiden, als er 18 war. In jenem Sommer machte er gerade seinen Abschluß an der High-School. Niemand war überraschter als Ron. Er versichert mir, er könne mir keinen brauchbaren Stoff für ein Buch über erwachsene Scheidungskinder liefern, weil er bis heute nicht wirklich begriffen hat, was damals eigentlich geschah.

Ron sagt, seine Geschichte müsse unter der Überschrift laufen: »Wir waren glücklich, bis …« Er erlebte in seiner Familie Nähe und fand, daß alle offen waren und gerne Späße machten. Sein Vater arbeitete als Ingenieur und hatte später seine eigene Firma. Rons Mutter blieb zu Hause und zog ihn und seinen Bruder groß. Als die Jungen mit der High-School anfingen, begann sie in einer Zahnarztpraxis zu arbeiten. »Wir waren nicht reich, aber wir hatten genug Geld, um uns etwas Luxus zu leisten. Wir machten mehrmals im Jahr Familienferien. Ich habe mit meinen beiden Eltern eine gute Beziehung und hatte immer das Gefühl, mit ihnen reden zu können.« Ron dachte, in seiner Familie fühlten sich alle miteinander verbunden. Er fühlte sich sicher in seiner Familie, aber in seinem Abschlußjahr lief irgend etwas schief.

»Ich kann das nur so beschreiben, daß meine Mutter irgendwie merkwürdig wurde. Sie sagte, sie wolle ihre Freiheit und müsse ihre eigene Identität finden. Sie fühle sich mit Vati wie angebunden.« Für Ron sah es so aus, daß seine Mutter eine Umwandlung erlebte, die ihm völlig unerklärlich war. Eine Frau, die bislang zufrieden zu sein schien, war total unglücklich und wollte ihr Leben radikal verändern. Niemand konnte sie davon abbringen. Sie wollte die Ehe nicht mehr. Sie reichte die Scheidung ein, und innerhalb eines halben Jahres war der Prozeß abgeschlossen.

Ron ist bestürzt und wütend. Zuerst hat er einen Schock. Er bemüht sich, den plötzlichen Wandel seiner Mutter, die er zu kennen glaubte, zu verstehen. Er fragt sich, ob er seinen Erfahrungen mit dieser Familie trauen kann. Gibt es irgendein Geheimnis, das ihm entgangen ist? Er ist verärgert darüber, daß seine Mutter ihm, seinem Vater und seinem Bruder das angetan hat. Er glaubt, sie habe sie alle drei unnötig ins Leiden gestürzt. Er ist wütend, weil sie ihr eigenes Leben leben will. Er versteht nicht, warum es so wichtig für sie ist, jetzt »all diese verrückten Dinge« zu tun. Warum riskiert sie in ihrem Alter soviel Unsicherheit?

Obwohl Ron zur Zeit der Scheidung bereits 18 war, fühlt er sich von ihr stark in Mitleidenschaft gezogen. Er kann sich daran erinnern, daß er sofort nach der Scheidung in seinem Schneckenhaus verschwand. Er fühlt sich scheu unter seinen Freunden und fragt sich heimlich, ob Menschen sich jetzt wohl von ihm zurückziehen. Erst kürzlich hat er eine junge Frau verlassen, mit der er verlobt war, denn er muß feststellen, daß er ernsthaft an seiner Fähigkeit zweifelt, eine Ehe einzugehen. Ron sagt, er habe das Gefühl, daß sein Leben in Aufruhr sei, und er glaubt nicht, für eine dauerhafte Beziehung geeignet zu sein. Er hat in der Zwischenzeit den Kontakt zu beiden Eltern gehalten. Sein Vati tut ihm leid, obwohl Ron ihn kürzlich auch in einem anderen Licht gesehen hat und jetzt glaubt, daß seine Mutter einigen berechtigten Kummer hatte. Er ist immer noch wütend auf seine Mutter. Er unterstützt sie in ihrer Suche nach mehr Erfüllung im Leben, gibt ihr aber immer noch Schuld an seinem Unglück. »Sie hat meine Idealfamilie zerstört. Es fällt mir schwer, ihr das zu verzeihen.«

Probleme als erwachsenes Scheidungskind

1. *Was ist real?* Ron und alle anderen erwachsenen Scheidungskinder, die glaubten, eine glückliche Familie zu haben, zweifeln nach der überraschenden Scheidung ernsthaft an ihrer Wahrnehmung. In einigen Fällen benehmen sich Eltern, die von den Kindern als offen und liebevoll erlebt werden, miteinander wie Ungeheuer. Viele erwachsene Scheidungskinder haben ihren Eltern die falsche Fassade abgenommen und sind durch die Nachricht von der Scheidung am Boden zerstört. Sie fragen sich auch, ob sie nicht einfäl-

tig gewesen sind. Warum haben sie nicht mitbekommen, was vor sich ging? Die Scheidung fordert sie heraus, zwei Dinge, die beide wahr waren, nebeneinander existieren zu lassen: Die Kinder waren vielleicht glücklich, während ein Elternteil litt. In unserer Selbstbezogenheit glauben wir, daß unsere Erfahrungen auch für alle anderen gelten müssen. Das ist aber nicht immer der Fall.

2. *Wem kann ich vertrauen?* Rons Vertrauen in seine Erfahrungen mit der Familie und vor allem in seine Mutter ist zutiefst erschüttert worden. Er fühlt sich von seiner Mutter im Stich gelassen. Er beginnt, Mauern um sich zu errichten, um sich vor ähnlichen Situationen zu schützen, und entfernt sich von seinen Freunden. Er vertraut nur Menschen, die er vorher gründlich geprüft hat. Es ist schwer, ihm wirklich nahezukommen, weil andere spüren, daß Ron am Boden zerstört sein wird, wenn sie sein Vertrauen brechen. In der Hinsicht ist er kontrollierend und schwer zu ertragen. Freunde gehen ihm aus dem Weg und wollen keine vertraute und enge Beziehung mit ihm eingehen.

3. *Frauen sind unzuverlässig und sprunghaft.* Vielleicht glauben erwachsene Scheidungskinder generell, daß Vater oder Mutter unzuverlässig ist. Was Ron betrifft, so fühlt er sich mit Frauen unsicherer. Er geht davon aus, daß sie sich wie seine Mutter verhalten. Er forscht bei ihnen nach Zügen, die er als unstabil interpretieren kann. Er verallgemeinert die Erfahrung mit seiner Mutter und schließt von ihr auf alle Frauen.

4. *Beziehungen können verletzend sein.* Für Ron war die Erfahrung mit der Scheidung seiner Eltern schmerzlich. Er weicht zurück, isoliert sich eine Zeitlang und geht dann zögernd wieder intime Beziehungen ein. Wie für viele erwachsene Scheidungskinder ist der Bereich Beziehungen für ihn die Quelle größter Sorgen. Die Scheidungserfahrung wird auf Beziehungen übertragen, dort aber auch verarbeitet.

Nach jüngsten Untersuchungen nimmt die Gewalt in amerikanischen Familien zu.[9] Sie tritt in allen möglichen Formen von verbaler bis zu körperlicher und psychischer Gewalt auf. Johns Familie zeigte das ganze Spektrum an gewalttätigem Verhalten. John ist ein 34jähriger Sozialarbeiter. Er ist verheiratet und hat zwei Söhne. Er schätzt sich glücklich, bei seiner Familiengeschichte überhaupt noch am Leben zu sein. Er gibt zu, daß er viel an sich gearbeitet hat, um heute da zu stehen, wo er sich nun befindet. Seine Perspektiven waren denkbar schlecht.

Der Grund für die Scheidung seiner Eltern war Gewalt. Johns Vater, ein erfolgreicher Anwalt, begann stark zu trinken, als die Sicherheitsbehörde eine Ermittlung einleitete, die auch seine Anwaltsfirma betraf. Diese Ermittlung erstreckte sich über einen Zeitraum von drei Jahren, und John sagte, er hätte in dieser Zeit beobachten können, wie sein Vater sich in ein richtiges Monster verwandelte. »Zuerst wurde er still und gereizt. Wir schlichen auf Zehenspitzen um ihn herum. Als er immer stärker trank, wurde er auch gewalttätiger. Er bekam plötzliche Wutausbrüche, schrie uns am Essenstisch an und warf gelegentlich auch einen Teller. Meine Mutter versuchte, vernünftig mit ihm zu reden, aber ohne Erfolg. Die Folge war, daß meine Eltern sich stritten und auch Mutti mehr trank. Die Streitereien und das Gebrüll dauerten etwa ein Jahr. Uns ging in dem Jahr eine Menge Geschirr kaputt.«

Im zweiten und dritten Jahr ging es in der Familie weiter abwärts. Die geschäftliche Situation von Johns Vater verschlechterte sich, vielleicht aufgrund der Ermittlung, vielleicht aufgrund seines Alkoholismus. Vielleicht war auch beides dafür verantwortlich. Die Raten für das Haus wurden monatelang nicht bezahlt. Johns Mutter verhielt sich im Haus wie eine Gefangene, und sie alle fürchteten die Wutausbrüche von Johns Vater.

Der verbale Mißbrauch öffnete den Weg zu körperlichen Mißhandlungen. Wie so viele häusliche Gewalttätigkeiten ereig-
nete sich der erste Vorfall in der Küche. Johns Vater war
bereits betrunken. Er beharrte darauf, daß der Braten nicht
genug gewürzt sei. Seine Frau entgegnete, sie habe ihn wie
immer zubereitet. »Versuche mir nicht auszureden, was ich
schmecke, du Hexe«, sagte Johns Vater und stand drohend
über seine Frau gebeugt. Er begann sie zu schlagen und zu
treten. Die Kinder sahen entsetzt zu. Dann warfen John und
seine Schwestern sich auf ihren Vater und zwischen die
kämpfenden Eltern. John erinnert sich: »Überall wurde wie
wild auf die Körper eingeschlagen. Es ist erstaunlich, daß
mein Vater, während wir drei auf ihm hockten, soviel Schaden
anrichten konnte.« Nach der Schlägerei mußten John und
seine Mutter ins Krankenhaus. Seine Mutter hatte einen Schä-
delbasisbruch und gebrochene Rippen. John war so schlimm
geschlagen worden, daß seine Augen zugeschwollen waren
und seine Nase gebrochen war. Sein Vater wurde von der
Polizei in Gewahrsam genommen.
Dieser Ablauf wiederholte sich im folgenden Jahr noch mehrmals. Alle litten. John und seine Schwestern wurden in der
Schule schlechter. Sie luden keine Freundinnen und Freunde
mehr zu sich ein, weil sie nie wußten, was passieren würde.
Johns Mutter wurde immer depressiver. Sie nahm ab und ach-
tete nicht mehr auf ihre äußere Erscheinung. Sie reichte die
Scheidung ein und wurde daraufhin so depressiv, daß es aus-
sah, als würde sie sie nicht durchstehen. »Finanzielle Sicherheit war überhaupt kein Thema mehr, da das Geschäft meines
Vaters den Bach hinunterging«, sagte John. »Nachdem er gegangen war, behielten wir das Haus und verkauften es schließlich, da meine Mutter die Zahlungen nicht leisten konnte. Unser Lebensstandard nahm rapide ab, aber zumindest waren wir
vor ihm in Sicherheit.«
Johns Schwestern zogen kurz nach der Scheidung weg. John
blieb bis zu seinem Collegeabschluß bei seiner Mutter. Er

schaffte die Schule und heiratete kurz nach seinem Abschluß. John macht sich Sorgen um seine Ehe. Er glaubt, er wolle beweisen, daß er eine bessere Ehe führen kann als sein Vater, und er hat Angst, allein zu sein. Er heiratete seine Frau bereits knapp drei Monate, nachdem sie sich kennengelernt hatten. Beide räumen ein, verliebt gewesen zu sein. John und seine Frau streiten sich, »aber ohne körperliche Angriffe, wir schreien uns nur an.« Trotzdem macht sich John Sorgen, seine Familiengeschichte könnte sich wiederholen und eine Scheidung in seiner eigenen Ehe vorprogrammiert sein.

Probleme als erwachsenes Scheidungskind

1. *Vage Grenzen.* Bei der gewalttätigen Scheidung wird in den persönlichen Raum sämtlicher Beteiligten eingedrungen. Selbst wenn die eigentlichen Kämpfe nur zwischen den Erwachsenen stattfinden, füllt der Krach das ganze Haus und dringt auch zu den Kinderzimmern vor. John stellte fest, daß er nicht mehr in der Lage war, für sich Grenzen zu setzen, und seine Grenzen wurden auch nicht respektiert. Heute fällt es ihm schwer, auf seine Bedürfnisse zu achten und um das zu bitten, was er haben möchte. Wenn seine Frau Raum und Zeit für sich braucht, empfindet er das als direkten Angriff auf sich, statt als Teil ihrer völlig normalen Bemühungen, sich um sich selbst zu kümmern.

2. *Ärger und Streit sind nicht das gleiche.* John fällt es – wie vielen erwachsenen Scheidungskindern – schwer, mit seinem Ärger umzugehen. Er weiß, daß es wichtig ist, seinen Ärger zu spüren, und trotzdem machen diese Gefühle ihm angst. Sein einziges Vorbild, sein Vater, verlor die Kontrolle über seinen Ärger und wurde gewalttätig. Johns Ärger ist normal und kann eine angemessene Reaktion auf eine Situation darstellen, in der ihm unrecht getan wurde. Er kann seinen Ärger zulassen und ihn in einem sicheren Umfeld ausdrücken. Durch Streiten werden vielleicht die Gefühle abgebaut, aber das grundlegende Problem wird dadurch nie-

mals gelöst, sondern eher verstärkt. Streitereien untergraben das Gefühl von Sicherheit.

3. *Konflikte sind beängstigend, darum vermeide sie.* In Familien voller Gewalt glaubten erwachsene Scheidungskinder, daß Meinungsverschiedenheiten und Konflikte nicht geduldet werden können. Konflikte werden gleichgesetzt mit Gewalttätigkeiten und müssen deswegen um jeden Preis vermieden werden. Dieser Glaube kann erwachsenen Scheidungskindern in ihren Beziehungen sehr schaden. Zwischen Menschen, die sich nahe sind und denen aneinander liegt, sind Konflikte normal. Wenn erwachsene Scheidungskinder Konflikte aufgrund ihrer Angst vor Gewalt unterdrücken, entwickeln sich ihre Beziehungen nicht weiter und sind ohne Leben.

4. *Sich nahe sein heißt sich streiten.* In gestörten Familien werden die Gefühle meistens auf Eis gelegt. In der gewalttätigen Familie brechen Gefühle plötzlich hervor, und zwar mit großer Wucht. Erwachsene Scheidungskinder wissen, daß Streit – wenn auch auf negative Weise – eine Verbindung zwischen den Eltern herstellte. So können Scheidungskinder in dem Glauben aufwachsen, daß man über Gewalt Nähe herstellen kann. Streit kann dann als Beweis für Intimität und als Möglichkeit betrachtet werden, die Aufmerksamkeit des anderen zu gewinnen. In Johns Familie handelten nur dann alle als Einheit, wenn es darum ging, den Vater abzuwehren. John erinnert sich an diese Vorfälle als grundlegende Erlebnisse von Nähe und Zusammenhalt. Gefährlich ist das deswegen, weil John als Erwachsener verleitet sein kann, ähnliche Situationen herzustellen, um Nähe zu spüren.

Die späte Scheidung – Wir sind um der Kinder willen zusammengeblieben

Eine ganze Anzahl erwachsener Scheidungskinder zwischen 20 und 30 berichtete, daß ihre Eltern sich scheiden ließen, sobald die Kinder selbständig waren. Genau das taten auch Lindas Eltern. Sie warteten, bis das letzte ihrer vier Kinder verheiratet war und verkündeten dann ihre Scheidung. Sie waren beide 57 und einer Beziehung überdrüssig, die schon seit 20 Jahren kaputt war. Sie behaupteten, nur um der Kinder willen zusammengeblieben zu sein.

Wie ist es diesen Kindern ergangen? Laut Linda nicht sehr gut. Sie sagt, sie habe das Gefühl gehabt, ihre ganze Kindheit lang unter der schwelenden Scheidung gelitten zu haben. Sie wußte bereits als sehr kleines Kind intuitiv, daß ihre Eltern nicht glücklich miteinander waren. Sie stritten sich regelmäßig. Ihre Mutter beschwerte sich bei den Verwandten über »ihn«, wobei sie viel seufzte und die Augen verdrehte. Als Linda älter wurde, vertraute ihr ihre Mutter an, wenn die Kinder nicht gewesen wären, hätte sie sich schon lange von ihrem Mann getrennt. Beide Partner litten, und beide zeigten das auf ihre Art.

Lindas Vater verbrachte seine freie Zeit in seiner Werkstatt. Lindas ältere Schwester übernahm die Rolle seiner Ersatzfrau, las ihm seine Bedürfnisse von den Lippen ab, kochte etwas Schönes für ihn und trug ihm das Essen in seine Werkstatt.

Die Spannung durchdrang das ganze Haus. Sie lebten als Familie in intimer Isolierung. »Ich weiß, was Menschen verrückt macht!« sagte Linda. »Nach außen hin gaben wir ein gutes Bild ab, vor allem für die Nachbarn. Wir zogen auch die ganzen Rituale durch, Geburtstagsfeste und Schulabschlüsse, aber innerlich waren wir so krank!«

Linda kann sich daran erinnern, daß sie als Teenager ihre Mutter einmal fragte, warum sie sich von ihrem Mann nicht scheiden ließe. Die Antwort lautete: »Wegen euch Kindern«, und löste bei Linda noch mehr Leid und Schuldgefühle aus. Es war ihre Schuld, daß ihre Eltern so litten. Sie hatte das Gefühl, Vorwürfe zu verdienen. Sie erlebte den gleichen Schmerz wie eine Dreijährige, die glaubt, ihre Eltern ließen sich scheiden, weil sie kein braves Kind ist. In Lindas Fall wurde diese Angst bestätigt. Wenn es sie nicht gäbe, wären ihre Eltern glücklich. Dann würden sie tun, was sie gern tun wollten.

Linda fühlt sich vom Verhalten ihrer Eltern bestraft. Sie blieben wegen ihr und ihrer Schwestern zusammen, aber das Lebensgefühl, das die Beziehung der Eltern den Kindern vermittelte, war entsetzlich. Linda empfindet das wie eine Operation mit einem stumpfen Küchenmesser, unter der die Kinder ständig litten. »Ich glaube, wenn wir ein wunderbares Leben geführt hätten, wäre ich für ihr Zusammenbleiben dankbar gewesen. Tatsache ist aber, daß wir alle unter ihrer Ehe litten und sie uns fertigmachte. Als ich hörte, daß sie sich scheiden ließen, war ich wirklich erleichtert. Ich war aber auch traurig, weil das nach so vielen gemeinsamen Jahren doch ein Schock war. Ich hatte mich an ihre Beziehung gewöhnt.«

Kinder, deren Eltern wegen ihres Nachwuchses zusammenbleiben, leben mit Feinden zusammen. Die Eltern lehnen sich gegenseitig ab, und in Wirklichkeit sind sie auch ihren Kindern feind. Für die Kinder ist es eine Belastung, in einer Atmosphäre von Drohungen, ständiger Kritik, unausgesprochenem Ärger und Haß zu leben. Sie müssen unweigerlich Partei ergreifen. Die meisten Scheidungskinder schlagen sich im Verlaufe der Scheidung auf die eine oder andere Seite, aber die Kinder aus Familien, in denen die Scheidung spät erfolgt, müssen ihr ganzes Leben lang Partei ergreifen und werden auch oft dazu gedrängt. Ihre häusliche Umgebung ist feindliches Gebiet, beherrscht von Eltern, die zu Feinden geworden sind, statt zusammenzuarbeiten. Der psychische Streß, den Kinder in dieser Atmosphäre erleiden, ist enorm. Erwachsene Scheidungskinder, deren Eltern um der Kinder willen zusammenblieben, wirken emotional verschlossen. Das ist verständlich. Sie sind wie Zivilisten, die in einem Kriegsgebiet und damit in einem Klima ständiger Angst und Ungewißheit gelebt haben.

Probleme als erwachsenes Scheidungskind

1. *Verleugnung.* Es war interessant, zu erfahren, daß jedes erwachsene Scheidungskind, das ich befragte, irgendwann im Verlauf der Scheidung der Eltern genau wußte, was geschah, es dann aber wieder »vergaß«, um sich den Eltern anzupassen. Die späte Scheidung ist ein erstklassiger Nährboden für Verleugnung. Viele erwachsene Scheidungskinder haben das Gefühl, daß sie ihre Wahrnehmung verleugnen mußten, um diese lange Zeit überstehen zu können. Problematisch ist, daß sie damit lernen, Verleugnung in ihrem Erwachsenenleben als Bewältigungsstrategie einzusetzen. Damit ignorieren sie Dinge, mit denen sie sich befassen sollten, damit ihre Beziehung gesund bleibt.

2. *Lieben heißt still leiden.* Im Gegensatz zu Lindas Mutter, die über ihre unglückliche Ehe kein Stillschweigen bewahrte, tun genau das viele Menschen, die sich spät scheiden lassen. Scheidungskinder können dann in dem Glauben aufwachsen, es sei eine Tugend, gestörtes Verhalten zu erdulden, ohne etwas zu ändern. Das langfristige Leiden und Schweigen in der gestörten Beziehung verlängert nur den Schmerz, der für sämtliche Beteiligten sehr real ist. Leider werden Menschen, die sich scheiden lassen wollen, von den Religionen überhaupt nicht unterstützt. Hier scheint das Leiden prämiert und als Tugend gelobt zu werden. Unter Menschen, die von ihrer Sucht genesen, gibt es dazu einen treffenden Satz, der lautet: »Schmerz ist im Leben unvermeidbar, aber ob wir leiden wollen, liegt bei uns.« Späte Scheidungskandidaten weigern sich, den Schmerz zu akzeptieren, der darauf beruht, daß sie den falschen Partner oder die falsche Partnerin gewählt haben. Sie bestrafen sich und ihre Kinder, indem sie sich entscheiden zu leiden. Niemandem ist damit gedient.

3. *Verbindliche Beziehungen sind Gefängnisse.* Eltern, die um ihrer Kinder willen zusammenbleiben, lehren diesen, daß die verbindliche Beziehung zweier Menschen einem Kerker

gleicht, aus dem es kein Entkommen gibt. Folglich zögern erwachsene Scheidungskinder aus diesen Familien, sich auf feste Partnerschaften einzulassen, weil für sie damit ein Verlust ihrer Freiheit verbunden ist. Sie lernen auch, daß es keinen Wert hat, sich auf ihren eigenen Lebensprozeß einzulassen. Kein Wunder, daß erwachsene Scheidungskinder den perfekten Partner oder die perfekte Partnerin suchen, damit sie nicht in Verlegenheit geraten, ständig ihre Beziehungen wechseln zu müssen.

4. *Viel hermachen.* Lindas Familie tat in der Öffentlichkeit so, »als ob« sie eine Familie wäre. Wenn Scheidungskinder ihre Ursprungsfamilie verlassen, können sie weiter versuchen, dem zu genügen, was andere ihrer Meinung nach von ihnen erwarten. Viele erwachsene Scheidungskinder sind Experten darin geworden, einen »normalen« Eindruck zu machen, während sie sich in Wirklichkeit fragen, was normal sein überhaupt heißt. Linda sagte über ihre eigene Ehe: »Ich wurde in vielerlei Hinsicht süchtig nach Verliebtheit. Ich tat Dinge, die nach außen hin gut aussahen, ohne darauf zu achten, ob sie mir etwas gaben. Also kränkelte meine Ehe, und mein Mann sagte, er fühle sich in meiner Gegenwart leer. Er hatte recht. Ich sah gut aus, aber er hatte kein Zuhause, zu dem er wirklich eine Beziehung hatte.«

5. *Herabgesetzte Erwartungen.* Erwachsene Scheidungskinder aus späten Scheidungsfamilien erleben eine Vertrauenskrise mit den Menschen, die ihnen nahestehen. Sie haben Angst, Menschen nicht als die sehen zu können, die sie wirklich sind. Viele fühlen sich betrogen von Eltern, die vorgaben, zueinander zu halten. Erwachsene Scheidungskinder fühlen sich hereingelegt. Die Folge ist, daß sie ihre Erwartungen an andere Menschen generell herunterschrauben. Außerdem werden sie hyperwachsam und sind ständig auf der Hut, um nicht enttäuscht zu werden. Sie haben ihr Vertrauen verloren und äußern sich zynisch zum Thema Beziehungen. Innerlich

sind sie traurig, weil ihr Vertrauen in die Eltern enttäuscht
wurde. Es fällt ihnen schwer, diesen Erwachsenen und sich
selbst zu verzeihen.

Laß uns auf jeden Fall die Kinder schonen

Ich glaube, es gibt noch eine fünfte Form von Scheidung, bei
der die Eltern ihre Kinder schützen wollen, indem sie ihnen
Informationen vorenthalten. Diese Form ist subtiler als die anderen vier. Hier kommen die Eltern überein, daß eine Trennung für sie und die Kinder das Beste ist. Dabei verschweigen
sie den Kindern die wahren Gründe für ihre Trennung. Scheidungskinder aus diesen Familien sind als Erwachsene verwirrt.
Sie ähneln Kindern, die von einem Elternteil sexuell mißbraucht wurden, der ansonsten freundlich, liebevoll und ehrlich war. Es ist für sie sehr schwer zu verstehen, warum sie sich
schlecht fühlen, denn die Scheidung schien doch das »Richtige« zu sein.
Diese Scheidungen beruhen auf dem Motto, daß alles in Ordnung ist, wenn die äußere Form gewahrt bleibt. Die Eltern
glauben, wenn sie den Kindern gegenüber gewisse Regeln einhalten, sei ein perfektes Ergebnis gewährleistet. Während der
Scheidung sprechen beide Eltern allein mit den Kindern, und
dann setzen sich auch alle wieder zusammen. Die Form
stimmt, aber der Inhalt nicht. Man benutzt bestimmte Techniken, um den Eindruck zu erwecken, daß die Familie kommuniziert, aber die Wahrheit wird nicht gesagt, also ist auch eine
wirkliche Kommunikation ziemlich unwahrscheinlich.
Die Scheidung von Monicas Eltern verlief nach diesem Muster. Nach einigen leichteren Spannungen und Wochen, in denen die Stimmen lauter wurden, setzten sich Monicas Eltern
mit ihr zusammen, um ihr zu sagen, daß sie sich scheiden lassen würden. Monika, damals 13 Jahre alt, war schockiert, weil
sie nicht glauben konnte, daß ihre Eltern nicht zusammenpaßten. Ihre Eltern kommunizierten vorbildlich. Sie benutzten

»Ich-Aussagen« und machten sich gegenseitig keine Vorwürfe. Jeder der Anwesenden hatte Gelegenheit zu sprechen, und ihm wurde respektvoll zugehört. Es lief darauf hinaus, daß Monicas Vater einen Punkt in seinem Leben erreicht hatte, wo er das Bedürfnis verspürte, die Welt zu sehen und zu erforschen und frei zu sein. Das verwirrte Monica, da sie dachte, er käme und ginge bereits ziemlich frei. Ihre Eltern schienen sich nicht aneinander zu klammern, warum konnte er denn nicht frei sein und trotzdem bei ihnen bleiben?

Die Scheidung wurde vollzogen. Monica lebte bei ihrer Mutter und sah ihren Vater regelmäßig. Als sie 18 war, fand sie heraus, daß ihr Vater schwul war. In Wirklichkeit hatte er die Ehe beendet, um seine Homosexualität zu leben. Das hatte man Monica nicht direkt gesagt. Sie fühlte sich durch diese Neuigkeit wie am Boden vernichtet. »Nicht die Tatsache, daß er schwul war, regte mich auf, sondern die jahrelange Unehrlichkeit.« Monica hatte das Gefühl, daß ihre Eltern ihr nicht zutrauten, die Ereignisse auf ihre Weise zu verstehen und zu verarbeiten. Sie waren auch nicht bereit gewesen, die Kontrolle aufzugeben und Monica ihren Vater als den Menschen sehen zu lassen, der er wirklich war.

Wie für viele andere erwachsene Scheidungskinder war auch für Monica der Vertrauensbruch das Hauptproblem. Viele Betroffene wurden von Eltern »geschont«, die für sich entschieden, was die Kinder verkraften konnten. Erwachsene Scheidungskinder haben das Gefühl, daß dieses Verhalten langfristig gesehen auf sie zurückschlägt und sich psychisch negativ auf sie auswirkt. Über was und wie die Kinder informiert werden sollten, ist bei Scheidungen ein heikles Thema. In einem gewissen Alter wissen Kinder noch nicht einmal, wie sie bestimmte Informationen verarbeiten sollen. Aber für eine 13jährige ist die Kluft zwischen »Vati möchte die Welt erforschen« und »Vati hat neue sexuelle Neigungen entdeckt« ziemlich schwer zu überbrücken. Bei positiv verlaufenden Scheidungen, die ich im Kapitel »Die positive Seite von Scheidungen«

bespreche, berichten erwachsene Scheidungskinder, daß ihre Eltern ihnen korrekte Informationen gaben, die dem Alter der Kinder entsprachen. Im Verlaufe ihres Heranwachsens teilte man diesen Kindern dann weitere Einzelheiten mit. Ein schwuler Vater ist nur eines von vielen schwierigen Themen, mit denen Scheidungskinder konfrontiert sind. Dort wo die Eltern die aufkommenden Fragen der Kinder beantworteten und sich ehrlich und nicht kontrollierend verhielten, fühlten erwachsene Scheidungskinder sich sicher in der Beziehung zu ihren Eltern, selbst wenn das Mitgeteilte schmerzlich war. Außer in Familien, wo im Verlaufe der Streitigkeiten kein Wort ungesagt blieb, haben erwachsene Scheidungskinder generell gespürt, daß zwischen den Eltern mehr vor sich ging, als was man ihnen sagte. Das gilt bereits für betroffene Kinder im Alter von drei Jahren.

Die Scheidung selbst setzt der Welt des Kindes ein Ende. Unsicherheit und Sorge, Angst vor der Zukunft und Angst vor dem Verlassenwerden sind bei diesen Kinder weit verbreitet. Denken Sie nur, wie bestürzend es ist, den Grund für all diesen Schmerz nicht zu wissen. Kein Wunder, daß erwachsene Scheidungskinder verwirrt sind.

Eine junge Frau, die ihr ganzes Leben lang widersprüchliche Versionen von der Scheidung ihrer Eltern erzählt bekam, löste dieses Problem schließlich folgendermaßen: Sie sagte: »Ich mußte mit meiner eigenen Sicht dieser Ehe, die zur Scheidung führte, ins reine kommen und durfte mich nicht allein auf die Darstellung meiner Eltern verlassen. Das brachte mich dahin, daß ich mir erlaubte, eine gute Ehe zu führen, ohne von ihr zu erwarten, sie müsse perfekt sein.«

All diese Formen von Scheidung verlaufen gestört

Nicht sämtliche Scheidungen fügen sich in die oben aufgeführten fünf Kategorien, bei denen ein Elternteil verschwindet, die Scheidung überraschend kommt, gewalttätig verläuft, erst spät im Leben stattfindet oder die Kinder geschont werden sollen. Trotzdem sind diese Formen von Scheidung allgemein verbreitet, und man hört oft von ihnen. Einige erwachsene Scheidungskinder glauben, daß ihre Eltern diese fünf Formen in irgendeiner Weise kombinierten. Jede Form ist jedoch insofern gestört, als Kinder und Erwachsene Schaden nehmen, weil Dinge geheimgehalten werden und Kontrolle, Mißbrauch und unverantwortliches Verhalten an der Tagesordnung sind. Immer wenn Eltern im Verlaufe ihrer Scheidung Geheimnisse vor ihren Kindern hatten und diese kontrollierten, wurde deren Vertrauen nachhaltig gestört.

Die Wahrheit ist manchmal schmerzhaft. Die Wahrheiten, denen wir uns bei der Scheidung stellen müssen, empfinden wir manchmal als Versagen. Aber erwachsene Scheidungskinder haben die Erfahrung gemacht, daß es für sie sehr destruktiv war, wenn man sie anlog, Dinge vertuschte und sie schonen wollte. Keine Wahrheit schmerzt so sehr wie die allmähliche Zerstörung des Vertrauens.

6 Typische Wesenszüge
von erwachsenen Scheidungskindern

Erwachsene Scheidungskinder – was sind das für Menschen? Menschen, deren Eltern sich scheiden ließen, als ihre Kinder noch klein, Teenager oder bereits junge Erwachsene waren. Infolge dieses Scheidungserlebnisses haben sie eine Reihe ganz bestimmter typischer Wesenszüge entwickelt, die es ihnen schwermachen, gesunde Beziehungen, Ehen und eigene Familien zu entwickeln. Erwachsene Scheidungskinder zeigen diese typischen Züge auch in ihrem Beruf und ihrer Freizeit. Sie haben ähnliche Symptome wie andere Erwachsene, die in Suchtfamilien oder in anderer Form gestörten Familien aufwuchsen, wo sie als Kinder bestimmte Einstellungen und Verhaltensweisen entwickelt haben, die ihnen halfen, die traumatischen Erfahrungen zu überstehen. Wenn diese Verhaltensweisen ihnen in der Kindheit auch ermöglicht haben, den Bruch in der Familie zu überleben, führen sie im Erwachsenenleben dennoch dazu, daß diese Menschen ihr Leben nicht bewältigen können und unglücklich sind. Viele erwachsene Scheidungskinder hatten nur ihre Ursprungsfamilie als Vorbild für intime Beziehungen, und hier war das Beziehungsverhalten vor der Scheidung oft sehr destruktiv. Infolgedessen besteht die Wahrscheinlichkeit, daß erwachsene Scheidungskinder diese ursprünglichen Verhaltensmuster wiederholen, oft ohne zu bedenken, wie sehr sie sich selbst und ihren Lieben damit schaden.

Erwachsene Scheidungskinder haben mehrere typische Wesenszüge gemeinsam. Vielleicht zeigen einige von ihnen mehrere von diesen Eigenschaften, während andere sich auf nur zwei oder drei »spezialisiert« haben. Auf wieder andere können alle zusammen zutreffen. Diese Züge beeinträchtigen ihr Leben als Erwachsene. In der Kindheit als Reaktion auf bestimmte Situationen entwickelt, hindern sie erwachsene Scheidungskinder daran, ganz in der Gegenwart zu leben. Das Benennen dieser Wesenszüge ist ein erster Schritt, um zu verstehen, warum erwachsene Scheidungskinder bestimmte Verhaltensweisen zeigen und bestimmte Gefühle haben. Durch diese Wesenszüge werden Betroffene nicht zu »schlechten« Menschen. Vielleicht fügen sie anderen Schaden zu, wenn sie auf der Grundlage dieser Wesenszüge unbedacht handeln, aber deswegen sind dies von Natur aus keine bösen Absichten. Diese Menschen sind krank, und zwar aufgrund ihrer gestörten Familiengeschichte, aber sie genesen in dem Maße, wie sie sich mit den gestörten Wesenszügen auseinandersetzen, die sie im Verlaufe dieser Geschichte entwickelt haben.

Die Wesenszüge

*Erwachsene Scheidungskinder haben
ein übertriebenes Verantwortungsgefühl*

Erwachsene Scheidungskinder sind im Laufe ihres Lebens Experten im Übernehmen von Verantwortung geworden. Leider übernehmen sie aber sehr viel häufiger Verantwortung für andere als für sich selbst. Was geschah in ihrer Kindheit, daß sie so übertrieben verantwortungsbewußt wurden? Als die Eltern auf den Entschluß zusteuerten, sich scheiden zu lassen, hatten diese viele Bedürfnisse, die sie selbst überforderten. Sie waren ständig beschäftigt mit ihrer eigenen Beziehung und brauchten ihre Kraft vor allem für ihre eigenen Schwierigkeiten. Die Fol-

ge war, daß die Bedürfnisse der Eltern die der Kinder überroll-
ten, zumindest während der drei Phasen der Scheidung.

Die Eltern widmeten den Kindern nicht nur weniger Zeit und
Aufmerksamkeit, sondern waren oft auch emotional überhaupt
nicht für die Kinder da. Die Kinder verspürten schon bald den
Wunsch zu helfen, also begannen sie für jüngere Geschwister
und sogar für ihre Eltern die Elternrolle zu übernehmen.

Josh, ein junger Mann, dessen Eltern sich scheiden ließen, als
er 16 war, übernahm bereitwillig die Rolle des Fürsorglichen.
Selbst als er mir davon erzählt, spüre ich, wie begierig er ist, zu
helfen. »Ich kann mich erinnern, daß ich mir wirklich Sorgen
um meinen jüngeren Bruder machte. Auch Mutti lag mir am
Herzen. Würde sie es allein schaffen? War sie einsam? Ich
setzte mich mit Mutti immer zusammen, und wir sprachen wie
zwei Erwachsene.« Er lacht, als er sich an ihr gemeinsames
Ritual erinnert. »Ich machte uns ein paar Häppchen, und dann
setzte ich mich ihr gegenüber und sprach mit ihr über meinen
Bruder – wie war er in der Schule, nahm er Drogen? Diese
Gespräche führten wir regelmäßig.« Ich stelle Josh die Frage,
was er von ihrem wöchentlichen Tête-à-Tête gehabt habe.
»Nun«, sagt er zögernd, »ich kann mich daran erinnern, wie
hilflos ich mich während der Scheidung meiner Eltern fühlte.
Ich wollte einfach irgend etwas tun. Ich glaubte, Mutti und Vati
seien auch hilflos. Das schockierte mich, denn ich hatte immer
geglaubt, sie müßten stark sein. Schließlich waren sie die Erwachsenen, aber sie bekamen ihr Leben einfach nicht auf die
Reihe. Schließlich konnte ich mir ja wenigstens Sorgen um
meinen Bruder machen und für Mutti ein Freund sein. Ich nehme an, ich hatte das Gefühl, gebraucht zu werden. Das ist es,
was ich davon hatte.« »Aber was war mit Ihnen?« frage ich.
»Wer hat sich um Sie gekümmert?« Meine Frage scheint Josh
zu überraschen. Er wartet lange mit seiner Antwort. Dann sagt
er: »Ich weiß nicht. Ich habe nie darüber nachgedacht.«

Ein anderes erwachsenes Scheidungskind, eine 36jährige Frau,
erinnert sich, daß ihre Eltern sich scheiden ließen, als sie vier

107

war, und sie mit acht Jahren einen Bruder und zwei Stiefschwestern versorgte. Sie machte den Abwasch, kochte und putzte am Wochenende die Wohnung und wusch die Wäsche. Als sie älter wurde, durfte sie nicht ausgehen, weil sie Babysitter für ihre Geschwister spielen mußte. Ihr wurde auch nicht erlaubt, an schulischen Veranstaltungen außerhalb des Unterrichts teilzunehmen, weil sie dann nicht soviel im Haushalt hätte tun können. Diese Frau heiratete mit 17 und kannte von der Welt nicht viel mehr als Hausarbeit und Kinderbetreuung.

Wenn Scheidungskinder die Elternrolle für ihre Geschwister und ihre Eltern übernehmen, werden sie zu kleinen Erwachsenen, die zu Hause ernst und bedrückt sind. Wie Josh fragen sie sich selten, warum sie diese Rolle übernehmen, sie tun es einfach. Eine Frau, die mit elf Jahren vier Brüder versorgte, sagte, daß sie sie kontrollierte, herumkommandierte und meistens wütend war, weil sie auf sie aufpassen mußte. Da sie aber glaubte, ihre Eltern seien hilflos, übernahm sie diese Aufgabe trotzdem.

Bei vielen erwachsenen Scheidungskindern sind grundlegende Bedingungen für ihre Entwicklung nicht erfüllt worden. Deswegen reagieren sie als Erwachsene auf das Leben mit der Reife von Zehnjährigen. Scheidungskinder müssen schnell erwachsen werden und Verantwortung übernehmen, bevor sie die nötige Reife haben. Mehrere junge Männer, die bei ihren Müttern blieben, berichten, ihnen sei gesagt worden, sie seien jetzt »der Mann im Haus«. Sie glaubten, ihren Vater ersetzen zu müssen, und hatten trotzdem Angst. Sie wußten nicht, was sie tun sollten, aber die mütterliche Bestätigung und Abhängigkeit wies ihnen ihren Platz in der Teilfamilie.

Kinder verlieren in Scheidungsfamilien ihre Verspieltheit. Wenn die Familie sich im Verlaufe der Scheidung gestört verhielt, war das Leben kein Vergnügen, sondern eine ernste Angelegenheit. Einige Scheidungskinder flüchteten sich in Phantasiewelten und -vorstellungen, um wieder spielen zu können. Andere lebten bei einem Elternteil, der nicht wußte, wie man Kinder zum Spielen anregt, oder der das Kind nicht richtig versorgen konnte. Wenn die Kinder wirklich spielten, hatte man sie nicht mehr »unter Kontrolle«, deswegen wurden sie angewiesen, still zu sein. Als Erwachsenen fällt es Scheidungskindern dann schwer, ihre Hemmungen zu überwinden und sich gehen zu lassen. Sie haben quälende Schuldgefühle, wenn sie sich zu sehr amüsieren. Einige Scheidungskinder spielten trotz der Mißbilligung, die ihnen entgegenschlug, und entwickelten das permanente Gefühl, daß mit ihnen etwas nicht stimme oder sie »schlechte« Menschen seien.

Bei vielen erwachsenen Scheidungskindern dauerte das quälende Verantwortungsgefühl auch nach der Scheidung an. Sie lebten in der Illusion, schuld an all den Schwierigkeiten zu haben. Sie glaubten, die Ehe retten zu können, wenn sie sich nur genug Mühe gaben und brave Kinder waren. Einige glaubten, den Streitereien und Spannungen durch ihr Verhalten ein Ende setzen zu können. Sie gingen sogar davon aus, daß sie selbst der Grund für die Scheidung wären. Andere machten sich »unsichtbar« und glaubten, auf diese Weise die Scheidung verhindern zu können. Ich habe über die Tendenz erwachsener Scheidungskinder, für die Scheidung der Eltern die Verantwortung zu übernehmen, lange nachgedacht, denn sie taucht in all ihren Geschichten als vorherrschendes Thema immer wieder auf. Einige erzählten mir, die Vorstellung, ihre Familie würde sich auflösen, sei für sie so unvorstellbar gewesen, daß sie den Grund dafür bei sich suchten. Andere erinnerten sich daran, daß sie versuchten, ihren Eltern sämtliche Verantwortung abzunehmen, weil sie sie nicht als Menschen sehen wollten, die auch Bedürfnisse hatten. Um die Eltern zu schützen, gaben die Kinder sich die Schuld an dem, was geschah. Das verringerte die Hilflosigkeit, die sie empfanden. Wir können uns nur wundern über die übertriebene Vorstellung, die Kinder von ihrer eigenen Macht haben. Ihr Glaube, für die Scheidung der Eltern verantwortlich zu sein, führte dazu, daß sie sich schuldig fühlten und schämten und die Verantwortung für Ereignisse übernahmen, die sie gar nicht verursacht hatten.

Die ständige Konzentration auf die Bedürfnisse anderer führte dazu, daß erwachsene Scheidungskinder kein Gefühl für sich selbst entwickelten. Das ist ein günstiger Nährboden für Co-Abhängigkeit. Erwachsene Scheidungskinder konzentrieren sich eher auf äußere Ereignisse, als ihr eigenes Innenleben wahrzunehmen. Sie können über 20 Jahre alt werden, ohne zu erkennen, daß sie eigenständige menschliche Wesen mit einer eigenen Identität sind.

Als Erwachsene tragen Scheidungskinder schwer an der Last der Verantwortung, die sie jahrelang übernommen haben. Kristin, eine 36jährige Frau, deren Eltern sich scheiden ließen, als sie zwölf war, hatte sich mehrmals mit mir verabredet und jedes Treffen kurz vorher abgesagt. Als sie schließlich pünktlich in mein Büro stürmte, lautete ihr erstes Wort: »Entschuldigung.« Meine ersten Worte waren: »Ich bin Diane.« Und dann lachten wir beide. Ich freute mich darüber, daß ich mich um diese Verabredung mit Kristin bemüht hatte. Ich war sicher, daß unsere Begegnung mich bereichern würde und ich aus ihren Erfahrungen lernen konnte.

Kristin ließ sich in einen Stuhl fallen, seufzte und sagte: »Das tue ich ständig. Ich entschuldige mich, bevor ich überhaupt weiß, ob das nötig ist.« Sie fuhr fort, mir über ihr Leben zu erzählen. Ihre Eltern hatten sich in den sechziger Jahren scheiden lassen, und Kristins Mutter war sowohl auf die Scheidung als auch auf das Leben nach der Scheidung schlecht vorbereitet gewesen. Kristin sagte, sie hätte zu der Zeit geglaubt, sowohl an der Hilflosigkeit der Mutter als auch an der Scheidung schuld zu sein. »Ich weiß, das klingt verrückt, aber genauso habe ich mich gefühlt. Ich bin völlig bedrückt durchs Leben gegangen und habe die Schande meiner Mutter auf mich genommen, da ich ja glaubte, die Scheidung meiner Eltern verursacht zu haben. Das einzige, was meine Mutter in der Zeit für mich tat, führte lediglich dazu, daß es mir noch schlechter ging. Sie schickte mich auf eine katholische Schule, weil sie glaubte, ich würde dort mehr Zuwendung bekommen. Aber damals wurde eine Scheidung von der Schulverwaltung und den Lehrerinnen, größtenteils Nonnen, immer noch mißbilligt, also fühlte ich mich nicht nur schuldig für die Scheidung, sondern lud mir auch noch die katholische Scham auf. Ich muß wohl kaum noch sagen, daß meine Selbstachtung damals auf dem absoluten Nullpunkt war.«

Ich bat Kristin, mir mehr über ihr Gefühl zu erzählen, die Scheidung ihrer Eltern verursacht zu haben. Kristin spielte mit den Fransen eines wunderschönen Seidenschals, der ihr Kleid schmückte. Sie war offensichtlich in sich selbst versunken und hing ihren eigenen Gedanken nach. Schließlich sprach sie mit einer entwaffnenden Offenheit.

»Wenn ich wirklich ›genug‹ getan hätte, hätten meine Eltern mich auch ›genügend geliebt‹, um dafür zu sorgen, daß ich glücklich bin. Das taten sie aber nicht, und ich fühlte mich wie ein Haufen Dreck.« Sie fügte noch hinzu:»Als Erwachsene tue ich heute alles, damit andere sich wohl fühlen. Denn wenn es ihnen schlechtgeht, bekomme ich noch weniger von ihnen.«

Kristin erzählte mir, sie sei gestört, weil sie ständig und bei allem »Entschuldigung« sage. Dieses Wort sei für sie zu einer magischen Formel geworden. Sie benutzt es, wenn sie Fehler macht, wenn andere Fehler machen oder wenn sie nicht weiß, was sie sonst sagen soll. Sie übernimmt Verantwortung für Dinge, die gar nichts mit ihr zu tun haben, und entschuldigt sich ständig.

Ich fragte sie daraufhin nach dem Zusammenhang zwischen übertriebenem Verantwortungsbewußtsein und Scham. Wenn Kristin sich die Verantwortung für das Leben anderer Menschen auflädt, übernimmt sie natürlich eine unmögliche Aufgabe, und so ist sie ständig damit konfrontiert, zu versagen. Sie kann das Leben anderer ebensowenig kontrollieren wie deren Entscheidungen. Kein Wunder, daß sie das Gefühl hat, nicht »genug« zu tun.

Kristin mußte unser Treffen kurz halten, weil sie bereits für eine andere Verabredung zu spät dran war. Sie erzählte mir, sie

sei ständig in Eile und stopfe ihren Terminkalender zu voll
(auch hier kann sie nicht genug tun). Bevor sie ging, sagte sie:
»Wissen Sie, Diane, ich habe viel darüber nachgedacht, daß ich
mich so oft entschuldige. Ich habe immer geglaubt, ich würde
mich für das Chaos im Leben anderer Menschen schuldig fühlen. Bei unserem Gespräch heute kam mir plötzlich, daß ich
mich in Wirklichkeit bei mir selbst entschuldige. Ich entschuldige mich dafür, daß ich mich dafür herabsetze, etwas zu ver-
säumen, was ich gar nicht leisten könnte.«

Viele erwachsene Scheidungskinder fühlen sich wie Kristin
verantwortlich für die Fehler anderer Menschen und versuchen
diese Fehler wieder gutzumachen, obwohl sie sie gar nicht begangen haben. Manchmal sind erwachsene Scheidungskinder
nicht besonders direkt. Sie flüchten vor Beziehungen mit anderen und vor der Begegnung mit sich selbst durch Vermeidung,
Rückzug und Schuldgefühle. Sie neigen also dazu, Gefühlen
eher aus dem Weg zu gehen, als sich ihnen zu stellen. Ein
Mann, dessen Eltern sich scheiden ließen, als er sechs Jahre alt
war, wußte den Grund für die Scheidung bis zu seinem 18.
Lebensjahr nicht. Die Eltern zeigten keinen Ärger aufeinander
und sprachen mit dem Sohn auch nicht über ihre Beziehung.
Jahrelang quälte sich der Sohn damit ab, wie er ihren Fehler
wiedergutmachen könne. Mit 18 gestand er sich schließlich
ein, daß seine Mühen vergeblich gewesen waren und er bis
dahin ein Leben voller Schuld und Scham gelebt hatte. Bei
einem zufälligen Gespräch mit seinem Vater sagte dieser: »Bereits zwei Jahre nach der Hochzeit wußten deine Mutter und
ich, daß unsere Heirat ein Fehler gewesen war. Wir stammten
aus verschiedenen Welten. Die Scheidung war das Beste, was
wir je getan haben.« Der junge Mann war völlig verblüfft. Er
hatte sich zwölf Jahre lang damit gequält, sich für etwas verantwortlich zu fühlen, womit er gar nichts zu tun hatte!

Kinder sind zu klein, um den Schmerz anderer auf sich zu
nehmen. Sie haben genug damit zu tun, für sich zu sorgen und
selbst dabei brauchen sie die Hilfe der Erwachsenen. Viele

erwachsene Scheidungskinder wurden selbst in ihren elementarsten Bedürfnissen frustriert. Dadurch, daß sie die Verantwortung für die Erwachsenen übernahmen, deren Last auf sich luden und versuchten, deren Leben zu kontrollieren, haben sie ihre eigene Entwicklung einschneidend behindert. Einige haben ihren Schmerz bösartig ausagiert. Sie fügten jüngeren Geschwistern, Freunden, die ihnen wirklich am Herzen lagen, oder sogar hilflosen Tieren Schmerzen zu. Wir brauchen lange, um uns so etwas zu verzeihen, und doch ist es ganz wichtig, daß wir uns vergeben.

Wenn es um Verantwortung geht, fehlt es erwachsenen Scheidungskindern an Klarheit. Sie sind gierig. Sie nehmen die ganze Verantwortung auf sich. Letzten Endes bekommen sie durch dieses für sie typische Verhalten nicht, was sie glauben, haben zu wollen. Ihre Versuche, Verantwortung zu übernehmen, sind in Wirklichkeit Kontrollversuche. Die Beziehungen, die erwachsene Scheidungskinder glaubten, halten zu können, glitten ihnen als Kinder ebenso aus der Hand, wie ihnen ihre Beziehungen als Erwachsene entgleiten. Betroffene leben rigide, weil sie ständig nach anderen Menschen und deren Bedürfnissen Ausschau halten. Wenn sie dann allmählich von ihrer Vergangenheit als Scheidungskind genesen, lernen sie, die Verantwortung für sich selbst zu übernehmen und sich von der ständigen Sorge um andere frei zu machen. Es ist schmerzlich für sie, wenn sie sehen, daß sie ihre Kindheit und ihre Verspieltheit verloren haben, aber im Verlauf dieses Prozesses lernen sie auch, Freude zu empfinden. Für einige ist es das erstemal.

Erwachsene Scheidungskinder versuchen alles zu kontrollieren

Zwischen Kontrolle und Verantwortung besteht ein enger Zusammenhang. Tatsächlich stellen die Bemühungen, alles kontrollieren zu wollen und ständig die Verantwortung zu übernehmen, die zwei wichtigsten Wesenszüge von erwachsenen

Scheidungskindern dar. Sie sind die beiden Eckpfeiler, die das Tennisnetz halten. Sämtliche anderen Wesenszüge bewegen sich dazwischen hin und her, aber diese beiden sorgen dafür, daß die Identität als erwachsenes Scheidungskind gewahrt bleibt.

Kontrolle war in Scheidungsfamilien häufig ein Thema. Das eine Extrem waren gestörte und chaotische Familien, in denen es weder Ordnung gab, noch Grenzen gezogen wurden. Andere erwachsene Scheidungskinder wuchsen hingegen in einer rigide kontrollierten Umgebung auf. Beide Situationen führten dazu, daß die Kinder ein großes Bedürfnis nach Kontrolle entwickelten. Ganz gleich, wie die Kinder sich auch bemühten, nichts, was sie unternahmen, konnte die Scheidung der Eltern verhindern. Diese Erkenntnis bewegte sie aber nicht, ihre Kontrollversuche aufzugeben, sondern eher noch zu verstärken.

Wenn ich an Scheidungsfamilien im Zusammenhang mit Kontrolle denke, fällt mir André ein, ein Mann Anfang Vierzig. Sein Beispiel führte mich dazu, die Auswirkungen des Chaos in Scheidungsfamilien sowie die daraus resultierenden Kontrollversuche von Scheidungskindern neu einzuschätzen. André war der älteste von drei Jungen. Seine Familie lebte im Vorort einer Stadt im mittleren Westen. Sein Vater war leitender Angestellter in einer Fabrik, seine Mutter Chefsekretärin im Büro eines großen Unternehmens. »Da meine Eltern beide arbeiteten, gab es in unserer Familie einen festen Tagesablauf. Wir aßen immer pünktlich zu Abend und mußten uns alle an der Hausarbeit beteiligen. Meine Brüder und ich machten Sport, und Vati fuhr uns zum Sportplatz. Wir mußten unsere Hausaufgaben machen und durften erst dann fernsehen, wenn wir sie fertig hatten. Ich glaube, wir waren eine ganz normale Durchschnittsfamilie.«

Dieses Bild veränderte sich während der Phase vor der eigentlichen Scheidung dramatisch. André erinnert sich, wie er eines Morgens aufwachte und sich in einer völlig anderen Familie befand. Die Eltern hatten von ihren Kindern im Alter von zwölf, neun und sieben vieles ferngehalten. Für die Kinder schien die Beziehung der Eltern normal zu sein. Aber unter der Oberfläche liefen viele Kämpfe ab. Andrés Vater hatte mehrere Affären und wollte jetzt seine Frau verlassen. André wachte davon auf, daß sein Vater herumbrüllte und seine Mutter weinte. Diese Geräusche wanderten durch das ganze Haus, während seine Mutter seinem Vater von Zimmer zu Zimmer folgte. Türen knallten hinter ihnen zu. »Ich lag in meinem Bett und war total entsetzt über das, was ich hörte. Ihr Streit machte mir wirklich angst.« Bald darauf kam Andrés Mutter in sein Zimmer. Sie weinte und erzählte ihren Söhnen, daß ihr Vater für eine Weile weggehen würde. Er würde ans andere Ende der Stadt ziehen. Sie wußte nicht, ob er wiederkommen würde.

Nach diesem Ereignis, das die zweijährige Phase vor der Scheidung einleitete, war das Familienleben völlig chaotisch. Ich dränge André, mir Details zu erzählen. »Der feste Ablauf unseres Familienlebens ging völlig baden. Es gab keine regelmäßigen Mahlzeiten mehr, weil Mutti an drei Abenden in der Woche noch eine weitere Arbeit übernommen hatte. Wir lebten aus der Büchse. Ich wußte nie, ob wir zum Fußballspielen konnten. Manchmal sagte sie, sie könne uns fahren, manchmal sagte Vati, er würde vorbeikommen. Dann sprachen sie sich nicht richtig ab, und keiner tauchte auf. Oder ich dachte, sie kämen nicht, rief einen Freund an, und im letzten Augenblick kam Vati doch. Dann verlor Mutti total die Übersicht. Das ganze Haus war ein einziges Durcheinander. Niemand von uns machte seine Hausarbeit. Ich hatte nicht die Kraft zu waschen und trug wochenlang schmutzige Kleider. Die schmutzige Wäsche stapelte sich so hoch, daß ich gar nicht hinschauen mochte, bis ich es nicht mehr aushielt und frische Sachen anziehen wollte. Ich hatte das Gefühl, daß wir alle unter Schock standen und wie Zombies herumliefen. Zumindest fühlte ich mich so. Ich hatte überhaupt keine Energie, und Vati war die meiste Zeit weg und Mutti auch, weil sie arbeitete. Es war, als ob wir kaum das Nötigste auf die Reihe bekamen, und wir waren innerlich und äußerlich völlig durcheinander.«

Der chaotische Haushalt spiegelte den inneren Aufruhr der einzelnen Familienmitglieder wider. Andrés Geschichte ist insofern typisch für viele erwachsene Scheidungskinder, als sich durch den Scheidungsbeschluß sowohl die Beziehungsmuster als auch die üblichen familiären Abläufe änderten. Anders als viele andere Betroffene, die in solchen Situationen ihre Bemühungen um Kontrolle verstärkten, weil sie glaubten, damit die Familie retten zu können, wurde André lustlos und depressiv. Er fühlte sich völlig überfordert von diesem Chaos. Auch in der Schule ließ er immer mehr nach. Seine Leistungen litten, und er hörte mit dem Schulsport auf, seiner großen Liebe. Zur Zeit unseres Interviews hatten sich seine Kindheitsprobleme dahin gehend entwickelt, daß er sich als Erwachsener extrem kontrollierend verhielt.

»Möchten Sie wissen, was ich wirklich will? Eine Beziehung, auf die ich mich verlassen kann und die bleibt, wie sie ist. Wenn ich auf der Stelle die perfekte Frau finden und sie bewegen könnte, so zu bleiben, wie sie ist, würde ich das tun. Bei dem Wort ›Veränderung‹ fällt mir das Chaos in meiner Familie ein. Ich möchte das niemals einem Menschen antun und auch selbst nicht noch einmal erleben. Ich möchte einfach die Kontrolle haben!«

André grinst mich an, während er das erzählt, aber ich spüre, daß er es todernst meint. Er möchte dem Aufruhr seiner Scheidungserfahrungen in der Kindheit als Erwachsener damit begegnen, daß er sein Leben absolut berechenbar gestaltet. Diesen Wunsch äußern sehr viele erwachsene Scheidungskinder.

Beziehungen sind ein Schlüsselbereich für das Thema Kontrolle. Da sie die Fehler der Eltern nicht wiederholen möchten, glauben erwachsene Scheidungskinder, sie könnten etwas tun, damit Menschen bei ihnen bleiben, sich akzeptabel verhalten oder glücklich sind. Eine Frau schrieb, daß sie aus der Beziehung zu ihrer Mutter am liebsten ein Standbild machen würde.

Sie befürchtete, jede größere Veränderung könne die Verbindung zu ihr gefährden. Diese Frau war genesende Alkoholikerin und hatte erst kürzlich herausgefunden, daß sie lesbisch war. Sie kam zu dem Schluß, daß ihre Mutter nicht damit klarkommen würde, wenn sie erfuhr, wer ihre Tochter wirklich war. Sie wollte nicht riskieren, von ihrer Mutter verlassen zu werden, denn dann hätte sie überhaupt keine Familie mehr. Also kontrollierte sie sorgfältig, was sie ihrer Mutter erzählte. Die Folge war, daß die Nähe zwischen ihnen schwand und ihre Beziehung oberflächlich wurde. Am Ende sah es so aus, daß das erwachsene Scheidungskind die Beziehung zwar unter Kontrolle hielt, aber die Nähe und die »familiären« Gefühle verlor, die sie erhalten wollte.

Eine Frau, deren Eltern sich scheiden ließen, hat Angst, daß ihren Kindern und ihrem Mann etwas zustößt, wenn sie nicht bei ihnen ist. Im Grunde heißt das, daß sie am liebsten alles Lebendige und vor allem sich selbständig fortbewegende Wesen kontrollieren möchte. Sie sagt, sie habe die Tendenz, sich Sorgen über Dinge zu machen, die nicht in ihrer Macht liegen. Damit läßt sie zu, daß diese Dinge sie bestimmen. Die Folge ist, daß sie oft unter Ängsten leidet und nachts nicht schlafen kann.

Ein anderes erwachsenes Scheidungskind hat Schwierigkeiten, Außenstehende quasi als Familienangehörige zu akzeptieren. Der Vater dieses Mannes ist ein offenherziger und großzügiger Mann, der gerne Leute »von der Straße« in Familienangelegenheiten einbezieht. Dieser junge Mann hat für sich beschlossen, wie eine Familie auszusehen hat. Sein Vater aber verhält sich nicht diesem Bild entsprechend, denn er hat ihn nicht unter Kontrolle. Um damit zurechtzukommen, ignoriert der junge Mann Außenstehende und tut so, als seien sie nicht vorhanden. Wenn erwachsene Scheidungskinder sich der Illusion hingeben, die Kontrolle zu haben, glauben sie, sie könnten die Dinge in die richtige Richtung lenken. Das ist verständlich, denn in ihren gestörten Familien unternahmen sie alle extreme Anstrengungen, um die Dinge ins Lot zu bringen. Meistens endeten diese Bemühungen mit Frustration. Der Besitzer eines kleinen Geschäftes vertraute mir an, daß er aufgrund seines Kontrollverhaltens als erwachsenes Scheidungskind jeden Tag mit seinen Mitarbeitern aneinandergerate. Er glaubt immer, es besser zu wissen. Seine Haltung ist: »Nach meinem Willen oder gar nicht.« Diese Einstellung führt zu einem extremen Perfektionismus. Sein Kontrollverhalten und sein Perfektionismus sind für einen Geschäftsmann eine verheerende Kombination. Man muß wohl kaum noch sagen, daß seine Angestellten ständig wechseln, weil niemand seinen Ansprüchen genügen und auch nicht seine Gedanken lesen kann, um es ihm recht zu machen. Er hat sein Geschäft fast zum Bankrott gebracht, und seine Arbeit ist für ihn zur Quelle ständiger schmerzlicher und frustrierender Erlebnisse geworden.

Eine junge Frau, die als Kind von einem Pflegeheim ins andere kam, glaubte, sie könnte ihre Eltern zurückgewinnen, wenn sie in der Schule »alles richtig« machte. Sie dachte, dann würden ihre Eltern so stolz auf sie sein, daß ihr Vater oder ihre Mutter sie zu sich nach Hause holte. Sie arbeitete darauf hin, nur die besten Noten zu bekommen, wurde in den Schülerrat gewählt und war Mitglied der Nationalen Ehrenmannschaft. Auch wenn dies alles ihr einige Erfolgserlebnisse brachte, konnte sie damit ihre Eltern nicht zurückholen, denn ihre Mutter hatte eine neue Familie gegründet, und ihr Vater war verschwunden.

Einige erwachsene Scheidungskinder reagieren auf ihre Kindheitserfahrungen mit der Scheidung und der daraus resultierenden Verwirrung, indem sie übertrieben diszipliniert werden. Sie gehen von dem falschen Glauben aus, das Gegenteil von Chaos sei Kontrolle. Viele erwachsene Scheidungskinder berichten, daß sie Gruppen beitraten, die für ihre Strenge bekannt sind, und zwar in der Hoffnung, damit Ordnung in ihr Leben zu bringen. Der 30jährige Jack, dessen Eltern sich scheiden ließen, als er sieben war, hat sich für den äußerst rigiden und kontrollierten Lebensstil der orthodoxen Juden entschieden. Andere Betroffene sagen, sie seien der Armee beigetreten, weil sie nach einer festen Struktur suchten und der familiären Verwirrung eine Ende bereiten wollten.

Einige erwachsene Scheidungskinder dehnen ihre Kontrollversuche auch auf andere Menschen aus. Neben seinem strengen Lebensstil als orthodoxer Jude führt Jack auch noch eine Ehe mit einer süchtigen Frau. Er versucht ihr Suchtverhalten mit Hilfe der Religion in den Griff zu bekommen. Erwachsene Scheidungskinder suchen Beziehungen zu bedürftigen Menschen und verbringen dann Jahre ihres Lebens damit, ihnen zu helfen. Ein 24jähriger Mann hat über dieses Verhalten in seinem Leben nachgedacht. Er sagte, er habe sich bei seinen Bemühungen, die Eltern »in Ordnung zu bringen«, so ohnmächtig gefühlt, daß er sein Helferverhalten auf seine sämtlichen anderen Beziehungen übertragen habe. Er erzählte, er habe ein todsicheres Gespür für bedürftige Menschen, selbst wenn diese nach außen hin einen selbständigen Eindruck machen.

Es ist wichtig, in all den genannten Beispielen für Kontrollverhalten das gemeinsame Element zu sehen: Erwachsene Scheidungskinder kontrollieren andere, um ihre eigenen Gefühle nicht wahrzunehmen. Ihre Bemühungen um Kontrolle halten sie beschäftigt und nähren ihre Illusion, sie könnten die Dinge verändern. Aber in sämtlichen Geschichten von erwachsenen Scheidungskindern wird deutlich, daß genau das Gegenteil der Fall ist. Je mehr sie versuchen, Dinge und Menschen zu kontrollieren, desto weniger bekommen sie, was sie haben wollen. Sie sind von ihren Beziehungen und ihrer Lebenssituation als Erwachsene ebenso frustriert wie von ihrer Ursprungsfamilie. Letzten Endes werden sie auf sich und ihren eigenen Schmerz zurückgeworfen. Wenn sie vor sich weglaufen und sich auf andere Menschen konzentrieren, halten sie sich von der Arbeit an sich selbst ab, die für sie ganz wesentlich ist und die ihnen keiner abnehmen kann.

Einer Scheidung geht voraus, daß zwei Menschen unvereinbare Bedürfnisse haben, die in ihrer Ehe nicht befriedigt werden können. Folglich sind Konflikte für den Scheidungsverlauf ganz grundlegend. Konflikte müssen nicht destruktiv oder beängstigend sein. Aber die meisten erwachsenen Scheidungskinder haben gestörte Formen von Konfliktbewältigung erlebt. Weil Konflikte oft begleitet waren von Ärger und Gewalt, haben sich die entsprechenden Lektionen erwachsenen Scheidungskindern tief eingeprägt. In jedem Fall haben Eltern, die sich ständig stritten, bei betroffenen Kindern den Eindruck hinterlassen, daß lautstarker oder gewalttätiger Streit ein probates Mittel ist, Konfliktsituationen zu lösen. Selbst wenn das Verhalten der Eltern keine Lösung bewirkte, wurden sie zu eindrucksvollen Vorbildern.

In den meisten Scheidungsfamilien wurden Auseinandersetzungen nicht in einem sicheren Rahmen ausgetragen, sondern eskalierten und wurden gewalttätig, bösartig und unheimlich. Erwachsene Scheidungskinder wurden Zeugen von körperlicher und/oder verbaler Gewalt. Manchmal wurden die Kinder körperlich verletzt oder mußten mit ansehen, wie Vater oder Mutter verletzt wurde. Für die Kinder waren Konflikte unberechenbar, denn es gab dabei keine Grenzen. Konflikte schienen immer dann aufzukommen, wenn die Kinder es am wenigsten erwarteten. Folglich wurden sie außerordentlich wachsam und hielten Ausschau nach Anzeichen, die darauf hinwiesen, daß sich ein Streit zusammenbraute.

Liza, die 14 war, als ihre Eltern ihre Scheidungspläne in die Tat umsetzten, sagte, sie könnte sich immer noch daran erinnern, welche körperlichen Qualen ihr das Schreien und die Drohungen ihrer Eltern bereiteten. »Ich stamme aus einer Familie, in der es in Ordnung war, verärgert zu sein. Man sagte uns nicht, wir sollten unseren Ärger zurückhalten, aber in den späteren Phasen von Muttis und Vatis Scheidung wurden die beiden verbal richtig bösartig zueinander. Sie waren so gemein, wie ich es vorher nie erlebt hatte. Ich stand Todesängste aus, wenn ich dann in ihrer Nähe war. Anfangs versteckte ich mich in meinem Zimmer, aber ich konnte sie trotzdem streiten hören, und manchmal zogen sie mich auch in ihren Streit hinein, weil sie wollten, daß ich für einen von ihnen Partei ergriff. Schließlich lief ich immer aus dem Haus und flüchtete zu einer Freundin, wenn ich wußte, daß Mutti kam.« (Liza lebte in der Phase vor der Scheidung bei ihrem Vater.)

Aufgrund des Traumas, das der elterliche Konflikt für Liza bedeutete, entwickelte sie zwei Verhaltensweisen, die sie dann auch bei anderen Erwachsenen einsetzte. Sie nahm mit seismographischem Gespür ständig noch den leisesten Stimmungswechsel bei Erwachsenen wahr. So wußte sie zum Beispiel immer, ob ihre Lehrerinnen und Lehrer auf der High-School verärgert, müde oder glücklich waren. Und des weiteren bemühte sie sich ständig, Menschen zu gefallen, um zu vermeiden, daß ihr Ärger sie traf.

Eine andere Frau, die nach der Scheidung bei ihrer Mutter lebte, bekam ständig die ganze Wucht des unverarbeiteten mütterlichen Ärgers in der Zeit nach der Scheidung zu spüren. Sie erinnert sich daran, wie sie von der Grundschule immer nach Hause kam, die Mutter im Wohnzimmer begrüßte und dann in ihr Zimmer ging, um sich zum Spielen umzuziehen. Noch bevor sie zur Hintertür entkommen konnte, schimpfte ihre Mutter aus Gründen auf sie ein, die völlig unverständlich waren. Diese Frau wurde als Scheidungskind zur äußerst feinen Beobachterin der kleinsten Schwankungen im mütterlichen Verhalten, um fliehen zu können, noch bevor der mütterliche Ärger sich auf sie entlud. Sie verstand die Wutausbrüche ihrer Mutter nie. Auch wenn sie sich gegen das Kind richteten, hatte es sie niemals ausgelöst. Trotzdem hatte dieses erwachsene Scheidungskind das Gefühl, Vorwürfe zu verdienen, und versuchte in seinem späteren Leben ständig, die Anzeichen für einen Sturm zu mildern, bevor er sie treffen könnte. Sie wurde extrem rücksichtsvoll und nahm die Stimmungen anderer Menschen schon wahr, bevor diese selbst sich ihrer Gefühle bewußt wurden. Die große Angst vor Konflikten hatte dieses Kind zu einer erwachsenen Frau gemacht, die ständig auf der Hut war.

Konflikte sind für erwachsene Scheidungskinder deswegen mit soviel Schrecken verbunden, weil die Menschen, denen die Kinder ihre Sicherheit anvertrauen, die Kontrolle über ihren Ärger verloren. Die Eltern konnten nicht einmal sich selbst behüten und schützen. Wie sollten sie da ihren Kindern Sicherheit vermitteln können? Und wie das obige Beispiel zeigt, richten Eltern ihren Ärger nicht immer nur gegen ihren Partner. Wenn Eltern, die sich scheiden lassen, die Verantwortung für sich übernehmen würden, würden sie die Kinder nicht mit ihren Gefühlen belasten, aber das ist nicht die Regel. So bekommen also die Kinder viele Gefühle ab, die sie gar nicht ausgelöst haben.

In einigen Familien waren die Konflikte während der Scheidung nicht offenkundig. Trotzdem war die ganze Atmosphäre von Ärger beherrscht. Eine Frau beschrieb ihren Vater als »süchtig nach Wut«. Er kannte nur eine Reaktion auf das Leben – Wut. Sie sagt, sie hätte seine Wut gefürchtet und gleichzeitig tief in sich gewußt, daß sie nichts mit ihr zu tun hatte (die Scheidung war für ihn eine große Belastung), selbst wenn sie sie häufig traf.

Bei vielen Scheidungen, vor allem bei jenen, wo die Eltern versuchten, ihre Kinder zu schonen oder alles »richtig« zu machen, wurden Konflikte verdeckt und Ärger unterdrückt. Mehrere erwachsene Scheidungskinder erlebten, daß beide Eltern ihren Ärger leugneten, obwohl er auf Umwegen ständig zum Vorschein kam. Ezra, ein kräftiger junger Mann von 24 Jahren, stammt aus einer solchen Familie. Seine Eltern ließen sich scheiden, als er 16 war. Er wählt seine Worte sorgfältig, wenn er seine Familie beschreibt. »Natürlich lag auch der Scheidung meiner Eltern ein gestörtes Verhalten zugrunde«, sagt er. »Was

Ärger betrifft, so brachte man uns Kindern bei, daß es nicht richtig sei, laut zu werden oder die Beherrschung zu verlieren. Wenn wir das taten, sagte meine Mutter immer: ›Das wollen wir hier nicht haben, junger Mann.‹ Auf jeden Fall fraßen meine Eltern beide alles in sich hinein. Ich glaube wirklich, ihre Scheidung war die Folge von all den tausend Kleinigkeiten, die sie sich nicht gesagt haben, unzählige kleine Ärgernisse – so denke ich darüber.«

Ezra erlebte Ärger als etwas Verbotenes, obwohl seine Eltern ständig »sauer« waren. Er sagt: »Das Schlimmste für mich ist, daß ich mir so verrückt vorkam, weil abgestritten wurde, was ich wahrnahm. Ich schlich um meine Eltern auf Zehenspitzen herum.«

Erwachsene Scheidungskinder, die erzählen, selten Ärger wirklich erlebt, aber sehr wohl gespürt zu haben, daß sämtliche Phasen der Scheidung von einem subtilen Ärger durchzogen waren, fürchten sich vor Ärger und allem, was auch nur im entferntesten Ärger auslösen könnte. Die häusliche Situation war für sie sehr verwirrend, und wie Ezra, der »auf Zehenspitzen herumlief«, haben sie das Gefühl, verrückt zu sein und ihrer Wahrnehmung nicht trauen zu können. Einige Betroffene haben mehr Angst vor versteckten Konflikten als vor offen ausgetragenen Streitigkeiten. Wo Ärger unterdrückt wurde, schnappten die Kinder vage Botschaften und Hinweise auf. Einige stellten fest, daß sie Jahre brauchten, um diese »Codes« zu entschlüsseln. Sie begriffen diese Botschaften erst als Erwachsene.

Eine 38jährige Frau geht auf dieses Thema in ihrer Geschichte näher ein. Sie sagt, zwischen ihren Eltern habe es keine Konflikte gegeben, und Streit war nicht erlaubt. Sie hörte in den ganzen 18 Jahren ihres Familienlebens niemals eine laute Stimme. Andererseits lauerte der Ärger aber überall. »Wir waren alle wie Zeitbomben kurz vor der Explosion, und jeder wußte das vom anderen.« Ein anderer Betroffener erzählt, in seiner Familie habe es keine Konflikte gegeben, weil überhaupt nicht kommuniziert wurde. Zwei Jahre vor der Scheidung hörten seine Eltern auf, miteinander zu reden und sprachen auch nach der Scheidung nur selten miteinander. Trotzdem kann dieser Mann sich immer noch gut an den Tonfall ihrer Stimme, an ihren Gesichtsausdruck und den hart verkniffenen Mund seines Vaters erinnern. Er wußte, daß sein Vater innerlich kochte. Dieser Mann erlebte niemals körperliche Gewalt in seiner Familie, und trotzdem duckt er sich, wenn jemand auch nur die geringste Verärgerung über ihn oder einen anderen Menschen zeigt. Er ist ständig auf das Schlimmste gefaßt.

»Daß ich meiner eigenen Wahrnehmung in bezug auf Ärger nicht traue, beruht zum Teil auf einer Familienregel«, behauptet eine Frau, deren Eltern sich nach jahrelangen Kämpfen scheiden ließen. »Man sagte uns immer, wir dürften nicht widersprechen. Das hieß, wir mußten die Sicht unserer Eltern annehmen, selbst wenn sie gar nicht unsere eigene war. In meiner Familie war Ärger unterschwellig ständig präsent, aber diese Wahrheit wurde verschwiegen.«

In einigen Scheidungsfamilien lernten die Kinder Konflikte so einzusetzen, daß die grundlegende Gestörtheit der Familie unangetastet blieb. Eine 20jährige Frau, die viel weiser ist, als ihr Alter vermuten läßt, beobachtete, daß Konflikte und Krisen ihre Familie ständig beschäftigt hielten. Sie hatten so viel damit zu tun, sich zu streiten und wieder zu versöhnen, daß sie die Auseinandersetzung mit den wirklich tiefgehenden Themen, mit denen sie sich als Familie hätten befassen müssen, vernachlässigten. »Es half uns, das Problem nach außen zu verlagern, statt individuell die Verantwortung für uns zu übernehmen. Auch die Vorwürfe – du bist schuld daran, nein *du* – bewirkten, daß meine Eltern jahrelang in der Falle festsaßen.«

Eine andere Frau sagt, sie lernte ihre Mutter mit Hilfe von Konflikten zu provozieren, damit sie überhaupt deren Aufmerksamkeit bekam. »Ich hatte das Gefühl, anders könnte ich sie gar nicht bewegen, mich überhaupt wahrzunehmen. Ich drang so lange auf sie ein, bis sie explodierte. Dann konzentrierte sie sich zumindest auch mal auf mich und nicht immer auf die Scheidung.« All diese Probleme wirken sich auf Scheidungskinder im Erwachsenenleben negativ aus. Vielen von ihnen fällt es schwer, auch nur ihren Unmut zum Ausdruck zu bringen, geschweige denn ihren Ärger. Noch ferner liegt es ihnen, für ihre Rechte einzustehen. Mit den Worten eines erwachsenen Scheidungskindes: »Zuerst reagiere ich mit Tränen, und dann werde ich zum Häufchen Elend.« Eine Frau sagt, daß sie ganz angespannt wird, wenn es nur den geringsten Hinweis auf Konflikte gibt, und dann alles tut, um Streit zu vermeiden. Sie findet sich oft in der Rolle der Vermittlerin wieder, die sie auch in ihrer Familie gespielt hat. Sie versucht, die streitenden Parteien zu besänftigen und zur Einigung zu bewegen.

Ein betroffener Mann, dessen Eltern ihm die Scheidung in letzter Minute völlig unerwartet mitteilten, entwickelte eine andere Reaktion. Er berichtet: »Ich übertreibe jeden Konflikt maßlos. Ein kleiner Streit mit meiner Frau bedeutet sofort die Scheidung. Letzte Woche konnten wir uns bei einer kleinen Sache nicht einigen. Völlig verstimmt brach ich zur Arbeit auf. Als ich später abends nach Hause kam, hatte ich in Gedanken bereits die Scheidungspapiere herausgesucht.« Stellen Sie sich seine Überraschung vor, als seine Frau ihm die Tür öffnete und ruhig verkündete, sie habe über ihren Streit nachgedacht und habe jetzt das Gefühl, sich bei ihm entschuldigen zu müssen, weil sie dieses Thema so verantwortungslos angegangen sei! »Sie betrachtete diesen Streit überhaupt nicht als das Ende unserer Beziehung. Tatsächlich sah sie, daß er uns half, unsere Probleme zu klären.« Dieser Mann war erstaunt, wie bereitwillig er seine Vergangenheit als Scheidungskind auf seine augenblickliche Beziehung projizierte und wie schnell er dazu überging, sich wieder so zu verhalten, wie er es damals erlebt hatte.

Gelegentlich lernen erwachsene Scheidungskinder auch, über Konflikte Zugang zu ihren Gefühlen zu bekommen. Wer in einer gefühlsarmen Umgebung aufwuchs, sucht Konflikte und provoziert sie sogar, um sich lebendig zu fühlen und zu spüren, daß er mit anderen Kontakt hat.

Len, ein Betroffener, der mir seine Geschichte bereitwillig mitteilte, ist ein gutes Beispiel dafür. Er meinte, wenn etwas in sämtlichen Phasen der Scheidung seiner Eltern konstant geblieben wäre, dann die Streitereien. »Sie stritten sich selbst nach der Scheidung weiter, als das gar nicht mehr nötig gewesen wäre. Ich glaube wirklich, Konflikte waren die einzige Verbindung, die zwischen ihnen bestand. Ihre Beziehung war tot, und das schon seit Jahren.« Len erzählte, er habe nach einer gewissen Zeit in den Streitigkeiten seiner Eltern ein festes Muster erkannt. Zuerst wurde auf den Streit hingearbeitet, wobei sie sich bei den Kindern übereinander beklagten. Dann kam es zum eigentlichen Streit, bei dem sie sich meistens anbrüllten, herumstießen und bedrohten. Anschließend ging Vater oder Mutter weg. Nach einigen Tagen entschuldigte sich der Anstifter, und es kam zur Versöhnung. »Meine Eltern befanden sich ständig an irgendeinem Punkt dieses Ablaufs«, erinnerte sich Len.

Erwachsene Scheidungskinder haben die Tendenz, in ihren Beziehungen Streit mit Nähe zu verwechseln. Sie glauben, wenn man jemanden gern hat, streitet man mit ihm, und für einige sind Beziehungen nur dann lebendig, wenn es Streit gibt. Streit führt zu starken emotionalen Ausbrüchen, verbunden mit einer Flut von Gefühlen und Worten, die aber selten ausgesprochen werden. Nachdem der Streit zum Höhepunkt gelangt ist, folgt der Versuch, sich wieder zu versöhnen. Es kann sein, daß dieser Ablauf für Scheidungskinder die einzige Form von Verbundenheit darstellt, die sie erlebt haben. Die Folge ist, daß sie als Erwachsene dazu neigen, die gleiche Dynamik in ihre Beziehungen einzubringen – in dem Glauben, dem anderen nahe zu sein, wenn sie sich mit ihm streiten. So ist es zum Beispiel nicht unüblich, daß Kinder, die bestraft oder sogar geschlagen wurden, Schläge und Strafen provozieren, weil das die einzige Kontaktquelle zu ihren Eltern darstellte, und jeder Kontakt, ganz gleich, wie destruktiv, immer noch besser ist als keiner. Für einige erwachsene Scheidungskinder dient auch Streiten diesem Zweck.

Konflikt, Streit und Ärger finden sich in jeder intakten Beziehung. Wenn sie jedoch der einzige Weg sind, der zu »Nähe« führt, müssen sich erwachsene Scheidungskinder überlegen, auf welche Weise Konflikte sie daran hindern, Verantwortung für ihre Gefühle und ihr Leben zu übernehmen. Konflikte sind für fast jedes erwachsene Scheidungskind ein bestimmendes Thema. Ganz gleich, ob sie offen ausgetragen oder versteckt wurden, ob sie ständig ausbrachen oder subtil abgewickelt wurden, sie wurden selten positiv und produktiv bewältigt. Kein Wunder, daß erwachsene Scheidungskinder Konflikte sowohl fürchten als auch für ihre Zwecke nutzen. Wenn sich Betroffene den Gefühlen und Problemen stellen, die sie in bezug auf Konflikte entwickelt haben, wenden sie sich einem Schlüsselthema zu, mit dem sie sich im Verlauf ihres Genesungsprozesses auseinandersetzen müssen.

Erwachsene Scheidungskinder ergreifen Partei

Als die Eltern sich scheiden ließen, fühlten sich die Kinder zerrissen. Manche Kinder gaben Mutter oder Vater die Schuld, um den Schmerz, den sie verspürten, begreifen zu können. Sie glaubten, damit dem Elternteil, der »Unrecht erlitten« hatte, zu helfen und ihn zu unterstützen. Andere Kinder versuchten mit Bedacht, niemals Partei zu ergreifen. Sie beschlossen, »gerecht« zu sein. Dabei können sie bewußt die Augen vor dem verschlossen haben, was in ihrer Familie wirklich geschah.

Eine Möglichkeit, sich in den Streit der Eltern zu verwickeln, bestand darin, daß die Kinder Nachrichtenübermittler spielten. Viele erwachsene Scheidungskinder können sich darin erinnern, wie sie zwischen den Exehepartnern mit Botschaften hin- und hereilten, die diese sich ausrichten ließen. Ein erwachsenes Scheidungskind berichtet: »Manchmal ging es nur um das

Datum für die Schulaufführung, aber dann ging es um immer wichtigere Themen wie die Frage: ›Warum habe ich den Unterhaltsscheck für das Kind noch nicht bekommen?‹« Ein anderes vermutet: »Ich glaube, meine Mutter dachte, sie könne mehr erreichen, wenn ich ihre Wünsche vortrug, weil mein Vater mich heiß und innig liebte, sie hingegen aber haßte.«

Für erwachsene Scheidungskinder war die Botschafterrolle eine Falle. Das Kind glaubt helfen zu können, wird aber in die unhaltbare Position des Vermittlers zwischen den Fronten gebracht. Das Kind sorgt für die Kommunikation, die die Eltern selbst herstellen müßten. Eine Frau glaubt, daß ihre Fähigkeit, Botschaften zwischen den Eltern zu vermitteln, dazu geführt habe, daß sie Bühneninspizientin beim regionalen Theater geworden sei. Hier konnte sie ihren Lebensunterhalt verdienen, indem sie genau das tat, was sie als Kind gelernt hatte! Sie stellte jedoch bald fest, daß die Vermittlung von Botschaften zwischen verschiedenen Gruppen anstrengend war. Sie konnte ihre Aufgabe nie zufriedenstellend erledigen, weil sie mit ihren Botschafterdiensten Leute, die selbst miteinander reden mußten, davon abhielt, selbst zusammenzukommen.

Manchmal bildeten die Betroffenen Koalitionen mit einem Elternteil oder Geschwistern, vielleicht um mit dem anderen abzurechnen, der sich ihrer Meinung nach verletzend verhielt. Die Kinder wurden zu Mitwissern, vor allem wenn ein Partner den anderen verletzte. Wenn sie dann von einem Elternteil ins Vertrauen gezogen wurden, der sie mit seinen Problemen überhäufte oder ihnen seine Erlebnisse so präsentierte, daß sie ihn für das Opfer hielten, wurden sie schnell in die Rolle von Erwachsenen gedrängt. Ein Mann, der 15 Jahre zwischen seinen Eltern vermittelt hatte, sagte: »Mein Vater versuchte nicht, mich zu einer Zusammenarbeit gegen meine Mutter zu bewegen. Ich tat das freiwillig. Ich war so begierig darauf, irgendwo hinzugehören, dazuzugehören, daß ich mich förmlich auf diese Möglichkeit stürzte, die er mir bot.« Ein anderes Scheidungskind, eine Frau, hat sich mit der Mutter gegen den Vater zusammengeschlossen, weil diese ihr leid tat und sie glaubte, Frieden stiften und Konflikte verhindern zu können, wenn ihr Vater »in der Minderheit« war.

Eine versteckte Form, Partei zu ergreifen, ist das Nachspionieren, wovon einige erwachsene Scheidungskinder berichteten. Amy erzählte mir bei unserem Treffen in einem Park von ihren Erfahrungen als Spionin. Amy, deren Eltern sich scheiden ließen, als sie 13 war, ist 29. Als Börsenmaklerin in einem bekannten Unternehmen ist sie ganz begeistert von ihrer ersten Anstellung. Sie strich sich ihr langes kastanienbraunes Haar aus dem Gesicht und fing an, mir von der Scheidung ihrer Eltern zu erzählen. »Als erstes möchte ich sagen«, begann sie, »daß es ziemlich schmerzlich ist, diese ganzen Erlebnisse aus meiner Kindheit noch einmal durchzugehen. Ich mußte sehr viel Leid verarbeiten, und am liebsten würde ich nicht einmal mehr daran denken, wenn ich es vermeiden könnte.« Ich dankte Amy für ihre Bereitschaft, mit mir zu sprechen, und wies sie darauf hin, daß es vielleicht gar nicht passend sei, von ihren Erfahrungen zu berichten. Sollten wir nicht zusammen zu Mittag essen und das Interview einfach vergessen? Sie dachte einen Moment nach und sagte dann: »Nein, ich möchte erzählen. Es ist gut so.« Ich fuhr vorsichtig fort, indem ich sie bat, mir die Dinge aus ihrer Kindheit zu erzählen, die sie mitteilen könnte, ohne sich unwohl zu fühlen.

»Wenn Sie etwas über Spione und Geheimnisse erfahren möchten, bin ich genau die Richtige für Sie«, sagte sie und nickte bestätigend mit dem Kopf. »Meine Familie hat eine lange Tradition in der Wahrung von Geheimnissen, und ich nehme an, ich selbst war eine Doppelagentin«, sagte sie lachend. »Vor der Scheidung meiner Eltern beteiligte ich mich an den Ausflüchten und Heimlichtuereien meines Vaters, der Affären hatte. In gewisser Weise war ich dafür bestens ›geeignet‹, da ich außerdem überlebendes Inzestopfer bin.« (Amy war fünf Jahre alt, als der Inzest begann.) »Mein Vater erzählte mir, seine sexuellen Annäherungen müßten unser Geheimnis bleiben, und niemand sollte davon etwas wissen. Es schien also nicht besonders schlimm zu sein, als er später seine Affären geheimhielt. Damals war ich zwölf. Zu unseren vielen gemeinsamen Geheimnissen kam lediglich ein weiteres hinzu.«

Die Scheidung von Amys Eltern war heiß umstritten und zog sich lange hin, da sie in einem Bundesstaat abgewickelt wurde, in dem man sich nicht »schuldlos« scheiden lassen kann. Deswegen beruhten sowohl die Sorgerechtsregelung als auch die finanziellen Arrangements darauf, daß eine Partei der anderen ihre Eheuntauglichkeit bewies. Gegen Ende der Phase vor der Scheidung schlug Amy sich auf die Seite ihrer Mutter. »Ich weiß eigentlich gar nicht, warum ich aufhörte, meinen Vater beim Vertuschen zu unterstützen. Mutti tat mir leid, und ich glaube, ich war sehr ärgerlich darüber, daß er mein Zuhause für eine neue Frau aufs Spiel setzte.« Zu dieser Zeit war die Scheidung in vollem Gange, und nun informierte Amy ihre Mutter regelmäßig über die Aktivitäten ihres Vaters. »Und jetzt kommt das Verrückte«, sagte Amy. »Meine Mutter redete mit mir genauso wie mein Vater. Sie sagte, was ich ihr erzähle, müsse unser ›Geheimnis‹ bleiben, und ich dürfe Vati nichts davon erzählen.« Nach der Scheidung fuhr Amy fort, ihrer Mutter Einzelheiten aus dem Leben ihres Vaters zu erzählen. »Muttis und meine Beziehung war wirklich eng, aber als ich ins Collegealter kam, hatte ich das Gefühl, mehr Raum für mich zu brauchen. Mutti sagte, wir seien Seelengefährten und verstünden uns.« Amy sah verstört aus, als sie das erzählte. »Ich nehme an, es war gut, meiner Mutter so nahe zu sein, aber manchmal glaubte ich zu ersticken und fühlte, daß ich von ihr und Vati weg mußte. Am schlimmsten aber war, daß ich mich jahrelang mit zwei Fragen quälte: Erstens, hätten sie sich auch scheiden lassen, wenn ich Mutti nicht von Vatis Geheimnissen erzählt hätte? Und zweitens, liebte Mutti mich so, wie ich war, oder weil ich tat, was sie wollte? Ich weiß es heute noch nicht.«

Viele erwachsene Scheidungskinder fühlten sich machtlos, als ihre Eltern sich scheiden ließen. Indem sie spionierten, Informationen weitergaben und Koalitionen bildeten, machten sie die Erfahrung, daß Wissen Macht ist. Sie lernten Menschen mit Hilfe des so erworbenen Wissens zu manipulieren und wurden Experten darin, anderen Informationen zu entlocken. Gelegentlich benutzten sie ihr Wissen auch, um sich zu rächen. Einige erwachsene Scheidungskinder können sich daran erinnern, daß sie das, was sie von einem Elternteil erfuhren, benutzten, um den anderen zu verletzen. Dieses Verhalten haben sie in ihrer Ursprungsfamilie erlernt und dann in ihren späteren Beziehungen immer wieder angewandt.

Einige erwachsene Scheidungskinder gerieten völlig in Verwirrung, als sie Partei ergriffen. Wie Amy fühlten sie sich von beiden Eltern gedrängt, sich auf ihre Seite zu schlagen, und trotzdem wiegten sie sich bei keinem in Sicherheit. Ein Mann erzählte, er habe sich immer gegen den Elternteil verbündet, auf den er gerade wütend war. Eine Frau glaubt, so viele widersprüchliche Botschaften erhalten zu haben, daß sie die Wahrheit selbst herausfinden mußte. Trotzdem ergriff sie aber selbst dann noch schnell Partei, nachdem sie die Wahrheit erfahren hatte. Eine andere Betroffene sagte, sie hätte nicht gewußt, wie die einzelnen Standpunkte aussahen, sondern sich einfach zu ihrer Mutter hingezogen gefühlt, um bei ihr emotionalen Trost zu suchen.

Als Erwachsene haben Scheidungskinder aufgrund ihrer Tendenz, Partei zu ergreifen, mit vielen heiklen Problemen zu kämpfen. Die meisten verspüren den starken Wunsch, sich irgendwo zugehörig zu fühlen. Deswegen lassen sie sich in ihrem Alltag, bei der Arbeit und in Beziehungen vielleicht immer wieder in Konflikte hineinziehen oder unterstützen Positionen bei Themen, die in Wirklichkeit ganz unwichtig sind. Ein erwachsenes Scheidungskind, ein Mann, der mit seiner Genesung gute Fortschritte macht, vertraute mir an, daß er bei der Arbeit immer wieder Partei ergriff, bis er sich eines Tages fragte, ob ihm das Problem wirklich am Herzen läge. Die Antwort war ein eindeutiges Nein. Er hatte sich einfach deshalb auf eine Seite geschlagen, weil er es nicht aushalten konnte, allein dazustehen. Das war für ihn unerträglich. Er beschloß, bei seiner Erkenntnis zu bleiben, und stellte zu seiner Überraschung schon bald fest, daß es meistens mehr als nur zwei Meinungen gab. Für die meisten Probleme gab es zahlreiche Lösungen, und manche Fragen waren ihm einfach egal. Als er sich seinen Ängsten stellte, die noch aus seinen Erlebnissen mit der Scheidung der Eltern resultierten, schwand der innere Druck, irgendwo dazugehören zu müssen.

Ein anderes Problem von erwachsenen Scheidungskindern besteht darin, daß das kommunikative Verhalten, mit dem sie sich vielleicht das Wohlwollen anderer bewahrt haben, letzten Endes selbst den Menschen schadet, denen sie damit Gutes tun wollen. Erwachsene Scheidungskinder werden für ihre Vermittlerrolle und ihre Botendienste mit Sicherheit von beiden Parteien gelobt und gefördert. Aber mit ihrem Verhalten verhindern sie gleichzeitig, daß andere die Verantwortung für sich selbst übernehmen. Die Folge ist, daß das »hilfreiche« Eingreifen andere in deren eigenem gestörten Verhalten unterstützt. Langfristig gesehen fügen sich erwachsene Scheidungskinder mit diesem Vermitteln auch selbst Schaden zu, weil sie ihre Identität aus einer Rolle und nicht aus sich selbst beziehen. Uns auf die eine oder andere Seite zu schlagen, ist ein armseliger Ersatz für die Treue zur grundlegenden »Seite« – nämlich unserer eigenen. Wenn erwachsene Scheidungskinder wirklich anfangen, die Verantwortung für sich selbst zu übernehmen, stellen sie fest, daß die Faszination abnimmt, einer Gruppe oder Koalition anzugehören, deren Problem sie gar nicht wirklich beschäftigt. Um von ihrer Vergangenheit zu heilen, müssen sie klären, welche Probleme in Wirklichkeit die der Eltern waren, und sich von ihnen frei machen. Auch wenn es für sie als Kinder schwer war, sich herauszuhalten, ist es für sie als Erwachsene ganz wesentlich.

Verlassenheitsgefühle stellen für erwachsene Scheidungskinder eines der größten Probleme dar. Diese Gefühle gehen tief und haben weitreichende Folgen. Während der Scheidung der Eltern gerieten die Bedürfnisse der Erwachsenen immer mehr in den Vordergrund, während für die der Kinder immer weniger Zeit blieb. Die Kinder hatten das Gefühl, daß niemand ihre Ansprüche respektierte. Sie fühlten sich körperlich und emotional alleingelassen, was oft auch tatsächlich der Fall war.

Es ist wichtig, zwischen Veränderung und Verlassenheit zu unterscheiden. Die Scheidung ist ein Prozeß, der unweigerlich Veränderungen in das Leben des Kindes bringt. Veränderungen sind nicht unbedingt damit verbunden, daß man alleingelassen wird, auch wenn für ein kleines Kind, das sich unsicher fühlt, jede Veränderung bedrohlich sein und es fürchten lassen kann, es würde verlassen. Und trotzdem ist auch wahr, daß viele erwachsene Scheidungskinder von den Erwachsenen im Stich gelassen wurden und sich ohne die gewohnte Unterstützung entsetzlich alleine fühlten.

Die Menschen, die sich bislang um sie gekümmert hatten, verschwanden aus ihrem Leben. In vielen Fällen gingen die Väter, und die Verantwortung der Mütter für den Lebensunterhalt der Familie wuchs. Ganz gleich, bei welchem Elternteil das Kind lebte, er schien weniger Zeit für es zu haben, weil der neue Lebensrhythmus anstrengender war. Manchmal veränderte sich der Tagesablauf des Kindes dermaßen, daß seine normalen Bedürfnisse nicht mehr ausreichend befriedigt wurden. Es bekam seltener neue Kleidung, die Mahlzeiten waren unregelmäßig, und es war häufig sich selbst überlassen.

Mehrere erwachsene Scheidungskinder erzählten davon, wie sie bei anderen Müttern in der Nachbarschaft Zuwendung suchten. Einige der Mütter, die sie sich aussuchten, ließen sie im Stich oder waren gefährlich. Während manche Nachbarn dem Kind Unterstützung gewährten, berichteten andere erwachsene Scheidungskinder aber auch, daß sie von Männern aus der Nachbarschaft, in deren Familie sie anfangs eine gemütliche, sichere Atmosphäre zu finden schienen, sexuell mißbraucht worden waren. Einige Kinder wandten sich an die Großeltern und suchten dort Sicherheit und Wärme, um erleben zu müssen, daß ein geliebter Großvater oder eine Großmutter bald darauf starb.

Die Kinder wurden auch emotional alleingelassen. Oft waren die Eltern so unglücklich und ihr Leben so voller Streß, daß sie sich einfach von ihren Gefühlen distanzierten und emotional nicht anwesend waren. Die Folge war, daß sie auch für ihre Kinder nicht da waren.

Sean ist ein junger Mann, der von sich sagt, er habe ziemlich große Probleme mit Verlassenheitsgefühlen. Wie mehrere erwachsene Scheidungskinder, die ich »zwischen Tür und Angel« interviewte, traf ich mich mit ihm auf einem Flughafen. Ich wollte unbedingt mit ihm sprechen, weil er mir auf meinen Fragebogen für erwachsene Scheidungskinder ganz detailliert geantwortet hatte. Er hatte zwischen zwei Flügen mehrere Stunden Zeit, also suchten wir uns in der Abflughalle eine ruhige Ecke und setzten uns hin, um miteinander zu sprechen. »So, ich wäre soweit«, erbot er sich. »Was möchten Sie wissen?« Ich erzählte ihm, mein Interesse gelte den Problemen, mit denen Scheidungskinder als Erwachsene zu kämpfen haben, schlug ihm aber vor, mit seiner Kindheit anzufangen, mit der Scheidung seiner Eltern und seinen Erinnerungen an diese Zeit. Sean war damit einverstanden. Er erzählte mir, er sei Einzelkind gewesen. Sein Vater war Arzt und seine Mutter Hausfrau. Die Phase vor der Scheidung dauerte mehrere Jahre und erreichte ihren Höhepunkt, als Sean 16 war.

»Materiell bin ich nie vernachlässigt worden«, sagte Sean. »Tatsache ist, daß ich immer mehr Sachen bekam, je stärker unsere Familie auseinanderfiel. Ich nehme an, sie wollten mir etwas geben, ihnen fiel aber nichts Passendes ein, also bekam ich alles mögliche Zeugs. Ich hatte das neueste technische

Spielzeug. Ihre Scheidung brachte mir eine ganze Menge Plunder ein«, sagte er grinsend. »Aber«, fügte er mit brüchigerer Stimme hinzu, »ich verlor bei der Scheidung meiner Eltern meinen Vater.« Ich bat ihn, mir mehr darüber zu erzählen. »Da Vati Arzt war, hielt er sich nicht oft zu Hause auf, und ich erwartete also auch nicht, ihn oft zu sehen. Wenn er aber da war, verhielt er sich wirklich wie ein Kumpel, und am besten gefiel mir, daß wir immer zusammmen Urlaub machten, nur er und ich, das war großartig. Wir angelten, wir fuhren Fahrrad. Einmal fuhren wir mit dem Kanu auf den Grenzgewässern von Minnesota. Das war die Zeit, in der er ganz für mich da war. Das war für mich wunderbar, und ich liebte unsere Ausflüge.«

Was Sean dann erzählte, gehört zu den unerklärlichen Folgen der Scheidung. Sean war 16, als sein Vater die Scheidung einreichte, um eine Frau zu heiraten, die eine Bekannte der Familie war. Sean war schockiert über die Entscheidung seines Vaters. Er fühlte sich unwohl in Gegenwart der neuen Frau und empfand das Verhalten seines Vaters als Betrug. »Vati erzählte mir erst von der Scheidung, als sie schon fast Realität war. Ich hatte gedacht, wir seien uns nahe, und es verletzte mich wirklich, daß er das alles vor mir so lange geheimgehalten hatte. Aber am schrecklichsten war für mich, daß meine Eltern beide einfach dichtmachten. Sie machten gute Miene zum bösen Spiel und versuchten das Beste aus der Situation zu machen. Ich weiß wirklich nicht, was sie zu der Scheidung empfanden und ob sie überhaupt Gefühle hatten.« Ich sagte zu Sean, für mich klänge das so, als ob seine Mutter und sein Vater sich emotional verschlossen hätten. Statt ihre Gefühle zu spüren, distanzierten sie sich davon und empfanden gar nichts. »Hm«, bestätigte er, »sie waren wie Roboter. Als ich sah, wie weit sie sich von sich selbst entfernt hatten, bekam ich solche Angst. Ich hatte sehr viele Gefühle zu ihrer Scheidung, aber wie konnte ich ihnen das sagen? Es sah nicht so aus, als ob sie mir zuhören konnten, und ich malte mir aus, daß ich ihren Schmerz nur noch vergrößern würde. Also verkroch ich mich in mich selbst. Ich war wirklich launenhaft. Meine Freundin hatte überhaupt keine Lust mehr, mit mir zusammenzusein.«

Sean lebte bei seiner Mutter und besuchte seinen Vater regelmäßig, hatte aber nach der Scheidung das Gefühl, eine Verbindung verloren zu haben, die für ihn lebenswichtig gewesen war. Sein Vater war mit seiner neuen Familie beschäftigt, und die jährlichen Ferien zu zweit hatten ein Ende. »Das war wirklich ein vernichtender Schlag für mich. Ich befand mich an einem Punkt in meinem Leben, wo ich mich sehr nach jemandem sehnte, mit dem ich über das Leben und das Erwachsenwerden sprechen konnte.« Sean schwieg eine Weile und sagte dann: »Ich vermißte Vati und die Verbindung, die wir meiner Meinung nach gehabt hatten. Nach der Scheidung fehlte mir jede Orientierung im Leben. Ich hatte das Gefühl, daß alles, was außen vor sich ging, in mich eindrang. Ich hatte der Außenwelt nichts entgegenzusetzen. Meine Eltern waren emotional abwesend, vor allem Vati, und ich fühlte mich von der Zeit an niemals wieder sicher und geborgen bei ihm. Auch heute noch nicht, und ich bin fast 30.«

Geschichten wie die von Sean habe ich immer wieder gehört. Unabhängig davon, ob die Kinder körperlich und/oder emotional alleingelassen wurden, die Folge war, daß sie entsetzliche Angst um ihre Sicherheit hatten und sich ohne die grundlegende Unterstützung fühlten, die sie für ihr Leben brauchten.

Erwachsene Scheidungskinder sollten nicht unterschätzen, was es heißt, von den wichtigsten Menschen in ihrem Leben verlassen worden zu sein. Mit den Worten eines 52jährigen Scheidungskindes, das immer noch mit Verlassenheitsgefühlen zu kämpfen hat: »Ganz gleich, wie viele Menschen um mich herum sind, ich fühle mich immer noch sehr allein.« Viele betroffene Kinder bekamen die Botschaft, entbehrlich zu sein. Sie glaubten, nichts wert zu sein. Sie waren plötzlich ohne grundlegende Unterstützung, und die Menschen, an denen sie am meisten hingen, konnten ihnen am wenigsten helfen. In einigen Fällen haben die Eltern ihre Kinder sogar mißhandelt.

Wie wirken diese Verlassenheitsprobleme aus der Kindheit sich im Erwachsenenleben aus? Wenn Scheidungskinder erwachsen werden, tragen sie die Angst, alleingelassen zu werden, immer noch mit sich herum. Ein erwachsenes Scheidungskind drückte das folgendermaßen aus: »Ich habe das Gefühl, nicht liebenswert zu sein. Ich empfinde meine Beziehungen immer als vorübergehend. Ich glaube, mein Partner bleibt nur so lange bei mir, bis ihm jemand besseres über den Weg läuft.«

Mit ähnlichen Gefühlen sind viele erwachsene Scheidungskinder konfrontiert. Sie leben in der ständigen Angst, daß sie verlassen werden und dann alleine zurechtkommen müssen. Diese Angst manifestiert sich dann als Weigerung, Verantwortung zu übernehmen, oder als übertriebenes Verantwortungsgefühl und extreme Fürsorglichkeit. Ein Betroffener teilte mir eine Geschichte mit, die ich ihn ähnlicher Form wiederholt zu hören bekam: »Ich habe ein großes Bedürfnis, von Menschen, denen ich mich nahe fühle, anerkannt zu werden. Ich kann nur jeweils einen Menschen richtig lieben. Ich klammere mich an ihn, mache mich zum Opfer, und dann wiederum schikaniere ich ihn. Das führt natürlich dazu, daß er geht und ich mir sage: ›Siehst du, du bist schon wieder verlassen worden!‹«

Verlassenheitsgefühle und mangelnde Selbstachtung gehen bei erwachsenen Scheidungskindern Hand in Hand. Sie glauben, man habe sie als Kinder verlassen, weil sie es nicht verdienten, geliebt zu werden. Eine Frau, die 21 war, als ihre Eltern sich trennten, sagte, sie hätte wie eine Fünfjährige reagiert. Sie war auf dem College, als sie die Nachricht von der Scheidung ihrer Eltern bekam. Sie rollte sich auf ihrem Bett zusammen, wiegte sich hin und her und weinte nach Mami. »Ich konnte das nicht verstehen. Ich fühlte mich so verlassen, als sei ich allein auf der Welt.«

Diese heute 30jährige Frau sagt, daß die Angst, verlassen zu werden, für sie tägliches Brot sei. Sie hat in ihren Beziehungen das Gefühl, entbehrlich zu sein und verhält sich auch entsprechend. Sie ist nicht imstande, ihrem Partner ihre Bedürfnisse mitzuteilen, und geht nicht das Risiko ein, Dinge anzusprechen, die – wie sie glaubt – zu einer Entfremdung zwischen ihnen führen könnten. Ihr Partner hat dann das Gefühl, keine Nähe zu ihr herstellen zu können, was auch stimmt. Sie kontrolliert die Beziehung und verbirgt ihre wahren Bedürfnisse vor ihrem Partner und vor sich selbst. Wie kann er jemandem nahekommen, den er gar nicht kennt?

Eine andere Frau sagte, sie »inszeniere« das Verlassenwerden folgendermaßen: »Ich sorge dafür, daß ich meinen Partner verlasse, bevor er es tut. Dann muß ich nicht glauben, daß er mich verlassen hat. Immer wieder stoße ich von mir, was ich mir am dringendsten wünsche, weil ich Angst habe, es sowieso zu verlieren. Ich verhalte mich so, weil ich nicht glaube, die Dinge zu verdienen, die ich am liebsten haben möchte.«

Um nicht verlassen zu werden, gehen erwachsene Scheidungskinder bis ins Extrem und halten auch an Beziehungen fest, die gestört sind. Viele Betroffene sagen, daß sie sich mit aller Kraft darauf konzentrieren, ihre Ehepartnerin oder ihren Freund zu halten, indem sie dafür sorgen, daß sie oder er immer glücklich ist. Dieses Verhalten wird mit der Zeit für den Menschen, dem es gilt, unerträglich und führt auch dazu, daß erwachsene Scheidungskinder vollständig das Gefühl dafür verlieren, was in Beziehungen richtig und moralisch vertretbar ist.

Ein Paar, beide Partner erwachsene Scheidungskinder, brachte sich in ein moralisches Dilemma, als es eine geschäftliche Verbindung mit einem älteren Paar einging. Die beiden entdeckten, daß die älteren Leute die Geschäftsberichte fälschten, um von den Lieferanten Provisionen zu kassieren. Dem jüngeren Paar war klar, daß dieses Verhalten illegal war und ihr Unternehmen gefährden konnte. »Ich wollte mit aller Macht ignorieren, was ich sah«, sagte der Mann. »Ich liebte dieses ältere

Paar. Sie waren für mich wie die Eltern, die ich nie gehabt hatte. Der Gedanke, sie könnten sich von uns abwenden, war entsetzlich für mich.« Die beiden jüngeren Leute stellten dennoch das ältere Paar zur Rede. Auch wenn diese Konfrontation nicht angenehm verlief, erfuhren sie sehr viel über ihre Illusionen. Aus Angst, verlassen zu werden, hatten sie sich geweigert, zu sehen, was für Menschen ihre Geschäftspartner wirklich waren. Sie machten sie zu den Eltern, die sie haben wollten. Als sie sahen, daß sie sogar selbst bereit waren, zu lügen und zu betrügen, um sich ihre Illusion zu bewahren und die Gefahr des Verlassenwerdens auszuschalten, erkannten sie, wie weit sie gegangen waren. »Diese Erfahrung weckte uns wirklich auf«, fuhr der Mann fort. »Sie zeigte uns, daß wir Menschen als die sehen können, die sie wirklich sind, und brachte uns bei, daß das stumme Einverständnis mit Unehrlichkeit letzten Endes bedeutet, daß wir uns selbst und unserer eigenen Integrität untreu werden.«

Wenn erwachsene Scheidungskinder nicht fähig sind, sich mit dem Thema Verlassenwerden auseinanderzusetzen und es zu überwinden, geht es ihnen weiterhin schlecht. Sie wiederholen dann schließlich viele der Fehler, die ihre Eltern begangen haben. Sie tun genau das, was sie geschworen haben, niemals zu tun. Viele Betroffene sind sich einig darüber, daß sie in ihren sämtlichen Beziehungen die gleichen Abläufe inszenieren, wie sie sie bei der elterlichen Scheidung erlebt haben. Sie sind entweder der »Gute« oder der »Böse«. Sie wissen nicht, daß man eine Beziehung auch auf heilsamere Weise beenden kann.

Wir haben den Bereich des Verlassenwerdens bis jetzt vor allem im Rahmen von Beziehungen betrachtet, er beinhaltet aber auch noch eine tiefer gehende Ebene. Sämtliche Beispiele, die ich herangezogen habe, haben eines gemeinsam: Um anderen gefällig sein, Beziehungen kontrollieren und ihre Partner verlassen zu können, bevor diese sich von ihnen trennen, müssen sich erwachsene Scheidungskinder zunächst von sich selbst abwenden. Das heißt, erwachsene Scheidungskinder konzentrieren sich nicht auf ihre eigenen Gefühle, ihre Wahrnehmungen oder Bedürfnisse. In vielen Fällen kennen sie ihre Bedürfnisse noch nicht einmal, weil der Scheidungsablauf so beherrschend war, daß er ihre ganze Aufmerksamkeit in Anspruch nahm. Andere kannten zwar ihre Bedürfnisse, stellten sie aber bewußt hintenan, um eine Beziehung unter Kontrolle halten zu können. Auf diese Weise haben erwachsene Scheidungskinder das Verlassenwerden, das mit der Scheidung einherging, verinnerlicht. Wo sie einst als Kinder von ihren Betreuern verlassen wurden, werden sie jetzt als Erwachsene sich selbst untreu. Viele Betroffene bestätigen diese Tatsache: Von anderen verlassen zu werden, war nicht annähernd so destruktiv, wie daß sie von sich selbst weggingen.

»Von sich selbst weggehen« bedeutet, daß erwachsene Scheidungskinder sich ihrer eigenen Wahrnehmung verschließen. Ganz gleich, ob sie nun glauben, nichts wert zu sein, oder Gefühle für zu schmerzlich halten, sie messen ihren Eindrücken keine Gültigkeit bei. Sie akzeptieren die Einschätzung, die andere Menschen von einer bestimmten Situation haben. Durch diesen Prozeß der Selbstbetäubung liefern sie sich den Launen äußerer Kräfte aus. Wenn sie sich selbst nicht vertrauen können, wem dann?

Es kommt selten vor, daß Scheidungskinder genesen, ohne sich ihrer Angst vor dem Verlassenwerden zu stellen. Die Auseinandersetzung mit diesem Problem ist von zentraler Bedeutung für die Entwicklung innerer Stärke und eines authentischen Selbstwertgefühls.

Erwachsene Scheidungskinder haben Schwierigkeiten,
persönliche Grenzen zu setzen
und andere in ihre Schranken zu verweisen

Wenn erwachsene Scheidungskinder anfangen, die Auswirkungen zu verarbeiten, die die elterliche Scheidung auf ihr Leben hatte, lernen sie ihre Verletzlichkeit schätzen. Das unterstützt sie bei ihrem Kampf um angemessene Grenzen. Die Feindschaft zwischen den Eltern war eine Belastung, unter der die Kinder jahrelang gelitten haben. In vielen Fällen bleibt die Feindseligkeit der Eltern noch lange nach Vollzug der Scheidung bestehen. Die Kinder mußten sich anhören, wie die Eltern sich vor ihnen übereinander beschwerten. Sie litten darunter, daß sie als Spione angeheuert wurden, und mußten erleben, daß Sorgerechtsregelungen zum Streitthema wurden. Es war schwer, wenn nicht unmöglich, sich in diese Szenen nicht hineinziehen zu lassen. Schwierigkeiten, Grenzen zu setzen, beruhen immer darauf, daß wir nicht wissen, wo unser Bereich endet und der des anderen beginnt. In der gestörten Familie werden die Grenzen verwischt oder existieren manchmal überhaupt nicht. Die Folge ist, daß viele Scheidungskinder noch als Erwachsene das Gefühl haben, in ihrem Leben ausgenutzt worden zu sein.

Scheidungskinder fühlten sich auf ganz unterschiedliche Weise ausgenutzt, was manchmal in ihrem späteren Leben auch ihre Beziehungen zu anderen prägte. Eine Frau, die das Gefühl hatte, sowohl Zielscheibe der elterlichen Aggressionen als auch »Müllschlucker« für ihre Mutter gewesen zu sein, setzt ihre Rolle als »Müllschlucker« jetzt in ihrem Büro fort. Jeder teilt ihr seine Probleme mit. Nach der Arbeit sitzt sie stundenlang am Telefon und ruft Mitarbeiter an, um sich nach ihnen zu erkundigen und ihnen ihre Anteilnahme zu versichern. Sie macht sich auch zum Fußabtreter und übernimmt bereitwillig Arbeiten, die andere ablehnen. Sie hat ihr Verhalten in ihrer Ursprungsfamilie einfach auf ihren Arbeitsplatz übertragen.

Erwachsene Scheidungskinder spielen manchmal die unpassenden Rollen weiter, die ihnen von den Eltern aufgedrängt wurden. Das traf auch auf jene junge Frau zu, die das Gefühl hatte, ihre Mutter habe sie zur Erfüllung der eigenen emotionalen Bedürfnisse benutzt. Diese Mutter behandelte ihre zehnjährige Tochter wie eine Erwachsene. Statt Zuwendung bei liebevollen Freundinnen und Familienangehörigen zu suchen, isolierte sich die Mutter und erwartete, daß die Hauptunterstützung von ihrer Tochter kam. Später uferte ihr Verhalten dahin gehend aus, daß sie mit den Freunden ihrer Tochter flirtete. Die Tochter bekam von der Mutter widersprüchliche Botschaften: Einerseits sollte sie die unerfüllten Karriereträume der Mutter wahrmachen, andererseits eine gute Ehe führen. Als junge Frau wußte sie dann nicht, wie sie ihr eigenes Leben gestalten wollte, und lebte immer in der Angst, den Erwartungen der Mutter nicht zu entsprechen.

Ein anderes erwachsenes Scheidungskind, ein Mann, sagte, ihm sei sehr wohl bewußt, wie schwer es ihm falle, Grenzen zu setzen. Meistens ist er mißtrauisch, weil er glaubt, ausgenutzt zu werden, und deswegen verschließt er sich, um sich vor der Anteilnahme anderer Menschen zu schützen. Sein Problem ist auch bei anderen Betroffenen weit verbreitet. Erwachsene Scheidungskinder verhalten sich zwiespältig. Entweder gehen sie total in anderen auf, oder sie errichten dicke Mauern um sich, damit niemand zu ihnen vordringen kann. Beide Verhaltensweisen sind gestört und wirken sich auf fast sämtliche Lebensbereiche aus.

Ein 30jähriger Mann grinste, als er mir erzählte, daß es ihm immer noch schwerfalle, zu unterscheiden, ob ihn jemand freundlich necke oder gemein zu ihm sei. Eine Frau hat über die Tatsache nachgedacht, daß sie eigentlich ein fürsorglicher Mensch ist. Sie gibt gern, ist aber oft mißtrauisch in bezug auf die Motive anderer. Nutzen sie mich aus? Denken sie, ich sei immer so großzügig und kommen mit dieser Erwartung auf mich zu?

Eine Frau, die von ihrer Mutter ausgenutzt wurde und dann später mit ihrem orthodoxen christlichen Ehemann einen langen und erbitterten Kampf um das Sorgerecht führte, machte folgende Bemerkung: »Man kann nur ausgenutzt werden, wenn man es zuläßt. Aber wie soll man gegen so mächtige Menschen wie die eigene Mutter, den eigenen Ehemann und gegen die Lehren der Kirche ankommen, die predigt, daß die Frau dem Mann untertan sein solle?«

Das Problem, daß Menschen sich ausnutzen lassen, tritt häufig am Arbeitsplatz auf. Viele erwachsene Scheidungskinder sagen, daß sie oft länger bleiben, unbeliebte Arbeiten übernehmen und sich mit feindseligen Vorgesetzten abfinden. »Ich dachte, es sei normal, daß Menschen feindselig sind«, erzählte ein 40jähriger Mann lachend. »Ich hatte in meiner Familie so viel Feindseligkeit erlebt. Ich fand mich bei der Arbeit einfach damit ab.« Dieser Mann sagte außerdem etwas, was ich von vielen Betroffenen immer wieder gehört habe: »Ich wußte nie, wo meine Grenzen sind und habe auch kein Gespür für die Grenzen anderer Menschen. Ich habe Angst, alleingelassen zu werden, wenn ich mich weigere, mich ausnutzen zu lassen.«

Ein 45jähriger Mann, dessen Eltern sich scheiden ließen, als er elf Jahre alt war, erzählte mir, daß sein ganzes Leben aus ständigen Grenzverletzungen bestehe, die hinter ihm herliefen wie Eisenbahnschienen. Jerry sagte, er habe sich verantwortlich für die Scheidung seiner Eltern gefühlt, auch dann noch, als man ihm sagte, er trage keine Schuld daran. »Ich hatte als Kind Bedürfnisse und kann mich nicht daran erinnern, daß mich jemand fragte, was ich brauche und wie die Scheidung sich auf mich auswirke. Also verzog ich keine Miene und beschloß, mich sowohl um mich als auch um meine Eltern selbst zu kümmern.«

Als Erwachsener kostete Jerry sein letztes Erlebnis mit unklaren Grenzen beinahe seine Stellung. Er war an einer Auftragsabwicklung beteiligt, bei der eine Abteilung einen »Sündenbock« brauchte, dem man die Schuld für das Mißlingen eines Projekts geben konnte. Bei einer Konferenz mit der obersten Geschäftsleitung wurde Jerry als der einzig Schuldige dargestellt. Obwohl Jerry für den Fehler nur zum Teil verantwortlich war, verteidigte er sich nicht und erzählte auch nicht, welche Rolle andere dabei gespielt hatten. »Ich saß da und ließ es über mich ergehen. Ich wußte, daß das nicht richtig war. Ich wußte, daß ich benutzt wurde, aber ich hatte entsetzliche Angst vor dem, was geschehen würde, wenn ich mit der Sprache herausrückte. Ich glaubte, meine Mitarbeiter würden mich dann ablehnen, also hielt ich den Mund.«

Erwachsene Scheidungskinder gehen hart mit sich um und wirken daran mit, daß andere sie immer wieder mißbrauchen. Viele sehen einfach nicht, daß sie ausgenutzt werden. Wenn sie als Kinder die Erfahrung machten, daß ihre erwachsenen Rollenvorbilder in ihren kindlichen Raum eindrangen und ihnen einredeten, sie seien verantwortlich für all die Schwierigkeiten, glaubten sie, dieses Verhalten sei normal. Einer betroffenen Frau, die sich gegen ihre Mutter nicht abgrenzen konnte, wurde vom Vater eingeredet, daß mit der Mutter »etwas nicht stimmt«. Damit galt das gleiche für sie. Sie versuchte sich besonders gut, liebevoll, freundlich, klug, höflich, vertrauenswürdig und klaglos zu verhalten, denn all ihre Fehler würden auf die Mutter zurückfallen, und das wäre unerträglich gewesen.

Als Erwachsene müssen auch Scheidungskinder in vielerlei Hinsicht Grenzen setzen – sowohl in Beziehungen zu anderen als auch zu sich selbst. Um anderen Grenzen setzen zu können, müssen sie zuerst einmal spüren lernen, wann sie von anderen ausgenutzt werden. Dann müssen sie anfangen, diesen Menschen zu sagen, daß sie damit aufhören sollen. Viele erwachsene Scheidungskinder haben zwar gelernt zu sagen, wann sie sich ausgenutzt fühlen, können andere aber nicht in ihre Schranken weisen – wie bei dem Beispiel des Mannes, der nur passiv zusah, wie er als »Sündenbock« benutzt wurde. Manchmal vermeiden erwachsene Scheidungskinder die komplexe Konfrontation mit anderen, indem sie sich so strikt abgrenzen, daß sie alle Menschen von sich fernhalten. Diese Taktik funktioniert vielleicht bei entfernten Bekannten, aber bei Ehepartnern, Freundinnen und Freunden sowie bei Kindern wirkt sie sich vernichtend aus. Eine Frau erzählte mir, daß ihre Probleme, Grenzen zu setzen, bei der Erziehung ihres Sohnes fortwirkten. Sie glaubt, daß seine Unfähigkeit, erwachsen zu werden, mit ihrem Versagen auf diesem Gebiet zusammenhängt.

Ein zweiter Aspekt betrifft die Grenzen, die man sich selbst setzen muß. Mehrere erwachsene Scheidungskinder berichteten, daß sie in bezug auf Essen und Geld ein ausgeprägtes Zwangsverhalten entwickelt hätten. Andere sagten, sie ließen sich Hals über Kopf auf abenteuerliche Beziehungen ein, nur um immer wieder verletzt zu werden. Sie können nicht mehr klar sehen, was sie tatsächlich brauchen, und ziehen Menschen und Dinge an, die sie im Grunde daran hindern, ein wirkliches Gespür für sich selbst zu entwickeln.

Viele erwachsene Scheidungskinder leben so weit entfernt von ihren Erfahrungen und ihren Bedürfnissen, daß sie sich unrealistische Grenzen setzen und damit respektlos gegen sich handeln. Wenn wir zulassen, daß andere in unseren Raum eindringen, oder wir selbst andere beherrschen wollen, nimmt unsere Selbstachtung ab. Erwachsene Scheidungskinder haben grundsätzlich nicht viel Selbstachtung, und mangelnde Grenzen führen oft zu chronischen Depressionen. Viele dieser erwachsenen Scheidungskinder bestätigen, daß sie wütend darüber seien, ausgenutzt zu werden, aber zuviel Angst hätten, diesen Ärger auch zu zeigen. Statt dessen werden sie depressiv, was bei Menschen, die sich als Fußabtreter der Welt benutzen lassen, nicht weiter verwunderlich ist.

Eine betroffene Frau sagte am Ende ihres langen Gesprächs mit mir: »Ich glaube, das Thema Grenzen war ein Schlüsselthema für meine Genesung. Als ich erst einmal anfing, mich damit auseinanderzusetzen, hatte ich das Gefühl, eine feste Basis zu haben, auf deren Grundlage ich auch sehr viele andere meiner Verhaltensmuster als erwachsenes Scheidungskind angehen konnte.« Sie hatte recht. Als sie begann, Grenzen zu setzen und andere in ihre Schranken zu verweisen, gewann sie das Gespür für ihr eigenes Selbst zurück, eines Selbst, das sie dann bei sämtlichen weiteren Genesungsbemühungen begleitete.

Die Hilflosigkeit von erwachsenen Scheidungskindern läßt sich zurückführen auf ein einziges Erlebnis. Sie waren machtlos, das Scheitern der Ehe ihrer Eltern und die Auflösung ihrer Familie zu verhindern. Diese Hilflosigkeit kommt in den Geschichten der Betroffenen immer wieder zum Ausdruck. John, dem wir bereits früher begegnet sind, sagte: »Ich hatte dieses schreckliche Gefühl in der Magengrube: Mutti und Vati würden sich trennen, und ich konnte nichts tun, um sie daran zu hindern. Das war wie bei einem Wirbelsturm. Ich wußte, ich mußte mich zu Boden werfen. Ich wußte nur nicht, wann oder wo.«

Tatsächlich haben erwachsene Scheidungskinder das Gefühl, die Scheidung halte sie wie ein unvermeidliches Ereignis gefangen und stoße sie herum. Diese Hilflosigkeit macht ganz deutlich, daß Eltern und Kinder getrennt sind, und die Erwachsenen nicht immer Entscheidungen treffen, die den Kindern gefallen. Als Reaktion auf diese Hilflosigkeit verhalten sich Scheidungskinder extrovertiert, um Aufmerksamkeit zu bekommen, werden zu kleinen Helfen, um den Schmerz zu mindern, oder sind eifrig damit beschäftigt, Verantwortung zu übernehmen. Letzten Endes aber ändern sie mit ihren ganzen Bemühungen überhaupt nichts.

Bei erwachsenen Scheidungskindern manifestiert sich die Hilflosigkeit dreifach. Erstens wissen sie in den unterschiedlichsten Situationen oft nicht, wie sie reagieren sollen. Zweitens schauen sie bei Ereignissen, die ihr Handeln erfordern, untätig zu. Und drittens fehlt es ihnen an kommunikativen und sozialen Fähigkeiten. Sämtliche drei Aspekte der Hilflosigkeit hängen mit der Tatsache zusammen, daß während des Scheidungsprozesses nicht darauf geachtet wurde, was die Kinder für ihre Entwicklung brauchten. Je nach Alter und Stellung in der Familie kann diese Tatsache erwachsenen Scheidungskindern große Schwierigkeiten bereiten. Eine Frau zum Beispiel, die die Älteste und damit in ihrer Familie eine »Heldin« war, zeigte diese Hilflosigkeit kaum. Sie wurde aktiv und übernahm die Elternrolle für ihre vier Geschwister. Die vier jüngeren Geschwister jedoch fühlen sich heute sehr oft hilflos und gehen sozialen Anlässen meistens aus dem Weg.

Erwachsene Scheidungskinder wissen in zahlreichen Situationen nicht, wie sie reagieren sollen. Das zeigt sich auf verschiedene Weise. Eine Frau zum Beispiel, die weiß, daß sie oft falsch reagiert, stellt erst ausführliche Nachforschungen an, bevor sie sich auf bestimmte Situationen einläßt. Oft tut sie des Guten zuviel. Als leitende Angestellte einer Werbeagentur versucht sie sich auf Betriebsausflüge vorzubereiten, indem sie andere fragt, was sie anziehen und welche Akten und Tabellen sie mitbringen soll. Oder da gibt es den Architekt, dessen Chef ihm vorwirft, zu gründlich zu zeichnen, zu sehr auf Nummer Sicher zu gehen und dabei unnötig viel Material zu verbrauchen. Eine andere Frau, die ihr ganzes Leben lang unter ihrer Hilflosigkeit gelitten hat, sagt, ihre Unfähigkeit, angemessen zu reagieren, sei für sie so schmerzhaft, daß sie sogar schon räumlich floh, in eine andere Stadt zog und eine neue Stelle antrat. Sie wußte, daß das nur eine vorübergehende Lösung war und sie sich dem grundlegenden Problem über kurz oder lang stellen mußte. Als diese Frau über ihre Kindheit nachdachte, erinnerte sie sich daran, daß sie bei ihren Eltern während der Scheidung keine starken Emotionen bemerken konnte. »Mutti und Vati waren beide sehr kontrolliert. Ich wußte, daß sie sehr im Streß waren, und trotzdem zeigten sie keinerlei Gefühle. Ihr Gefühlsleben war so verarmt, daß sie auf eine Beerdigung genauso reagierten wie auf ein Geburtstagsfest. Ich glaube, ihre mangelnde Emotionalität hat zur Scheidung geführt. Leider wußte ich sehr wohl, daß man auf Menschen eingehen kann. Man zeigte mir nur nicht, wie.«

Oft schauen erwachsene Scheidungskinder in Situationen, die ihr Handeln erforderten, tatenlos zu. Viele erinnern sich daran, wie hilflos sie sich angesichts der körperlichen Gewalt in ihrer

Familie fühlten. Manchmal hing ihre eigene Sicherheit davon ab, daß sie stillhielten oder sich unsichtbar machten. Vielen erwachsenen Scheidungskindern, die auch Inzestopfer waren, ist dieses Verhalten nur allzu vertraut. Ihre bloße Sicherheit hing davon ab, daß sie passiv blieben. Mehrere erwachsene Scheidungskinder berichten davon, daß die Feindseligkeit ihrer Eltern ihnen angst machte und sie gelernt haben, sich klein und unsichtbar zu machen, damit der Ärger sich nicht gegen sie richtet. Oft stehen sie da, ohne zu wissen, was sie tun sollen, weil sie einfach keine Rollenvorbilder hatten. Die Kinder beobachteten die Erwachsenen, um herauszufinden, wie sie sich verhalten und reagieren sollten, und sahen nur Opfer und Angreifer oder passive Menschen, die so taten, als sei alles in Ordnung.

Eine Frau, die an einer High-School im mittleren Westen unterrichtete, sagte, sie hätte die Folgen ihrer Passivität in ihrem Beruf zu spüren bekommen. Während sie die Hausarbeiten von Schülern durchsah, fand sie ein Blatt Papier, das zufällig in das Heft geraten war. Es war die Notiz eines Schülers, der einem anderen mitteilte, daß er Geld aus den Getränkeautomaten entnähme. Sie hielt das Blatt zwei Wochen lang zurück, während sie ständig dem Strom von Botschaften lauschte, die ihr durch den Kopf gingen: »Das geht mich nichts an.« »Wahrscheinlich ist das gar keine große Sache.« »Ich habe keine Beweise.« »Ich bringe jemanden in Schwierigkeiten.« Trotzdem fühlte sie sich unbehaglich, weil sie wußte, daß eine Gruppe von Schülern das Schulbüro verwüstet hatte und man weitere Aktivitäten befürchtete. Sie hielt sich isoliert von anderen und suchte nirgendwo Unterstützung oder Rat. Die Situation spitzte sich zu, als in der Sporthalle eingebrochen wurde und Geräte gestohlen wurden. Zu diesem Zeitpunkt gab die Frau die Notiz weiter. Sie wies tatsächlich den Weg zu einer Bande, die in unmittelbarer Nachbarschaft der Schule ihr Unwesen trieb.

Als wir über dieses Ereignis und ihre Reaktion darauf sprachen, sagte die Frau: »Ich wußte vom Kopf her, was ich hätte tun sollen, aber emotional war ich wie erstarrt vor lauter Verleugnung und Passivität. Ich fühlte mich wieder wie fünf, als jedes Handeln meinerseits ein großes Risiko zu sein schien.« Diese Frau beschrieb dann ihre Familie, in der es im Verlauf der Scheidung chaotisch und schrecklich zuging. Als sie in dieser Umgebung ihre Bedürfnisse zum Ausdruck brachte, wurde ihr verärgert gesagt, sie solle endlich erwachsen werden, und was sie da wolle, sei »dumm«. Sie war zur Zeit der Scheidung fünf Jahre alt. Damals, so sagte sie, habe sie sich für den Rest ihres Lebens angewöhnt, ihre Gedanken, ihre Gefühle und ihren Unmut zu unterdrücken.

Erwachsenen Scheidungskindern fehlt es an kommunikativen und sozialen Fähigkeiten. Darin unterscheiden sie sich wahrscheinlich nicht so sehr vom Rest der Welt. Diese Fähigkeiten scheinen allgemein rar zu sein! Und wieder lassen sich die Defizite von erwachsenen Scheidungskindern in diesem Bereich auf das Verhalten zurückführen, das sie in ihren Familien lernten und bei ihren Eltern beobachteten. Vor und während der Scheidung konzentrierten ihre Eltern sich darauf, harte Zeiten durchzustehen. Nach der Scheidung war der Elternteil, der das Sorgerecht hatte, wahrscheinlich zu sehr mit seinem Beruf und der finanziellen Versorgung der Kinder beschäftigt, um mit ihnen zu kommunizieren und auf ihre sozialen Bedürfnisse einzugehen. Außerdem haben einige erwachsene Scheidungskinder sich wahrscheinlich auch emotional und entwicklungsmäßig verschlossen. Sie waren nicht offen dafür, Neues zu lernen.

Viele Betroffene sagen, die größten Kommunikationsprobleme hätten sie in intimen Beziehungen. Manche berichten, sie hätten sogar Angst, zu fragen: »Was ist eigentlich eine Beziehung? Wie kommuniziert man da?« Andere stellen fest, daß es ihnen extrem schwerfällt, über Gefühle wie Ärger, Kummer und Angst zu sprechen. Wieder andere sagen, sie würden erwarten, daß andere ihre Gedanken lesen könnten. So müssen sie nicht die Mühe auf sich nehmen, um das zu bitten, was sie brauchen, und auch nicht das Risiko eingehen, zurückgewiesen zu werden. Ein erwachsenes Scheidungskind sagte: »Ich kann mich einfach nicht richtig ausdrücken. Seit der Scheidung meiner Eltern bin ich immer sehr schüchtern gewesen. Ich denke mir zu den meisten Situationen meinen Teil und wage nicht, irgend etwas zu sagen, weil ich Angst habe, es könnte falsch herauskommen.«

Ein erfolgreicher Arzt hat darüber nachgedacht, daß er sich in seinen Teenagerjahren durch den Trennungsprozeß seiner Eltern ständig belastet gefühlt hat. Trotzdem hat er sie nie gebeten, ihn aus ihren Streitereien herauszuhalten, und ihnen kam nie in den Sinn, daß es für ihn problematisch sein könnte, in ihre Auseinandersetzungen verwickelt zu sein. Die Folge ist, daß er als Erwachsener Kontakte meistens als eine Bürde empfindet. Er beschreibt sich selbst heute folgendermaßen: »Am liebsten wäre mir, wenn meine Patienten ihre Probleme aufschreiben und das Blatt durch den Türschlitz stecken würden. Dann würde ich einen Behandlungsplan für sie entwerfen und ihnen ebenfalls durch den Türschlitz zuschieben. Ich mag keinen direkten Kontakt mit Menschen und fühle mich von ihren Krankheiten belastet.«

Die Verhaltensmuster von erwachsenen Scheidungskindern treten bei der Arbeit und in intimen Beziehungen reichlich zutage. Die einfachsten Dinge fallen den Betroffenen sehr schwer: Bedürfnisse mitteilen, um das bitten, was sie haben wollen, und überhaupt wissen, was sie brauchen. Einige haben ihre Defizite in diesen Bereichen erkannt und angefangen, kommunikatives Verhalten zu lernen. Andere haben eine Therapie begonnen, um die Blockaden aufzulösen, die sie in ihren intimen Beziehungen behindern, und um sich mit ihrer Hilflosigkeit auseinanderzusetzen. Wenn erwachsene Scheidungskinder diese Schwierigkeiten verarbeiten und zu heilen beginnen, zeigt sich das immer ganz deutlich: Sie gewinnen ihre Stimme zurück. Sie fangen an, den Mund aufzumachen und sich für das einzusetzen, was sie haben wollen. Das ist ein notwendiges Risiko. Die Hilflosigkeit, die Kinder in einigen Scheidungsfamilien lernen, kann im Laufe ihrer späteren Heilung auch wieder verlernt werden.

Erwachsene Scheidungskinder haben ein extremes Bedürfnis nach einem Zuhause und ökonomischer Sicherheit

»Zu Hause« ist für erwachsene Scheidungskinder ein Wort, das mit vielen Emotionen befrachtet ist und zahlreiche Bedeutungen hat. Für viele Betroffene ist ein Zuhause ein sicherer Platz, an dem sie Schutz finden vor den Belastungen des Lebens und ihre Eigentümer aufbewahren. Ein ganz real gestalteter Ort, an dem sich vertraute Dinge befinden. Andere erwachsene Scheidungskinder verbinden mit »zu Hause« bestimmte Menschen, Familienmitglieder, Freunde oder beides. Ihr Zuhause ist eine Gemeinschaft von Menschen, von denen sie so akzeptiert werden, wie sie sind, eine Umgebung, in der man sie kennt und liebt und sie niemandem etwas vormachen müssen. Und schließlich ist ihr Zuhause auch ein innerer Ort, ein Gefühl von Wohlbehagen mit sich selbst, wie es in der Redewendung »Ich bin ganz bei mir« zum Ausdruck kommt.
Erwachsene Scheidungskinder benutzen all diese verschiedenen Bedeutungen von »zu Hause«, die sich manchmal bei ihnen auch überschneiden. Das Thema weckt starke Gefühle in ihnen. Eine der konkretesten Folgen der Scheidung war für die meisten von ihnen, daß ihr Zuhause sich veränderte. Nachdem durch die Scheidung zerbrach, was sie als ihr vertrautes Zuhause kennengelernt hatten, haben viele erwachsene Scheidungskinder nie wieder irgendwo ein heimatliches Gefühl entwikkelt. Ging das Sorgerecht an beide Eltern, lebten die Kinder in zwei Wohnungen. Im günstigsten Falle waren sie glücklich, zwei Familien zu haben. Manchmal aber fühlten sie sich an keinem der beiden Orte wirklich zu Hause.
Da sie ihr Zuhause durch die Scheidung auf für sie unbegreifliche Weise verloren, fühlen sich erwachsene Scheidungskin-

der wurzellos. Sie greifen zu ungewöhnlichen Mitteln, um sich ein Zuhause zu schaffen. Manchmal bleiben sie zu diesem Zweck dabei, sich gestört zu verhalten. Eine Frau erzählte, sie versuche in ihren Beziehungen zu Männern ein »Zuhause« zu finden. Sie klammert sich an einen Mann und möchte die Beziehung halten, auch wenn sie noch so hoffnungslos ist. Ein anderer Betroffener, ein Mann, sagte, er dulde, daß seine Familie sich unmöglich verhält, und ginge damit weit über den Punkt hinaus, wo andere Grenzen setzen würden, soviel Angst hätte er, sein einziges Zuhause zu verlieren. Andere erwachsene Scheidungskinder wirbeln im häuslichen Bereich herum wie die Derwische. Eine Frau beschrieb sich als »menschliches Tun« statt als menschliches Wesen. Sie möchte eine gute Ehefrau, eine erstklassige Köchin und eine perfekte Gefährtin sein, als könne sie damit wieder gutmachen, was sie als Kind verloren hat.

Eine 40jährige Frau, die sich als »extrem häuslich« beschreibt, sagte, sie hätte anderen abgeschaut, wie man eine »heimelige« Atmosphäre schafft, weil sie das als Kind nie gelernt hatte. Trotz all ihrer Anstrengungen fühlt sie sich zu Hause aber nicht sicher und glücklich. Sie fragt sich, ob ein »heimeliges Gefühl« wirklich etwas mit schön drapierten Gardinen zu tun hat, oder ob sie nicht tiefere Probleme lösen muß, bevor sie sich irgendwo zu Hause fühlen kann.

Einige erwachsene Scheidungskinder sehnen sich danach, sich irgendwo langfristig niederzulassen, stellen aber fest, daß sie ständig umziehen. Sie wandern von Ort zu Ort, ohne jemals das Zuhause zu finden, das sie sich wünschen. Viele empfinden es als eine lange Zeit, wenn sie drei Jahre an ein und demselben Ort verbringen. Sie waren als Kinder Durchreisende und sind es auch als Erwachsene.

Interessant ist die Beobachtung, daß erwachsene Scheidungskinder, die eine Zeitlang in Pflegeheimen lebten oder als Kinder mehrere Wohnsitze hatten, am stärksten betonen, ihr eigentliches Zuhause sei in ihnen. Ein 38jähriger Mann sagte, daß allein die Vorstellung von einem Zuhause ihm merkwürdig vorkäme. Er hatte in seinem Leben niemals ein Zuhause im üblichen Sinne. Für ihn ist das Gefühl, »zu Hause zu sein«, ein innerer Zustand, der sich zum Beispiel auch einstellt, wenn er mit seinem Zwillingsbruder zusammen ist. Eine Frau, die im Alter von 13 Jahren in ein Waisenheim gesteckt wurde, sagte immer wieder: »Mein Zuhause ist überall dort, wo ich bin«, und rationalisierte damit tapfer ihren wechselhaften Lebensstil. Auch wenn sie sich innerlich zu Hause fühlt, hat sie schließlich aber gesehen, daß sie doch mehr braucht, und ist heute stolz darauf, sich einen festen Wohnsitz geschaffen zu haben.

Auch das Thema ökonomische Sicherheit ist für erwachsene Scheidungskinder eine Quelle ständiger Besorgnis. Die Mehrzahl der Scheidungsfamilien erlebte infolge der Scheidung eine Verschlechterung ihrer finanziellen Situation. Untersuchungen, von denen Professorin Lenore Weitzman von der Harvard University berichtete, zeigen, daß Frauen mit Kindern unmittelbar nach der Scheidung ein durchschnittliches Absinken ihres Lebensstandards um 73 Prozent erleben, während der Lebensstandard ihrer Exehemänner durchschnittlich um 42 Prozent steigt.[10] Wenn das eine ökonomische Tendenz ist, steuern wir auf eine Zwei-Klassen-Gesellschaft mit eindeutig geschlechtsspezifischer Benachteiligung zu, in der Frauen im Vergleich zu Männern sehr schlecht abschneiden.

Ein 29jähriges erwachsenes Scheidungskind teilte mir eine Geschichte mit, die typisch für viele ist:

Seit meiner frühesten Kindheit hatte ich immer das schreckliche Bild vor Augen, daß meine Eltern meinen Bruder und mich riefen und sagten: »Wir lassen uns scheiden.« Und genau das passierte. Dann hörten wir sechs Jahre lang kein Wort mehr davon, denn so lange dauerte es, die Scheidung in die Tat umzusetzen.

Mein Vater war Unternehmensvertreter und verdiente sehr viel Geld. Wir wohnten in einem sehr schönen Haus, und mein Vater hatte ein eigenes Flugzeug und fuhr einen Mercedes. Im Laufe der sechsjährigen

Trennung meiner Eltern wurde mein Vater immer sonderbarer. Er hatte darauf bestanden, daß meine Mutter zu Hause blieb, um uns Kinder großzuziehen. Meine Mutter war ein sehr lebhafter Mensch und bemühte sich von ganzen Kräften, die perfekte Ehefrau zu sein. Und so konnte sie, als es zur Scheidung kam, keinerlei berufliche Qualifikationen vorweisen.

Mein Vater legte sein ganzes Vermögen auf Schweizer Banken an, so daß meine Mutter an das Geld nicht herankam. Er kaufte sich eine Yacht und segelte davon. Innerhalb eines Monats wechselten wir vom Leben der »reichen Leute« zu äußerster Armut. Ich hatte bislang Privatschulen besucht, jetzt ging ich auf öffentliche Schulen. Der schlimmste materielle Schlag war für mich, daß ich nicht das College meiner Wahl besuchen konnte. Mein Vater sagte, er würde lieber ins Gefängnis gehen, als für das College zu bezahlen. Bis auf den heutigen Tag weigere ich mich zuzugeben, daß mein Lebensstandard gesunken ist. Mein Einkommen liegt an der Armutsgrenze, aber ich habe inzwischen so viele Schulden, daß ich regelmäßig zu den Treffen der Anonymen Schuldner gehe.

Wenn Vater und Mutter nach der Scheidung jeder ihren eigenen Lebensstil entwickelten, bekamen die Kinder die Auswirkungen dieser unterschiedlichen ökonomischen Welten zu spüren. Eine Frau erinnert sich daran, daß der Wechsel zwischen den verschiedenen Haushalten ihrer Eltern »schizophren« war. Ihrer Mutter war das Sorgerecht zugesprochen worden, und sie lebten am Existenzminimum. Ihr Vater dagegen besaß Häuser, Limousinen und Flugzeuge. Er überschüttete sie mit Geschenken, wenn sie ihn besuchte. Wenn sie dann zu ihrer Mutter zurückkehrte, hatten sie kaum genug zu essen. »Er kaufte mir Kleider, deren Preise unsere monatlichen Ausgaben für Lebensmittel überstiegen. Als ich älter wurde, bewahrte ich die Quittungen auf und brachte die Kleider zurück, um an Geld für Mutter und mich zu kommen.«

Die meisten erwachsenen Scheidungskinder hatten Väter, die wenig oder gar keinen Unterhalt zahlten, und Väter, die die Collegekosten für die Kinder übernahmen, waren die Ausnahme. Untersuchungen bestätigen das. Wenn ihre Kinder 18 geworden sind, wollen selbst wohlhabende Väter nicht länger die finanzielle Verantwortung für sie übernehmen. Das bedeutet, daß Tausende von Scheidungskindern sich selbst das Geld fürs College verdienen müssen, denn sie haben kein Anrecht auf ein Stipendium, da zumindest ein Elternteil genug verdient, aber nicht bereit ist, für sein Kind zu zahlen.

Die finanzielle Situation von Kindern, die nach der Scheidung mit einem Stiefvater oder einer Stiefmutter aufwuchsen, sieht nicht unbedingt besser aus. Margie, eine attraktive 18jährige, erzählte mir von einer Situation, die mir wiederholt von erwachsenen Scheidungskindern beschrieben wurde. Margies Eltern ließen sich scheiden, als sie sieben war, und sie blieb bei ihrer Mutter, die wieder heiratete. Ihr leiblicher Vater hatte sich im Rahmen der Scheidungsregelung einverstanden erklärt, ihr das College zu zahlen, aber als der entsprechende Zeitpunkt kam, hielt er nicht Wort. Margies Stiefvater betrachtete es nicht als seine Aufgabe, die Rechnungen zu begleichen, und ihre Mutter hatte nicht das nötige Geld. Sowohl ihr leiblicher Vater als auch ihre Stieffamilie waren wohlhabend, aber, wie Margie bemerkte: »Ich war das Kind reicher Eltern und hatte selbst keinen Pfennig. Manchmal fühlte ich mich, als sei ich in die Kluft gefallen, die diese Scheidung gerissen hatte. Keiner kümmerte sich wirklich um mich, ich war einfach ein Kostenfaktor, für den niemand aufkommen wollte.«

Erwachsene Scheidungskinder machen sich Sorgen, ob sie es schaffen, finanziell wirklich allein klarzukommen. Einige erlebten, wie mit Geld, das offensichtlich oft knapp war, manipuliert wurde. Sie stellten fest, daß sie Spiele spielen und kämpfen mußten, um ihren Vater oder ihre Mutter dazu zu bewegen, finanzielle Absprachen einzuhalten. Da sie oft Zeuge wurden, wie Väter sich über die finanziellen Forderungen an sie beklagten oder einfach verschwanden, und Mütter zu kämpfen hatten, um mit ihren Einkünften auszukommen, haben viele erwachsene Scheidungskinder sich ein Mangelbewußtsein angewöhnt. Für einige gilt, daß ihr Leben von finanziellen Erwägungen beherrscht wird. Selbst wenn ihnen bewußt ist, daß Geld für lebensnotwendige Ausgaben gebraucht wird, geben sie es leichtsinnig aus.

Erwachsene Scheidungskinder versuchen auch, sich für die Mängel zu entschädigen, die sie als Kinder erleben mußten. Eine Frau sagte, obwohl sie wenig Geld hätte, müßte sie wenigstens nach außen hin einen wohlhabenden Eindruck machen, weil sie sich nach der Scheidung ihrer Eltern so »ärmlich« gefühlt hätte. Die Folge ist, daß sie sich teuer aussehende Kleidung kauft und zu Veranstaltungen geht, die von den Reichen besucht werden. Ein Mann nahm eine Stelle bei einer Investitionsbank an, weil er eine Arbeit wollte, die ihm ein gutes Einkommen sicherte, so daß er viel sparen konnte. In seiner Ursprungsfamilie war zwar für die grundlegenden Bedürfnisse gesorgt worden, aber es gab nie irgendwelche Extras. Er ist entschlossen, diese Erfahrung nicht zu wiederholen, obwohl er nicht sicher ist, ob die Arbeit bei der Bank wirklich seinem Berufswunsch entspricht. Sie sorgt einfach dafür, daß er sich »gut über Wasser halten« kann.

Es ist offensichtlich, daß die Probleme von erwachsenen Scheidungskindern nicht immer innerer oder psychischer Natur sind, sondern sich auch ganz materiell äußern. Viele Betroffene mußten schon in sehr jungen Jahren Veränderungen der ökonomischen Situation der Familie erleben. Diese Erfahrungen wirken sich auch heute noch nachhaltig auf sie aus. Wo und wie erwachsene Scheidungskinder leben, ob sie etwas kaufen oder mieten, ob sie einen Garten haben, welchen Beruf sie ergreifen, was sie als ihr Zuhause und wen sie als ihre Familie betrachten – das alles sind Fragen, die ihr Leben begleiten. Zu sich selbst zu finden, ist für erwachsene Scheidungskinder eine ebenso wesentliche Aufgabe wie die gesunde Auseinandersetzung mit der materiellen Welt. Für eine ausgewogene Heilung müssen sie sich sowohl ihren materiellen als auch ihren psychischen Problemen stellen und durch die Entscheidungen, die sie heute treffen, mit ihrer Vergangenheit ins reine kommen.

Erwachsene Scheidungskinder idealisieren und
beschuldigen Eltern und andere Autoritätspersonen

Offensichtlich muß in unserer Gesellschaft jeder seine Eltern-
geschichte verarbeiten. Sollte das bei erwachsenen Scheidungskindern so anders aussehen? Auch sie müssen sich mit
dem Thema »Eltern« auseinandersetzen, das bei ihnen ganz
spezifische Züge trägt, sie hartnäckig verfolgt und eben mit der
Scheidung ihrer Eltern zusammenhängt.

Ein großes Problem für erwachsene Scheidungskinder ist, daß
ihre Beziehungen zu ihren Vätern und Müttern so unterschiedlich aussehen. Auch wenn immer mehr Väter das Sorgerecht
beantragen und auch zugesprochen bekommen und das gemeinsame Sorgerecht immer üblicher wird, bleibt die Tatsache, daß die Kinder in 90 Prozent aller Scheidungsfälle bei der
Mutter als der Person leben, die das Sorgerecht hat. Die Folge
ist, daß erwachsene Scheidungskinder ihre Väter einfach nicht
kennen, vor allem dann nicht, wenn die Scheidung vollzogen
wurde, als die Kinder noch sehr klein waren. Manche erwachsenen Scheidungskinder haben überhaupt keine Erinnerungen
an ihre Väter. Eine Frau, deren Vater die Familie verließ, als
sie drei Jahre alt war, sagte: »Mein Vater war ein gutaussehen-
der Besucher, der mir zu Weihnachten, Ostern und an meinem
Geburtstag Geschenke brachte. Er kannte mich ebenso wenig
wie ich ihn.« Diese Kinder, deren Väter verschwanden oder
nur hin und wieder auftauchten, machten andere Erfahrungen
als die, die regelmäßigen Kontakt zu ihren Vätern hatten.

Einige Kinder fühlten sich stärker zu ihrem Vater hingezogen.
Er schien entspannter und emotional für sie dazusein, ganz
anders als die Mutter, die überarbeitet war und sich von ihrem
neuen Dasein als Alleinstehende überfordert fühlte. Es gibt
auch Fälle, wo die Väter die Kinder großzogen, die dann als
Erwachsene die feste Beziehung zum Vater weiterhin pflegten.
Doch die Mehrzahl erwachsener Scheidungskinder fühlt sich
ihren Vätern entfremdet.

Diese Entfremdung nimmt unterschiedliche Formen an. Erwachsenen Scheidungskindern fällt es sehr schwer, zu verstehen, warum ein Elternteil sie finanziell mittellos zurückließ, wie viele Väter es taten. Der Ärger, den der Vater auf die Mutter empfand, richtete sich manchmal auch auf die Kinder. Das war auch der Fall bei der Frau, deren Vater sein gesamtes Vermögen den eigenen Schwestern und Brüdern überließ, damit die Tochter seiner Exfrau, sein einziges Kind, es nicht bekam. Diese Frau sagte: »Ich habe nie verstanden, wofür ich bestraft wurde. Meine Mutter hat sich scheiden lassen, nicht ich.«

Andere erwachsene Scheidungskinder sahen ihre Väter nur zu besonderen Zeiten wie in den Ferien oder am Wochenende. Sie hatten keine Gelegenheit, sie in ihrem Alltag mit dem ganzen Spektrum ihrer Stimmungen und Gefühle zu erleben. Erwachsene Scheidungskinder empfinden sehr großen Schmerz darüber, daß ihre Väter nicht für sie da waren. Die Männer unter ihnen sehnen sich nach ihrem jeweiligen Vater und sind zugleich wütend auf ihn. Ein 36jähriger Mann, dessen Vater wegging, als er 13 war, erinnert sich, wie wütend er darüber war, daß sein Vater vor und nach der Scheidung nie Zeit für ihn hatte. Dieser Vater hatte kurz nach der Scheidung wieder geheiratet und war emsig damit beschäftigt, eine neue Familie zu gründen. »Ich war so fassungslos darüber, daß Vati soviel Energie dafür hatte, ein neues Baby auf seinen Knien reiten zu lassen, aber für mich nicht dasein konnte, vor allem, als ich größer wurde und wirklich einen Mann in meinem Leben gebraucht hätte. Ich kannte meinen Vater gar nicht wirklich. Ich sehnte mich danach, zu verstehen, was eigentlich tatsächlich in ihm vorging.«

Der Wunsch, den eigenen Vater kennenzulernen, ist unter erwachsenen Scheidungskindern stark ausgeprägt. Bis in ihr Erwachsenenleben hinein verspüren sie den Drang, diesen Menschen, der zu ihrem Leben gehörte und dann wegging, ganz oder wenigstens teilweise zu verstehen. Viele Betroffene glauben, daß es ihren Schmerz mildern würde, wenn sie mehr über ihren Vater erführen. Aber dieses Wissen kann sich auch als frustrierend erweisen. Ein erwachsenes Scheidungskind sagte dazu: »Jedesmal, wenn ich über meinen Vater etwas erfahre, ändert sich das Bild, so daß ich mich schließlich fragen muß, wer er denn nun eigentlich ist.«

Die Mutter ist ein völlig anderer Fall. Viele erwachsene Scheidungskinder haben in bezug auf die Mutter mit Abhängigkeit zu kämpfen. Diese Abhängigkeit gilt für beide Seiten. Einige Scheidungskinder fühlten sich sowohl in ihrer Kindheit als auch heute noch abhängig von ihrer Mutter. Manche Mütter sind bis auf den heutigen Tag auf ihre Scheidungskinder angewiesen. Viele Scheidungskinder bekommen Schuldgefühle, wenn sie als Erwachsene ihre Mutter verlassen.

Mehrere erwachsene Scheidungskinder haben unmittelbar nach der Scheidung erlebt, daß ihre Mütter sie auf ungute Weise an sich banden. Sie bekamen zu hören, daß sie mehr Verantwortung übernehmen müßten, weil sie der einzige Mensch seien, auf den die Mutter sich jetzt verlassen könne. Eine Frau, die mit 20 heiratete, sagte, ihre Mutter habe alles getan, was in ihrer Macht stand, um ihre Tochter davon zu überzeugen, daß deren Ehe nicht gutgehen würde, und wer sollte ihr, der Mutter, denn helfen, wenn sie zuließ, daß ihre Tochter heiratete? Diese Frau sagte, sie fühlte sich total kontrolliert von ihrer Mutter. Sie heiratete trotzdem, hatte aber noch jahrelang Schuldgefühle.

Viele erwachsene Scheidungskinder erzählen, wie schwer es ihnen gefallen sei, aufs College zu gehen oder in eine eigene Wohnung zu ziehen. Sie machten sich die größten Sorgen um ihre Mutter. Wenn sie als letztes Kind auszogen, schoben sie den Umzug manchmal jahrelang hinaus. Selbst in den Fällen, wo die Mutter darauf bestand, gut allein zurechtzukommen, fühlten die jungen Erwachsenen sich ihrer Helferrolle verpflichtet.

Einige hatten ganz außergewöhnliche Mütter, die ihre Kinder unterstützten, ohne sich wie Märtyrerinnen zu gebärden. Mehrere erwachsene Scheidungskinder gaben dem Respekt für ihre Mutter Ausdruck, die ohne jede Hilfe von außen die Restfamilie zusammenhielt. Ein junger Mann von 25 Jahren, der gerade am Anfang seiner eigenen Karriere steht, sprach voller Bewunderung über seine Mutter. Er sagte: »Wenn ich sehe, was es heißt, eine Familie finanziell und emotional zu versorgen, staune ich wirklich darüber, was Mutti nach der Scheidung zustande gebracht hat. Sie war einfach phantastisch. Ich gehöre nicht zu den erwachsenen Scheidungskindern, die das Gefühl haben, bei ihrer Mutter bleiben und sich um sie kümmern zu müssen. Tatsächlich ist es so«, fuhr er lachend fort, »daß ich ganz gern bei ihr bleiben und mich weiter von ihr verwöhnen lassen würde.«

Wie die Väter waren auch die Mütter nach der Scheidung manchmal für ihre Kinder emotional nicht da. Sie waren müde, wenn sie den ganzen Tag gearbeitet hatten. Der ganze Streß der Alleinerziehenden lastete auf ihnen. Sie knüpften neue Kontakte und heirateten wieder. Manchmal waren die Kinder lange Zeit anderen Betreuern überlassen oder wurden zu Verwandten geschickt. Da die Kinder soviel Verantwortung übernehmen mußten, äußerten sie ihre eigenen Bedürfnisse nicht. Oft wußten sie noch nicht einmal, was sie brauchten. Sie fühlten sich innerlich leer und ungeliebt, was viele als Erwachsene immer noch empfinden.

Erstaunlich viele erwachsene Scheidungskinder haben um den Elternteil, der nicht das Sorgerecht hatte, Mythen gesponnen, um an ihren Illusionen über ihn festhalten zu können. Väter waren häufiger Gegenstand dieser beschönigenden Mythen, weil sie öfter abwesend waren als die Mütter. Mütter bekommen offensichtlich mehr Kritik ab als Väter, die idealisiert werden. Selbst wenn sie ihren Vater als schroff, egoistisch und verantwortungslos erlebten, ignorieren erwachsene Scheidungskinder diese Erfahrungen und betrachten ihn als warmherzigen, großzügigen und liebevollen Menschen. Wenn sie die Fehler der Eltern nicht verleugnen konnten, dachten sie sich raffinierte Begründungen dafür aus. Oft entschuldigten erwachsene Scheidungskinder das Verhalten eines Elternteils, indem sie dem anderen Schuld daran gaben. (»Er wäre nie so gewalttätig geworden, wenn meine Mutter ihn nicht so gedrängt hätte.«)

Ein 25jähriger begabter Musiker, der bereits zahlreiche Musikwettbewerbe gewonnen hat, aber ein kaum bekanntes College besuchte, weil er selbst für seinen Lebensunterhalt aufkommen mußte, verteidigte die Unfähigkeit seines Vaters, zu seiner College-Erziehung beizutragen, beharrlich. Er bestand darauf, daß die Weigerung seines Vaters, ihm zu helfen, darauf beruhte, daß der Scheidungsprozeß mit enormen Kosten verbunden war. In Wirklichkeit betrug das Nettoeinkommen seines Vaters 95.000 Dollar im Jahr, eine Tatsache, die der Sohn sich weigerte zu sehen, so stark war sein Bedürfnis, seinen Vater zu schützen, und sich vor der Enttäuschung zu bewahren, sehen zu müssen, daß der Vater es bewußt ablehnte, seinen Sohn finanziell und emotional zu unterstützen.

Erwachsene Scheidungskinder können von den Erfahrungen, die sie im Verlauf der Scheidung mit ihren Eltern machen, ihr ganzes Leben lang verfolgt werden. Das zeigt sich auch an der Tatsache, daß sie sich weigern, ihre Eltern und andere Autoritätspersonen als die Menschen zu sehen, die sie wirklich sind. Oft erwarten sie von Autoritäten Dinge, die sie von ihren Eltern nie bekommen haben – bedingungslose Liebe und Akzeptanz. Viele erwachsene Scheidungskinder mußten hart an ihrer Beziehung zu Vorgesetzten und anderen Autoritäten arbeiten. Vielleicht stellen sie fest, daß sie wütend auf ihren Chef sind, um dann entdecken zu müssen, daß ihre Wut gar nicht wirklich ihm gilt, sondern ihren Eltern. Oder sie engagieren sich mit Feuereifer für eine Arbeit und machen sie zu ihrem Lebensinhalt, weil ihr Chef ihnen ständig schmeichelt. Erwachsene Scheidungskinder arbeiten sich fast zu Tode, um gelobt zu werden, und nicht weil ihnen die Arbeit wirklich so gut gefällt.

Häufig haben erwachsene Scheidungskinder zu Eltern und Autoritäten eine widersprüchliche Einstellung: Einerseits idealisieren sie sie, andererseits machen sie ihnen Vorwürfe. Viele erwachsene Scheidungskinder kennen dieses Schwarzweißdenken aus der Beziehung zu ihren Eltern. Vati machte nie etwas falsch, Mutti war schrecklich – oder umgekehrt. Diese Einstellung änderte sich im Laufe ihres Heranwachsens, aber die grundlegende Tendenz, Menschen zu idealisieren oder zu beschuldigen, wurde beibehalten.

Marilyn ist ein erwachsenes Scheidungskind, das von seinen Eltern während der Scheidung seelisch mißbraucht wurde. Ihre Mutter versprach ihr ständig Spielzeug, das sie dann nicht kaufte. In letzter Minute gab sie die Sachen wieder zurück und behauptete, sie könne sie sich wegen der Scheidung nicht leisten. Marilyns Vater stand stumm dabei, ohne sich dafür zu entschuldigen oder zu protestieren. »Ihre Grausamkeit und seine Stummheit waren für mich wie Schläge ins Gesicht«, sagte sie. Marilyn muß staunen, wie sehr sie ihre Eltern in Gedanken trotzdem immer noch verteidigt. »Ich erfinde Entschuldigungen für sie, wie ›sie müssen so gelitten haben‹ oder ›sie haben einfach nicht gewußt, was sie mir antaten‹. Ich weigere mich wirklich, mir einzugestehen, daß sie verantwortlich dafür waren, wie sie mich behandelten«, sagte sie abschließend. Als Erwachsene überträgt Marilyn ihre Wut jetzt auf Autoritätspersonen. An ihrer Arbeitsstelle machen die Leute einen großen Bogen um sie. Vorgesetzte berichten, daß sie Launen habe und nicht bereit sei, die üblichen Aufgaben zu übernehmen. Sie ist bekannt dafür, daß sie mit Wutanfällen und Zynismus reagiert, wenn Autoritäten sie ansprechen. Man muß wohl nicht noch erwähnen, daß sie nie lange bei einer Firma bleibt.

Ein anderes erwachsenes Scheidungskind, eine Frau, hat die ersten 15 Jahre ihres Erwachsenenlebens damit verbracht, ihre Eltern anzuklagen und Menschen in höheren Positionen zu idealisieren. Nach einer gründlichen Therapie erkannte sie, daß weder ihre Eltern noch ihre Chefs diese Behandlung verdienten. Diese Frau machte die Entdeckung, daß sie ihre Mutter und ihren Vater als Individuen betrachten kann, denen sie nicht mehr schematisch zuschreibt, »Mutti sollte so und so sein und das und das tun … Vati sollte so und so sein und das und das tun.«

Die Verwirrung, die erwachsene Scheidungskinder in bezug auf Eltern und Autoritätspersonen empfinden, überträgt sich oft auf sämtliche Erwachsene. Über die Hälfte von ihnen sagt, daß sie Erwachsenen selbst heute noch nicht vertrauen. Scheidungskinder tun sich überhaupt schwer mit Vertrauen. Sie haben die Erfahrung gemacht, daß ihr Vertrauen in ihrer Scheidungsfamilie mißbraucht wurde, da die Menschen, denen sie glaubten, vertrauen zu können, sie körperlich oder emotional allein ließen. Diese Vorsicht äußert sich bei ihnen auf verschiedene Weise. Einige prüfen andere Menschen sorgfältig, um zu sehen, ob sie ihr Vertrauen verdienen. Sie werden so ausführlich befragt, daß sie sich verhört fühlen. Einige erwachsene Scheidungskinder vertrauen nur Männern oder nur Frauen. Sie haben meistens nur wenig enge Freundinnen und Freunde. Mehrere erwachsene Scheidungskinder geben zu, daß sie sich selbst nicht für vertrauenswürdig halten, und das macht es ihnen fast unmöglich, anderen Vertrauen entgegenzubringen. Da gibt es aber auch die 26jährige, die sagte: »Ich möchte gerne allen Menschen vertrauen, also teile ich mich ihnen sofort mit und fühle mich dann verletzt und im Stich gelassen, wenn sie mein Vertrauen brechen.« Ihr Problem ist, daß sie allen Menschen vertrauen möchte, in Wirklichkeit aber niemandem vertraut.

Ganz gleich, ob erwachsene Scheidungskinder ihre Eltern idealisieren oder beschuldigen, das Resultat bleibt das gleiche: Sie sehen sie nicht als die Menschen, die sie wirklich sind. Erwachsene Scheidungskinder halten an ihren Illusionen fest, indem sie aus ihren Eltern andere Menschen machen, als diese tatsächlich sind. Sie suchen einen Schuldigen, den sie für die gescheiterte Ehe und die zerstörte Familie verant-

wortlich machen können. Dieses Suchen nach einem Ange-
klagten ist anstrengend. Erwachsene Scheidungskinder sehen
nicht, daß sie die Verantwortung für ihre eigenen Gefühle
von sich schieben, wenn sie andere Menschen beschuldigen
oder idealisieren. Es gibt manchmal für Kindheitsprobleme
keine einfachen Lösungen. Erwachsene Scheidungskinder
können das Verhalten ihrer Eltern nicht kontrollieren, sehr
wohl aber den eigenen Schmerz spüren, der die Beziehung
zu ihren Eltern begleitet.

Scheidungskinder müssen als Erwachsene lernen, Menschen
ganz realistisch zu sehen. Je länger sie an ihren Illusionen festhalten, desto stärker gerät ihr Lebensprozeß ins Stocken. Ein
Satz, den ich oft von erwachsenen Scheidungskindern hörte,
lautet: »Meine Eltern haben nach bestem Wissen und Gewissen gehandelt.« Es ist wichtig, diesen Satz nicht zu benutzen,
um dem Schmerz über die Scheidung aus dem Wege zu gehen.
Manchmal haben die Eltern nicht nach bestem Wissen und
Gewissen gehandelt, sondern haben vielleicht blindlings aus
ihrer eigenen gestörten Vergangenheit heraus gehandelt und
sie an ihre Kinder weitergegeben. Auch Eltern können Opfer
ihres Erbes sein. Ein Mann machte seine enorme Frustration
über diesen Teufelskreis deutlich, als er sagte: »Es endet damit,
daß die Kinder die Eltern scheiden, nur um überleben zu können.« Ganz gleich, wie schrecklich oder wunderbar ihre Familie war, erwachsene Scheidungskinder stehen vor der Aufgabe,
mit der Wahrheit über ihre Vergangenheit aufrichtig zu leben.
Wo Illusionen vorherrschen, kann es kein Vertrauen geben.

Erwachsene Scheidungskinder haben
unrealistische Erwartungen an ihre Beziehungen und Ehen

Wenn erwachsene Scheidungskinder nicht zum Einsiedler
werden wollen, kommen sie an Beziehungen nicht vorbei.
Meistens entstehen in jeder Beziehung, die erwachsene Scheidungskinder eingehen, Probleme mit Nähe. Sie haben unreali-

stische Erwartungen an Beziehungen und an eine Ehe. Viele von ihnen sagen: »Ich möchte nicht die gleichen Fehler machen wie meine Eltern.« Wenn sie sich ihren Beziehungsproblemen aber nicht stellen, werden erwachsene Scheidungskinder diese Fehler mit ziemlicher Sicherheit wiederholen. Es gibt mehrere Punkte, die die Haltung charakterisieren, mit der erwachsene Scheidungskinder an Beziehungen herangehen. Wenn sie sich mit diesen Themen auseinandersetzen, machen sie einen ersten Schritt in Richtung Veränderung.

Erwachsene Scheidungskinder haben keine klare Vorstellung davon, wie normale Familien, Beziehungen und Nähe aussehen. Diese Tendenz finden wir auch bei erwachsenen Kindern von suchtkranken und gestörten Familien. Auch sie wissen nicht, was »normal« ist. Sie haben ihre Gestörtheit so lange als ihre einzige Realität definiert, daß sie sie als Maßstab für sämtliche Abläufe in Beziehungen benutzen. Ähnlich sieht die Erfahrung von erwachsenen Scheidungskindern aus, die in Familien aufwuchsen, welche als geschlossenes System operierten. Ihr Familiensystem agierte auf der Grundlage einer verengten Sicht. Die Kinder wurden von ihren familiären Erfahrungen absorbiert, ohne einen Blick nach draußen zu werfen. Diese Erfahrungen verkrüppelten die Kinder, nahmen sehr viel Zeit und Aufmerksamkeit in Anspruch und hinderten sie daran, neue Verhaltensweisen zu lernen. Die Scheidungsfamilie wurde zur einzigen Realität der Kinder, und sie hatten keinerlei Anhaltspunkte für Handlungsalternativen.

Eine Frau berichtete, ihre Familie hätte ein Geheimnis daraus gemacht, wie verheerend die Scheidung war. Sie hatte als Mädchen das Gefühl, ihre Familie zu verraten, wenn sie über ihre Erfahrungen sprach. Durch ihr Schweigen verhinderte sie Nähe zu anderen. Sie mußte immer den Anschein wahren, als ginge es ihr »bestens«.

Das Familiengeheimnis wahren und so tun, als ginge es allen gut, heißt, das gestörte Verhalten fortzusetzen. Das hinderte die Kinder daran, um Hilfe zu bitten und von anderen zu lernen.

Wollten erwachsene Scheidungskinder sich verstohlen umschauen, um herauszufinden, wie andere mit so wichtigen Lebensfragen wie Beziehungen und Intimität umgingen, welche Maßstäbe anderswo galten und was sie als Anleitung übernehmen konnten, wandten sie sich ans Fernsehen, Kinofilme und ihre eigenen Phantasien. Das führte zu einer gewissen Rigidität im Denken und brachte sie dahin, zu glauben, sämtliche anderen Familie seien »normal«, und nur sie seien anders. Viele erwachsene Scheidungskinder waren überrascht, als sie entdeckten, daß auch andere schweigend litten. Viele von ihnen lernten, während sie heranwuchsen, anderen etwas vorzumachen.

Scheidungskinder fühlen sich unter Gleichaltrigen isoliert. Kinder, deren Eltern sich noch vor Beginn der siebziger Jahre scheiden ließen, in denen schließlich 50 Prozent aller verheirateten Paare die Scheidung einreichten, schämten sich und fühlten sich unter Freundinnen und Freunden aus intakten Familien fehl am Platz.

Ein 40jähriges erwachsenes Scheidungskind, einziges Kind eines Pfarrers und seiner Frau, lebte mit seiner Familie in einer kleinen Stadt in einem religiös und politisch konservativen Landesteil. Als Carol mir ihre Geschichte erzählte, weiteten sich ihre Augen bei der Erinnerung an die Ereignisse, die die Scheidung begleiteten. Sie sagte: »Meine Mutter reichte die Scheidung ein. Glücklicherweise dauerte die Phase vor der Scheidung nur ein halbes Jahr, aber das kam mir vor wie eine Ewigkeit. Da sie die Frau des Pfarrers war, wurde meine Mutter in dieser Stadt als teuflische Hure betrachtet, und ich gehörte irgendwie zu ihr. Mein Vater, der Pfarrer, verbreitete christliche Plattheiten, tat aber nichts, um die Gemeinheiten zu verhindern, die in unsere Richtung zielten. Fast über Nacht verlor ich meine Spielgefährten, da keinem Kind erlaubt wurde, mit mir zusammenzusein. Ich fühlte mich wie eine Ausgestoßene. Meine Mutter und ich konnten unmöglich in dieser Stadt bleiben, obwohl meine Mutter hier geboren war. Wir verließen sie also im wahrsten Sinne des Wortes bei Nacht und Nebel, und ich bin nie dorthin zurückgekehrt, so schmerzlich sind meine Erinnerungen an diesen Ort.«

Das soziale Stigma, das Scheidungen anhaftet, hat überlebt, so daß eine Scheidung selbst heute noch bei vielen Menschen unangenehme Assoziationen auslöst. Ein erwachsenes Scheidungskind sprach für viele, als es sagte: »Ich habe immer das Gefühl gehabt, mit dem Rest der Welt nicht mitzukommen und irgendwie zurückgeblieben zu sein. Ich habe mich immer verhalten, als gehörte ich einer sozialen Randgruppe an.« Dazu kommt, daß erwachsene Scheidungskinder sich nicht immer um Beziehungen zu Gleichaltrigen bemüht haben, weil die familiären Ereignisse sie so stark in Anspruch nahmen.

Wahrscheinlich ist kein Lebensbereich für erwachsene Scheidungskinder so problematisch wie Beziehungen. Die meisten von ihnen hatten schlechte Vorbilder für das Verhalten in Beziehungen. In vielen Fällen waren die Beziehungen der Eltern von Aggressionen, Heimlichtuerei und Machtspielen geprägt. Persönliche Grenzen wurden überschritten. Erwachsenen Scheidungskindern war klar, daß etwas mit diesem Beziehungsverhalten nicht stimmte, aber das war auch alles, was sie wußten. Es gab keine eindeutigen Alternativen. Folglich haben sie auch als Erwachsene mit Beziehungen zu kämpfen. Gelegentlich beschließen sie, intime Beziehungen überhaupt nicht zu riskieren.

Viele stellen fest, daß sie sich zu Menschen hingezogen fühlen, die für eine Beziehung nicht offen sind. Ein erwachsenes Scheidungskind, eine Frau, die bekannte, nicht zu wissen, wie eine gesunde Beziehung auszusehen habe, wechselte ständig von einem Mann zum anderen. Sie war auf der Suche nach sofortiger Intimität. Sie glaubte, Beziehungen fingen in einer Art Rausch an. Wenn sie dann Wochen später aufwachte, fragte sie sich: »Was zum Teufel mache ich hier eigentlich?«

Erwachsene Scheidungskinder gehen völlig in den Bedürfnissen anderer Menschen auf. Ein Mann schreibt, daß er die Trennung seiner Eltern überlebte, indem er ihnen lieferte, was sie sehen und hören mußten. Dabei blieb er selbst völlig unsichtbar und wurde wütend, weil seine Bedürfnisse nicht erfüllt wurden. Dieser Mann stellt fest, daß er Menschen anzieht, die seinen Eltern gleichen und Ähnliches durchmachen wie diese. »Dann stürze ich mich darauf, ihnen zu helfen, damit sie nicht die gleichen Fehler machen.« In dem Maße, wie er lernt, ein Selbstgefühl zu entwickeln und mit seinen Bedürfnissen hervorzutreten, macht er auch die Erfahrung, daß er zulassen kann, gehört und gesehen zu werden. Er muß sich nicht mehr verstecken, um zu überleben.

Erwachsene Scheidungskinder bringen der Ehe und anderen Verbindlichkeiten die gleiche Angst entgegen wie Beziehungen. Hier treffen wir wieder auf das typische Schwarzweißdenken von erwachsenen Scheidungskindern. Einige vertreten die Haltung: »Eine Ehe ist keine große Sache. Wenn's mir nicht gefällt, gehe ich eben.« Die andere Einstellung lautet: »Diese Ehe muß für immer sein. Ich werde das Risiko zu heiraten erst dann eingehen, wenn ich sicher bin, daß die Ehe hält.«

Es gibt Daten, aus denen hervorgeht, daß erwachsene Scheidungskinder eher dazu neigen, sich scheiden zu lassen, als Menschen, deren Eltern eine intakte Ehe führten. Mehrere Theoretiker bemühen sich zu erklären, warum das der Fall ist.[11] Eine Untersuchung weist darauf hin, daß erwachsene Scheidungskinder die Tendenz haben, früher zu heiraten als Kinder aus intakten Familien. Sie stürzen sich auf Beziehungen, die ihnen einen Ausweg aus ihrer gestörten Familie bieten. Erwachsene Scheidungskinder fühlen sich zu vertrauten Situationen hingezogen, auch wenn diese gestört sind. Sie suchen einen Weg, ihren Schmerz zu betäuben, und möchten irgendwo dazugehören.

Eine weitere Möglichkeit ist, daß erwachsene Scheidungskinder die Ehe von Anfang an nicht ernst nehmen. Sie erwarten gar nicht erst, daß die Ehe gutgeht, also geben sie auch nicht ihr Bestes. Dahinter steht die oben erwähnte Haltung: »Wenn's mir nicht gefällt, gehe ich eben.«

Und schließlich kann gelten, daß erwachsene Scheidungskinder eine Ehe oder feste Beziehung antreten, ohne ein Gefühl für sich selbst zu haben und wenig erfahren darin sind, eine Beziehung aufzubauen. Mehrere erwachsene Scheidungskinder bekannten, sie hätten erwartet, daß ihr Partner oder ihre Partnerin all ihre Bedürfnisse erfüllt. Sie konnten sich nicht vorstellen, für ihre Bedürfnisse selbst verantwortlich zu sein. Diese Menschen klammerten sich an ihre Partner und befrachteten sie mit der unmöglichen Last, ihnen alles zu sein. Bei diesen Erwartungen mußte ihr Partner natürlich versagen. Erwachsene Scheidungskinder wissen nicht, daß sie sich ein Unterstützungsnetzwerk aufbauen müssen, damit ihre komplexen Bedürfnisse erfüllt werden.

Es ist unrealistisch, einen Partner oder eine Partnerin zu bitten, alles für uns zu sein. Ebenso könnten wir einen Menschen bitten, perfekt zu sein. Und wenn wir von unseren Partnern erwarten, daß sie Dinge für uns tun, die wir selbst nicht für uns tun, steuern wir auf eine Katastrophe zu. Eine Frau schaffte sich ihre hoffnungslose Situation folgendermaßen: Zuerst heiratete sie mit der Erwartung, die Ehe würde sie für ihre schwere Kindheit entschädigen. Dann wartete sie darauf, daß ihr Partner ihre Gedanken las, und sie versuchte, auch seine Wünsche zu erraten. Wenn er ihre Bedürfnisse oder Stimmungen nicht intuitiv erfaßte, fühlte sie sich verletzt und zog sich schweigend und schmollend zurück. Sie kamen nur wieder zusammen, wenn er ihr Problem schließlich doch noch herausfand oder sich wortreich entschuldigte (für Dinge, die er seines Wissens gar nicht getan hatte!). Dann fühlte sie sich unterstützt und kam aus ihrer dunklen Wolke wieder hervor. Wenn ihr Mann sich entschuldigt hatte, fühlte sie sich ihm viel näher. Sie hielt diesen Ablauf für in Ordnung, weil sich ihr Vater in ihrer Scheidungsfamilie – so argumentierte sie – niemals entschuldigt hatte. Dieses Verhalten setzte sie in verschiedenen Variationen fünf Jahre lang fort, dann bat ihr Ehemann sie um die Scheidung. Er sagte, er fühle sich als Opfer geistiger Folter, da er sowohl für ihre als auch für seine Stimmungen die Verantwortung tragen müsse und unter ihrer Erwartung, der perfekte Gedankenleser zu sein, zusammenbreche. Die Frau war erstaunt, weil sie sich in der Ehe gut fühlte, vielleicht, weil sie nichts für die Beziehung tun mußte. Ihr Mann hatte die Arbeit für beide erledigt.

Ehe und feste Beziehungen sind selten eine Lösung für all die Probleme, die erwachsene Scheidungskinder mit sich herumtragen. Durch das verbindliche Einlassen auf eine Beziehung hören die Schwierigkeiten nicht auf, sondern können sogar noch größer werden. Viele erwachsene Scheidungskinder haben mir anvertraut, daß ihre Kindheitserfahrungen ihnen nach wie vor sehr viel Schmerz bereiten. Erwachsene Scheidungskinder haben Beziehungen angefangen, um sich abzulenken und mit ihrem Schmerz nicht in Berührung zu kommen. Ehe und feste Beziehungen bieten die Möglichkeit, sich mit der Vergangenheit zu versöhnen und es dort besser zu machen, wo die Eltern versagt haben. Folglich konzentrieren sich viele erwachsene Scheidungskinder ganz auf Beziehungen, ohne sich zuerst einmal auf sich selbst und ihre eigene Genesung einzulassen.

Erwachsene Scheidungskinder haben festgestellt, daß sie zuerst eine Beziehung zu sich selbst entwickeln müssen. Solange sie diese primäre und grundlegende Beziehung nicht herstellen, sind sie nicht in der Lage, eine Verbindung mit einem anderen Menschen einzugehen. Leider stammen die meisten Schwierigkeiten von erwachsenen Scheidungskindern daher, daß sie »außen« nach jemandem (Partnerin oder Partner) oder etwas (Ehe) suchen, was sie heilen soll. Der erste Schritt besteht aber darin, sich nach innen zu wenden. Wenn wir Nähe zu uns selbst entwickeln, können wir uns auch auf andere beziehen und wissen, wie wir um das bitten können, was wir brauchen.

Teil II
Der Heilungsprozeß

1 Genesung und Heilung

Wenn Sie sich mit den typischen Wesenszügen von erwachsenen Scheidungskindern aus dem letzten Kapitel identifiziert haben, fühlen Sie sich jetzt vielleicht völlig überfordert und hoffnungslos. Vielleicht setzt an diesem Punkt die für Sie typische Hilflosigkeit ein, und Sie möchten am liebsten alle Bemühungen um ein besseres Verhalten in Beziehungen aufgeben. Ich möchte Sie aber ermutigen, hier nicht stehenzubleiben. Wenn Sie sich bewußt mit den für erwachsene Scheidungskinder typischen Wesenszügen identifizieren, sind Sie den halben Weg schon gegangen. Sollten Sie sich in einigen der beschriebenen Situationen und Verhaltensmuster wiedererkannt haben, kann diese Erfahrung beängstigend sein – aber auch eine Erleichterung. Jetzt ist es Zeit, weiterzugehen und an Ihren Gefühlen und Verhaltensweisen zu arbeiten.

Bevor ich über spezielle Hilfsmittel für erwachsene Scheidungskinder schreibe, möchte ich einige generelle Erwägungen darlegen. Dabei handelt es sich um allgemeine Prinzipien, die Sie meines Erachtens im Gedächtnis behalten müssen, wenn Sie sich auf den Weg machen, von Ihren Erfahrungen als erwachsenes Scheidungskind zu genesen.

Wie die Scheidung ist auch die Heilung ein Prozeß

Es ist wichtig, sich daran zu erinnern, daß Sie sich die für erwachsene Scheidungskinder typischen Wesenszüge im Verlauf eines langen Prozesses angeeignet haben. Sie haben sich nicht über Nacht einen Virus zugezogen, um dann am nächsten Morgen mit sämtlichen Symptomen eines erwachsenen Scheidungskindes aufzuwachen. Es gab in Ihrer Scheidungsfamilie intensive und stillere Zeiten. Der Prozeß zog sich über lange Zeit hin. Vielleicht existieren bestimmte Ereignisse in bezug auf die Scheidung heute in Ihrer Erinnerung nur noch verschwommen, aber als Sie mittendrin steckten, haben diese Ereignisse sich tagtäglich auf Sie ausgewirkt, selbst wenn Sie dachten, sie würden Ihnen nichts ausmachen.

Auch die Heilung ist ein Prozeß. Ich benutze hier bewußt den Begriff »Heilung«. Der gestörte Scheidungsablauf war wie eine Krankheit oder ein chronisches Leiden. Sie sind kein schlechter Mensch, nur weil Sie von dieser Krankheit befallen waren. Wir sagen auch nicht, daß ein Mensch schlecht ist, wenn er sich eine Grippe zugezogen hat. Er ist dann einfach krank. Ich betrachte Ihre Probleme als erwachsenes Scheidungskind also als Krankheit, für die Sie anfällig waren, weil das Immunsystem Ihrer Familie nicht stark genug entwickelt war. Ihre Widerstandskraft war herabgesetzt, und so haben Sie sich angesteckt. Die Heilung ist dann ein fortlaufender Prozeß. Es wäre überheblich, zu glauben, irgend jemand von uns besäße ein schnell wirkendes Wundermittel gegen familiäre Gestörtheit. Sie müssen beim Heilungsprozeß Ihr eigenes Tempo gehen und die Probleme nach und nach lösen, so wie sie sich zeigen. Jeder Schritt bringt Sie weiter auf Ihrem Weg der Genesung, dafür brauchen Sie Zeit und Ruhe.

Die Vergangenheit ist das Problem Ihrer Eltern, die Gegenwart aber Ihr eigenes

Wenn wir Menschen Vorwürfe machen, hat das vielleicht eine kathartische Wirkung, ist aber selten produktiv. Wenn Sie ständig Gedanken nachhängen wie: »Hätten meine Eltern doch nur ...«, treten Sie einfach auf der Stelle. Viele erwachsene Scheidungskinder haben geäußert, wie sinnlos es ist, sich im nachhinein zu wünschen, die Dinge wären anders gewesen. Einige erwachsene Scheidungskinder fühlen sich durch die Scheidung ihrer Eltern blockiert. Sie sehen in diesem Ereignis den Beginn all ihrer Schwierigkeiten. Sie fragen sich immer wieder: »Warum?«, als würde die Antwort darauf eine Lösung bringen. Diese Haltung dient als Vorwand, ihr Leben nicht zu leben.

Während meiner Vermittlungstätigkeit bei Scheidungen und Sorgerechtsfragen sowie beim Vorbereiten und Schreiben dieses Buches habe ich mich oft gefragt, wie frühere Generationen wohl gelebt haben, wo doch so wenige Erwachsene etwas über Beziehungen und Familie wissen. Dieses Defizit wird erst heute deutlich. Kolleginnen und Kollegen erinnerten mich daran, daß diese Generation mit der Weltwirtschaftskrise, dem Zweiten Weltkrieg, dem Koreakrieg und Vietnam aufgewachsen ist, alles katastrophale Ereignisse. Diese Menschen hatten so gut wie gar keinen Zugang zu Therapien oder Selbsthilfegruppen. Psychologen waren für die »wirklich Verrückten« da, und Alkoholiker galten als »willensschwache Menschen«. Diese Generation wußte nicht, wie man sich Unterstützung holt, und wenn Menschen sich nach Hilfe umschauten, gab es nur wenig wirklich gute Möglichkeiten. Vielleicht versuchten sie die Zähne zusammenzubeißen, und oft ließen sie ihre Frustration einfach an ihrer Familie aus.

Ganz gleich, was Ihre Eltern taten oder versäumten, Sie leben Ihr Leben jetzt, und es ist *Ihr* Leben. Wenn Sie Ihre Vergangenheit respektieren und anfangen, sie ehrlich zu betrachten, unterstützt Sie das in Ihrer Genesung. Letzten Endes müssen

Sie die Verantwortung für Ihr Leben selbst übernehmen. Sie müssen sich auf die Gegenwart konzentrieren und nicht auf »die anderen« oder die Vergangenheit.

Probleme, die Sie als Kind nicht gelöst haben, übertragen Sie auf Ihr Erwachsenenleben

Meine Kollegin Dr. Anne Wilson Schaef hat beobachtet, daß das menschliche System ökologisch ausgerichtet ist. Wir »recyceln« unser altes Material (sie würde sagen, unseren »Mist«) so lange immer wieder, bis wir uns damit auseinandersetzen. Dann können wir es loslassen und müssen uns nicht mehr darum kümmern. Das ist eine wichtige Lektion für erwachsene Scheidungskinder, die Sie anspornen sollte, mit Ihren alten Problemen »aufzuräumen«.

Wahrscheinlich werden Sie sehr häufig zu sämtlichen Ereignissen der Scheidung zurückkehren und dabei den Verlust Ihrer Grenzen, Ihre Angst vor Intimität und Ihr extremes Bedürfnis nach Kontrolle vor Augen haben. Diese alten Prozesse werden Sie so lange quälen, bis Sie sich damit beschäftigen.

Ihre Gegenwart bietet Ihnen viele Gelegenheiten, sich mit Ihrer Vergangenheit auseinanderzusetzen, und zwar in Form von Erlebnissen, die wir »Auslöser« nennen. Diese Auslöser sind ein Hinweis darauf, daß Sie noch altes Material aufarbeiten müssen. Auslöser sind gegenwärtige Gefühle oder Ereignisse, die altes Material zutage bringen, frühere Erlebnisse, die Sie zur Zeit ihres ursprünglichen Auftauchens nicht verarbeitet haben.

Ein Beispiel: Ein erwachsenes Scheidungskind, eine Frau, kaufte eine neue Wohnung, und ihre Familie und sie bereiteten sich auf den Umzug vor. Mehrere Tage vor dem Umzug und auch am Umzugstag selbst war sie gereizt, launisch und verspürte das Bedürfnis, sich zu verstecken. Sie verhielt sich total kontrollierend und verstärkte damit nur noch den Umzugsstreß ihrer Familie. Glücklicherweise teilte eine ihrer Freundinnen ihr mit, wie sie sie empfand: »Ich finde, du reagierst so übertrieben auf den Umzugsstreß, daß ich mich frage, ob noch etwas anderes in dir vorgeht. Versuche doch einmal, das herauszufinden.« Daraufhin nahm die Frau sich Zeit für sich. Sie setzte sich hin und spürte nach, und schon bald wurde sie von Erinnerungen und Gefühlen überschwemmt. Sie erinnerte sich daran, daß ihre Ursprungsfamilie häufig umgezogen war. Jeder Umzug war voller Schrecken gewesen und ging einher mit Verlustgefühlen und der Angst vor der Begegnung mit neuen Menschen. Ihr augenblicklicher Umzug war nur der Auslöser, der sie an alte, unverarbeitete Prozesse aus der Kindheit erinnerte.

Auf dem Wege Ihrer Genesung ist es wichtig, daß Sie Auslöser als solche erkennen. Hätte die Frau sich nur auf ihre augenblickliche Gereiztheit konzentriert, hätte sie die Gelegenheit verpaßt, einen Prozeß aus ihrer Vergangenheit zu verarbeiten, der dann ständig wieder aufgetaucht wäre. Ihre Familie würde bei weiteren Umzügen dann nur noch die Schultern zucken und sagen: »Mutti hat immer solche Launen, wenn wir umziehen«, und Mutti würde ihre Launen völlig ungerecht an ihrer Familie auslassen. Ihre Familie verdient das nicht, denn sie hat nichts mit alledem zu tun. Wenn sie sich jedoch die Zeit nimmt, ihre alten Gefühle noch einmal zu spüren und herauszufinden, wo sie herstammen, befreit sie sich davon und kann ihr Leben weiterleben, ohne daß diese Emotionen bei weiteren Umzügen immer wieder ausgelöst werden.

Ein anderes Beispiel für das Auslösen alter Prozesse erzählte mir eine 65jährige Frau. Ich glaube, ihre Geschichte macht deutlich, wie lange erwachsene Scheidungskinder an den Auswirkungen der elterlichen Scheidung festhalten können. Dorothys Eltern ließen sich scheiden, als sie zwölf war. Auch wenn ihr Vater die Familie während der Wirtschaftskrise mehrmals verlassen hatte, um sich Arbeit zu suchen, hatte Dorothy immer geglaubt, daß er wiederkommen würde. Aber eines Tages verließ er sie für immer. Dorothy sagte: »Ich dachte, mein Vater habe *mich* verlassen, und nicht meine Mutter. Ich hatte immer das Gefühl, für ihn etwas Besonderes und wichtig zu sein. Als er ging, geriet das alles ins Wanken. Ich fühlte mich durch sein Weggehen total in Frage gestellt.«

Dorothy ging so bald wie möglich von zu Hause weg, suchte sich Arbeit und verdiente sich schon während ihrer Schulzeit ihren Lebensunterhalt selbst. Sie heiratete schließlich und hatte mehrere Kinder. Zur Zeit meines Gespräches mit Dorothy war ihr Mann, der an einem plötzlich Herzschlag starb, seit zwei Jahren tot. Sie erzählte mir: »Als mein Vater wegging, fühlte ich mich schlecht. Ich war niemand. Seit dem Tod meines Mannes fühle ich mich wieder so. Ich spüre, daß ich mich zurücknehme. Als hätte mein Mann mir das gleiche angetan wie mein Vater.« Sie erzählte mir auch, daß sie sich mit den Männern in ihrem Leben ständig gestritten hätte. »Ich mag Männer gerne, aber ich komme nicht gut klar mit ihnen. Durch die Trennung und Scheidung meiner Eltern bin ich zu dem Schluß gekommen, daß man sich auf Männer nicht verlassen kann und sie sich nicht um einen kümmern. Und trotzdem habe ich mir solch einen Mann für mein Leben gewünscht. Mein Mann hat sich auch um mich gekümmert. Aber trotz meiner guten Beziehung zu ihm habe ich das frühere Gefühl, von meinem Vater zurückgewiesen worden zu sein, nicht verarbeitet. Als mein Vater ging, fühlte ich mich von ihm und von der Gesellschaft mißachtet. Als mein Mann starb, fühlte ich mich ebenfalls mißachtet, auch von der Gesellschaft, die so stark an Paaren orientiert ist. Ich fühle mich verzweifelt einsam, verloren und verwirrt. Ich weiß nicht, wo ich stehe.«

Zu Ihrer Genesung gehört, daß Sie die Verantwortung für Ihre Vergangenheit übernehmen und Ihre Probleme als erwachsenes Scheidungskind lösen, damit Sie sich und andere heute nicht erneut ins Leiden stürzen. Auslöser sind in Wirklichkeit Geschenke. Sie erinnern Sie daran, daß es noch mehr Arbeit für

Sie gibt, und geben Ihnen die Gelegenheit, diese Arbeit auch anzugehen. Ein gutes Anzeichen dafür, daß etwas Altes bei Ihnen ausgelöst wird, sind übertriebene Reaktionen auf ein aktuelles Ereignis. Das Verhalten der Frau, die Angst vor Umzügen hatte, hätte man leicht als Umzugsstreß fehlinterpretieren können. Der Schlüssel war, daß sie viel heftiger reagierte, als durch die Situation gerechtfertigt war. Das war für ihre Familie und sie ganz offensichtlich. Die Familie machte einen weiten Bogen um sie. Überreaktionen sind ein guter Hinweis darauf, daß ein alter Prozeß unsere Aufmerksamkeit fordert. Als die Frau sich auf diese alte Geschichte erst einmal einließ und lernte, was sie lernen mußte, konnte sie an den aktuellen familiären Abläufen wieder teilnehmen, sich für ihr übertriebenes Verhalten entschuldigen und mit dem Umzug in dem Gefühl weitermachen, daß sie an einen Ort zog, vor dem sie keine Angst zu haben brauchte. Sie befand sich tatsächlich in Sicherheit.

Dorothys Geschichte zeigt, daß die alten Gefühle, die erwachsene Scheidungskinder infolge der elterlichen Scheidung mit sich herumtragen, sowohl eine persönliche als auch eine soziale Komponente haben. Durch den Verlust ihres Vater war ihr Selbstwertgefühl geschwächt worden, was sie später durch den Tod ihres Mannes und ihr soziales Unbehagen, nicht mehr die Frau eines Mannes zu sein, erneut erlebte. Vom Kopf her weiß Dorothy, daß der Tod ihres Mannes mit dem Weggehen ihres Vaters nicht vergleichbar ist. Aber Auslöser sind nichts Rationales, sondern betreffen Gefühle. Die alten Gefühle erfordern Dorothys Aufmerksamkeit, denn sie überwältigen sie bei jedem neuen Verlust aufs neue.

Erwachsene Scheidungskinder gibt es viele –
Sie stehen nicht allein da

Einige erwachsene Scheidungskinder empfinden Scham, Schuld und Angst. Sie sind gezeichnet von einem Stigma, das meiner Meinung nach gesellschaftlichen Ursprungs ist. Dieses Stigma besagt, daß etwas mit ihnen nicht stimmt, weil sie aus einer Scheidungsfamilie stammen. Die Folge dieser Einstellung ist, daß sie sich von anderen isolieren und sich nicht die Hilfe und Unterstützung suchen, die sie bräuchten. Sie glauben, sie stünden mit ihrem Problem so alleine, daß niemand ihre Probleme verstehe. Dieses Buch ist ein Versuch, diesem Denken entgegenzutreten.

Tatsache ist, daß es überall erwachsene Scheidungskinder gibt. Bei manchen Anlässen trifft man mehr Betroffene als Menschen aus intakten Familien. Es wäre ein Fehler, zu glauben, Menschen aus intakten Familien hätten keine Probleme. Wie wir später noch sehen werden, kann die intakte Familie zu den Mythen gehören, an denen wir festhalten, um zu verleugnen, was in heutigen Familien tatsächlich vor sich geht. Sämtliche Familien sind in der einen oder anderen Weise gestört. Die Scheidung ist nur *eine* Manifestation dieser Gestörtheit und manchmal sogar eine gesunde Reaktion darauf.

Das Zusammenschließen mit anderen, die ähnliche Erfahrungen gemacht haben, hat sich als eine der effektivsten Formen von Heilung erwiesen. Wenn Sie über Ihre Geschichte sprechen und andere Lebensgeschichten hören, hilft Ihnen das, die Aspekte Ihrer Vergangenheit zu verstehen, die Ihnen sonst entgangen wären. Ich kann mich noch an die Erleichterung erinnern, die sich auf dem Gesicht einer 46jährigen Frau abzeichnete, als sie einen jungen Mann aus geschiedener Familie sagen hörte, er würde sich nur immer streiten, um Nähe zu seiner Frau herzustellen. Das hatte er in seiner Scheidungsfamilie gelernt und übernommen, ohne damit etwas zu bewirken. Seine Schilderung half der älteren Frau zu erkennen, daß sie sich genauso verhielt. Sie begann die typische Kopplung von Streit und Nähe als Verhalten zu verstehen, das sie von ihrer Familie übernommen hatte und heute als gestört erkannte. Sie fing dann an, in ihren Beziehungen mit anderen Formen von Nähe zu experimentieren. Später erzählte sie mir, sie sei mit ihrer Geschichte als erwachsenes Scheidungskind so lange isoliert gelieben, daß sie für Menschen mit ähnlichen Erfahrungen gar nicht offen gewesen war. Sie war zutiefst erleichtert, als sie die Entdeckung machte, nicht allein mit ihren Problemen zu sein.

Wie Sie später noch sehen werden, kommt von Selbsthilfegruppen große Hilfe für die eigene Heilung. Ich empfehle diesen Weg zur Genesung, weil ich glaube, daß die Gruppe ein direktes Gegenmittel für die Isolation von erwachsenen Scheidungskindern ist. Wenn die Betroffenen sich mit dieser Isolation nicht befassen, leben sie in ihrer eigenen Welt und glauben, diese sei normal, obwohl sie doch in Wirklichkeit gestört ist. Erwachsene Scheidungskinder lernten sehr früh, sich zu isolieren. Die Scheidungsfamilie zieht sich auf sich selbst zurück. Die Gesellschaft neigt dazu, sie zu ignorieren. Die Verwandten halten Abstand und wollen sich nicht einmischen. In Zeiten, wo sie Hilfe am dringendsten nötig hätte, ist die Familie am meisten auf sich gestellt. Wenn erwachsene Scheidungskinder anfangen, sich mitzuteilen, über sich zu sprechen und die Geschichten anderer Menschen anzuhören, stellt das folglich einen einschneidenden Bruch mit ihrer Vergangenheit dar, mit dem sie ihre Isolation aufheben und sich einen Bereich schaffen, in dem sie lernen und sich verändern.

Die Verantwortung für sich übernehmen:
Sich den für erwachsene Scheidungskinder
typischen Wesenszügen stellen

Bei meinen Reisen durch die Vereinigten Staaten ist mir ein
Verhalten aufgefallen, daß vor allem für Amerikaner ganz typisch ist. Kaum habe ich meine Beschreibung der Erfahrungen
von erwachsenen Scheidungskindern beendet, werden die Zu-
hörer unruhig. Die erste Frage, die gestellt wird, lautet unweigerlich: »Was kann ich denn gegen all das tun?« Wir Amerikaner ruhen nicht eher, bis wir etwas *getan* haben. Dann glauben
wir, alles sei gelöst. Bei diesem Drang zum Handeln fallen mir
einige Mönche ein, die ich kenne. Sie besuchten einmal ein
buddhistisches Kloster in Tibet, um sich über das Leben dort
zu informieren. Nach einigen Tagen gingen sie zum Abt und
fragten, wo sie im Kloster mithelfen könnten. Der Abt sah sie
ungläubig an. »Meine Brüder«, sagte er, »wir *tun* hier gar
nichts. Wir *sind* einfach.« Die Mönche schlichen zurück in ihre
Zellen, und ihnen wurde erneut bewußt, daß sie selbst in einer
Umgebung von Gebet und Zurückgezogenheit wieder einmal
in den typisch amerikanischen Drang verfallen waren, sich mit
irgend etwas beschäftigt zu halten.

Der erste Schritt zu Ihrer Genesung besteht darin, daß Sie Ihre
Erfahrungen einfach *benennen*. Die Lektüre dieses Buches unterstützt Sie dabei und hilft Ihnen, Gefühlen und Erlebnissen
einen Namen zu geben, die Sie seit Jahren mit sich herumtragen, ohne sich ihrer Wichtigkeit bewußt zu sein. Für viele
Menschen ist dieses Benennen eine große Erleichterung. »Natürlich«, sagen sie, »*das* ist es!« Das Benennen nimmt den
typischen Wesenszügen etwas von ihrer Macht, so daß sie Ihr
Leben nicht mehr so stark beherrschen. Es verleiht ihnen das
richtige Maß und rückt sie in die richtige Perspektive. Dabei ist
es wichtig, daß Sie selbst bestimmen, welche Wesenszüge auf
Sie zutreffen, und welche nicht.

Erwachsene Scheidungskinder haben festgestellt, daß sie anfangen, anders zu denken, zu handeln und zu fühlen, wenn sie die für ihr Leben typischen Wesenszüge erst einmal benannt oder identifiziert haben. Wichtig dabei ist, daß sie dieses Benennen nicht benutzen, um vor einem für sie typischen Verhalten wegzulaufen oder die Auseinandersetzung damit zu vermeiden. Wenn wir Dinge benennen, ist das keine Flucht, sondern ein Akt der Aufrichtigkeit. Das Paradoxe ist, daß Sie als betroffenes Scheidungskind, sowie Sie sich eingestehen, daß Sie Partei ergreifen, sich alleingelassen fühlen oder Schwierigkeiten haben, Grenzen zu setzen, bereits auf dem Weg sind, diese Verhaltensweisen aufzulösen. Wenn Sie jedoch bei Ihrer Verleugnung bleiben, haben diese für Ihre Geschichte als Scheidungskind typischen Wesenszüge Sie fest im Griff.

Auf den folgenden Seiten führe ich die für erwachsene Scheidungskinder typischen Wesenszüge noch einmal auf und beschreibe dann, wie Betroffene auf ihrem Weg zur Heilung beschlossen haben, mit diesen Wesenszügen umzugehen. Meine Hoffnung ist, daß diese Beispiele auch Ihnen auf Ihrem eigenen Weg zur Genesung eine Hilfe und Anleitung sind.

Erwachsene Scheidungskinder haben ein übertriebenes Verantwortungsgefühl

Statt sich ständig um andere zu kümmern, darauf zu achten, daß es ihnen gutgeht und ihre Bedürfnisse befriedigt werden, übernehmen erwachsene Scheidungskinder auf dem Weg zur Genesung die Verantwortung für sich selbst. Das ist nicht so leicht, wie es klingt, und zwar deswegen, weil sie in ihrem Leben mehr Zeit damit verbracht haben, etwas über andere zu erfahren, als sich selbst kennenzulernen. Sie lassen sich bereitwillig in die Schwierigkeiten anderer Menschen hineinziehen, weil sie mehr Erfahrung damit haben, anderen zu helfen, als es mit sich selbst auszuhalten. Die Verantwortung für sich übernehmen heißt, daß Sie sich als betroffenes Scheidungskind die

Zeit und den Raum nehmen, zu spüren, was Sie fühlen und was Sie brauchen. Das kann auch bedeuten, daß Sie sich auf sich selbst zurückziehen und in sich hineinhorchen, um herauszubekommen, was Sie in einer bestimmten Situation empfinden.

Erwachsene Scheidungskinder sollten auf der Hut sein vor übertriebener Geschäftigkeit, denn damit halten sie sich oft von ihrer inneren Arbeit ab und flüchten vor ihren Gefühlen. Eine Frau, die nach der Scheidung ihrer Eltern zur kleinen Ersatzmutter für vier Geschwister geworden war, sagte, sie könne lediglich darauf achten, daß sie sich nicht für weitere freiwillige Aufgaben in ihrer Kirchengemeinde meldet. Sie findet dort für ihre Bemühungen sehr viel Bestätigung, und genau danach sehnt sie sich, weil sie in ihrer Familie so wenig Anerkennung erhalten hat. Und trotzdem weiß sie, daß ihr übertriebenes Machen und Tun den Versuch darstellt, die innere Leere, die sie empfindet, wenigstens vorübergehend auszufüllen. Wenn sie die Verantwortung für sich übernimmt und sich selbst Zuwendung gibt, fühlt sie sich nicht mehr so leer.

Selbstverantwortung ist kein Egoismus. Das Beste, was Sie für andere tun können, ist vielmehr, ihnen nicht die Last Ihrer ständigen Fürsorge aufzubürden und auch von ihnen nicht zu erwarten, daß sie Ihnen abnehmen, was Sie selbst erledigen müssen. Wenn Sie die Verantwortung für sich übernehmen, werden Sie wirkliche Anteilnahme kennenlernen, eine Anteilnahme, die aus Aufrichtigkeit und Respekt erwächst.

Erwachsene Scheidungskinder versuchen alles zu kontrollieren

Das Gegenteil von übertriebener Kontrolle ist einfach, aber nicht leicht: Loslassen! Loslassen geschieht auf mehreren Ebenen.

Als erstes müssen Sie erkennen, daß Ihr Glaube, Kontrolle zu haben, in Wirklichkeit eine Illusion ist. Sie täuschen sich, wenn Sie glauben, überhaupt etwas kontrollieren zu können. Mit Sicherheit hat jedes erwachsene Scheidungskind früher die Erfahrung gemacht, die Scheidung der Eltern nicht verhindern zu können, ganz gleich, wie gut, liebevoll und verantwortlich es sich verhalten hat. Die Entscheidung Ihrer Eltern, sich scheiden zu lassen, hatte ihre eigene Dynamik. Sie wurde trotz Ihrer Anstrengungen realisiert, sie gegenteilig zu beeinflussen. Sie müssen sich also zunächst einmal eingestehen und verarbeiten, daß Ihr Glaube, etwas kontrollieren zu können, eine Illusion ist. Wenn das Thema Kontrolle Sie betrifft, fällt es Ihnen mit Sicherheit schwer, diese Illusion loszulassen!

Auf einer anderen Ebene müssen sich erwachsene Scheidungskinder fragen, ob sie riskieren wollen, zu bekommen, was sie haben wollen. Viele Betroffene machen die Erfahrung, daß sie bekommen, was sie haben wollen, wenn sie erst einmal mit dem Kontrollieren aufhören und anfangen, loszulassen. Das scheint besonders für persönliche Beziehungen zu gelten. Eine Frau beschrieb, wie sie jahrelang jede erdenkliche List (das heißt Kontrolle) anwandte, um ihren Mann zu bewegen, eine Therapie anzufangen. Wie zufällig ließ sie Zeitschriften mit Artikeln über Therapie aufgeschlagen herumliegen und sprach mit glühender Begeisterung von Männern, die eine Therapie machten. Sie stellte indirekte Fragen wie: »Hast du jemals eine Therapie gemacht oder daran gedacht, eine zu machen?« Irgendwann spürte ihr Mann, daß sie ihn zu beeinflussen versuchte. Sie erreichte aber nicht, was sie wollte. Als sie mit ihrer Genesung als erwachsenes Scheidungskind begann, fing sie auch an loszulassen, und eines Tages sprach sie mit ihrem Mann ganz offen und direkt darüber, was sie wollte. Sie sagte: »Ich glaube, unsere Ehe ist in Schwierigkeiten. Ich versuche, die Verantwortung für mich und meinen Part zu übernehmen. Ich wünschte, du würdest auch deinen Teil beitragen. Ich glaube, daß eine Therapie uns beiden helfen könnte. Ich wünschte, du würdest einmal darüber nachdenken. Es würde mir sehr viel bedeuten, aber ich weiß, daß die Entscheidung bei dir liegt und respektiere das.« Und dann ließ sie wirklich los. Sie nörgelte nicht weiter an ihm herum und beobachtete ihn auch nicht. Und zwei Wochen später war ihr Mann in Therapie. Als die Frau über dieses Ereignis nachdachte, erzählte sie, daß sie sich bei diesem Ablauf wirklich rundherum gut gefühlt hatte, ganz unabhängig davon, was bei ihrem Gespräch herausgekommen ist. »Ich war hellauf begeistert darüber, daß er schließlich eine Therapie anfing, aber wenn er das nicht getan hätte, hätte ich mich trotzdem gut gefühlt, denn ich glaube, ich war bei unserem Gespräch wirklich ich selbst und aufrichtig. Es war eine klare Sache, und ich spürte nicht diesen Sog, ihn kontrollieren zu müssen.«

Es ist gefährlich, die Illusion von Kontrolle aufzugeben, aber wenn Sie bei Ihrem Kontrollverhalten bleiben, ist die Gefahr noch viel größer. Menschen, die versuchen zu kontrollieren, verhalten sich wie kleine Götter und müssen feststellen, daß sie häufig versagen und frustriert sind, weil Menschen eben keine Götter sind. Kontrolle fordert auch körperlich einen Tribut. Vielleicht machen erwachsene Scheidungskinder tatsächlich den größten Vertrauenssprung, wenn sie die Illusion von Kontrolle aufgeben. Menschen, die dieses Risiko eingegangen sind, sagen, es habe sich gelohnt.

Erwachsene Scheidungskinder haben Angst vor Konflikten

In all den Jahren, in denen ich bei Konflikten und Scheidungen vermittelt habe, bin ich niemals einem Menschen begegnet, der gerne Konflikte hatte. Ich traf einige Menschen, die einen konstruktiven Streit genossen, aber selbst sie waren selten. Es ist nicht leicht, sich mit der Angst vor Konflikten zu befassen. Wir alle haben unsere instinktiven Reaktionen, die üblicherweise als Angriffs-/Fluchtverhalten bezeichnet werden. Bei vielen erwachsenen Scheidungskindern ist die Angst gerechtfertigt, da Konflikte in ihrer Familie mit Gewalt verbunden waren. Ich möchte Ihnen für die Konfrontation mit Ihrer Angst vor Konflikten zwei Strategien vorschlagen. Die erste ist, dafür zu sorgen, daß Ihre Umgebung sicher ist. Wenn Sie Angst vor einem Gewaltausbruch haben, sollten Sie Ihre Partnerin oder Ihren Partner nicht in eine Konfrontation verwickeln, wenn es aber unbedingt sein muß, sollte jemand Drittes dabei sein. Untersuchungen zeigen, daß häusliche Gewalt am häufigsten in der Isoliertheit der eigenen Wohnung vorkommt. Wenn Freunde oder weitere Familienangehörige anwesend sind und damit Zeugen und Menschen, die in der Situation vermitteln können, wird die Wahrscheinlichkeit geringer, daß es zu Gewalttätigkeiten kommt.

Die zweite Strategie besteht darin, das Gegenteil von dem zu tun, was in den meisten Handbüchern über Konflikte vorgeschlagen wird. Hier heißt es – und inzwischen glauben wir das auch –, daß Menschen bei Konflikten so lange zusammenbleiben sollen, bis der Konflikt bereinigt ist. Ich stimme damit nicht überein. Meine Erfahrung ist, daß Menschen Konflikte mit einem großen Mangel an Klarheit und mit übersteigerten Gefühlen angehen. In diesem Zustand übertreiben die am Konflikt beteiligten Parteien ihre Probleme nur, und der Konflikt wird verstärkt. Ich schlage vor, daß Menschen beim ersten Anzeichen eines Konfliktes erst einmal eine Weile auseinandergehen. Ich halte es für wichtig, daß Sie sich in dieser Zeit folgende Fragen stellen: 1) Was fühle ich? 2) Was ist mein Anteil am Konflikt, und wo bin ich verantwortlich? 3) Welche Lösung brauche ich und wünsche ich mir?

Beide Partner sollten diese Zeit für sich alleine verbringen, um sicherzugehen, daß ein wirklicher Konflikt vorliegt und kein eingebildeter. Bei einem wirklichen Konflikt stimmen zwei oder mehr Menschen in wichtigen Punkten nicht überein. Bei einem eingebildeten Konflikt hat vielleicht jemand »Ihre Knöpfe gedrückt«, und Ihre Reaktion gilt dann nicht der augenblicklichen Situation, sondern Ereignissen aus Ihrer Vergangenheit. Ist das der Fall, sollten Sie sich die Fragen 1) und 2) stellen und dann wieder mit dem anderen zusammenkommen, um ihm mitzuteilen, was Sie herausgefunden haben, und zuzugeben, daß Sie gar keinen Konflikt haben. Manchmal werden bei beiden Beteiligten alte Wunden berührt, und sie benutzen den Streit, um ihre eigenen Gefühle nicht verarbeiten zu müssen.

Dadurch klären Sie, was nicht in Ihre Verhandlungen mit dem anderen gehört. Nachdem Sie die Verantwortung für Ihre Gefühle und Ihre Vergangenheit übernommen haben, können Sie dann wieder zusammenkommen und die Themen besprechen, bei denen Sie tatsächlich nicht übereinstimmen.

Im folgenden beschreibe ich das Beispiel eines Paares, beide erwachsene Scheidungskinder, das an ein und demselben Abend einen eingebildeten und einen wirklichen Konflikt durchmachte. Jeremy und Kathy fuhren zu einem Konferenzzentrum in einem Erholungsort, wo Kathy an einem geschäftlichen Treffen teilnahm. Sie freuten sich, eine Zeitlang von zu Hause wegzukommen, und Jeremy wollte gern Golf spielen, während Kathy zu den Konferenzen ging. Vor der Fahrt hatte Jeremy seinen Vater besucht, den er selten sah, seit seine Eltern sich scheiden lassen hatten, als er zehn Jahre alt war.

Während der Fahrt schlug Kathy vor, anzuhalten und irgendwo zu Abend zu essen. Jeremy reagierte sofort gereizt. Er antwortete auf jeden Vorschlag, den Kathy machte, mit Kritik und Zynismus. Es dauerte nicht lange, bis Kathy spürte, wie Ärger in ihr hochstieg. Sie wollte schreien: »Wenn dir nichts paßt, dann such' doch gefälligst selbst etwas aus!« Sie riß sich aber zusammen und sagte statt dessen: »Warum reagierst du so heftig auf die Frage, wo wir essen gehen sollen? Ist das wirklich so wichtig für dich? Ich komme mir dumm vor, wenn ich mich um ein Restaurant mit dir streite. Für mich ist das keine so große Sache.« An diesem Punkt wurde Jeremy still (was nicht das gleiche ist wie sich zurückziehen). Er ging nach innen und fragte sich: »Was fühle ich?« Überraschenderweise kam er sofort in Kontakt mit Gefühlen, die mit ihm und Kathy und der Frage nach einem Restaurant überhaupt nichts zu tun hatten. Er war zutiefst traurig und fühlte sich einsam, weil sein Vater ihm fremd war. Er hatte ihre Begegnung als oberflächlich empfunden und war enttäuscht darüber, daß die Beziehung, die er gern zu seinem Vater gehabt hätte, einfach nicht existierte.

Die zweite Erkenntnis, die Jeremy hatte, war, daß es ihm leichter fiel, mit Kathy Streit anzufangen, als seine Traurigkeit über seinen Vater zuzulassen. Tatsächlich hielt der Streit Jeremy davon ab, ein ganz wesentliches Stück der Genesungsarbeit als erwachsenes Scheidungskind zu leisten, nämlich seine Eltern so zu sehen, wie sie waren, und nicht, wie er sie in seiner Phantasie gern gehabt hätte.

Sobald Jeremy erkannt hatte, was er da tat, gestand er Kathy ein, daß seine Gereiztheit mit der Wahl eines Restaurants nichts zu tun hatte, und teilte ihr mit, was er über seine Beziehung zu seinem Vater herausgefunden hatte. Kathy und Jeremy hatten dagegen keinen Konflikt. Sie fanden bei der nächsten Ausfahrt sofort ein Restaurant und konnten ihr Essen jetzt sehr viel mehr genießen, als wenn sie es streitend zu sich genommen hätten.

Später am selben Abend hatten Jeremy und Kathy aber einen wirklichen Konflikt über ein wichtiges Thema – Kathys Arbeit. Jeremy wollte, daß Kathy ihre Arbeit aufgab. Er argumentierte, daß er genug verdiente, um die Familie ernähren zu können, und wollte, daß Kathy zu Hause bei ihren drei kleinen Kindern blieb. Jeremy widerstrebte es, sie in die Kindertagesstätte zu geben. Kathy liebte aber ihre Arbeit und empfand sie als anregend. Außerdem glaubte sie, daß Kinder in Tagesstätten gut aufgehoben seien. Als Kathy und Jeremy sich innerlich fragten, was sie wirklich empfanden, kam Jeremy in Kontakt mit seinen alten Verlassenheitsgefühlen während der Scheidung seiner Eltern. Kathy hingegen hatte Angst, finanziell von Jeremy abhängig zu werden. Sie dachte an ihre eigene Mutter, die zur Zeit der Scheidung keinerlei berufliche Qualifikationen vorzuweisen hatte, und die schweren finanziellen Zeiten, die für die Familie folgten. Kathy fand auch, daß sie berufliche Fähigkeiten hatte, die sie nutzen wollte.

Dann wandten Jeremy und Kathy sich dem zweiten Konflikt-lösungsschritt zu: Was ist mein Anteil am Konflikt, und wo bin ich verantwortlich? Sie sahen, daß sie beide feste Erwartungen an die Ehe und das Familienleben hatten, die sie sich gegensei-tig entgegenbrachten. Diese Erwartungen, die sie sich bislang in ihrer Ehe nicht eingestanden hatten, beruhten auf ihren Er-fahrungen als Scheidungskinder. Beide hatten beschlossen, daß ihr Familienleben ganz anders aussehen sollte als das in ihrer Ursprungsfamilie. Das Problem war, daß sie sich diese Erfahrungen bislang nicht mitgeteilt hatten. Allein das Spre-chen darüber empfanden beide als Erleichterung.

Und schließlich gingen Jeremy und Kathy dazu über, sich die dritte Frage zu beantworten: Was will und braucht jeder von uns in dieser Situation? Sie konnten sich soweit einigen, daß sie beide ein erfülltes Leben führen wollten, so daß jeder von ihnen wachsen konnte. Unter dieser Prämisse konnte Jeremy auch einsehen, daß Kathy eine Arbeit brauchte; nicht nur aus Gründen finanzieller Sicherheit, sondern auch für ihr Selbst-wertgefühl. Auch wenn Kathy Kindertagesstätten für eine gute Einrichtung hielt, konnte sie Jeremys Angst verstehen. Sie ver-mißte es auch, mit den Kindern mehr Zeit zu verbringen, und wünschte, sie würden als Familie mehr zusammen unterneh-men. Aufgrund dieses Wunsches nach mehr Zeit für die ganze Familie kamen Jeremy und Kathy überein, sich zu überlegen, ob sie ihre Arbeitszeit nicht so gestalten konnten, daß die Kin-der nicht solange in der Tagesstätte bleiben mußten. Sie spra-chen auch ihre freie Zeit ab, so daß die ganze Familie häufiger zusammensein konnte.

Jeremy und Kathy sind ein Paar erwachsener Scheidungskin-der, die erkannt haben, daß Konflikte normaler Bestandteil des täglichen Zusammenlebens sind. Sie werden immer geübter darin, auftretende Konflikte mit der Beantwortung der drei ge-nannten Fragen auszutragen. Natürlich ist die Aussicht auf ei-nen bevorstehenden Konflikt immer noch beunruhigend. »Mir krampft sich immer der Magen zusammen«, sagte Kathy,

»aber ich weiß jetzt, daß ich nicht sterbe, wenn ich sage, was ich will. Und wenn wir nicht übereinstimmen können, warten wir so lange mit einer gemeinsamen Entscheidung, bis jeder von uns klarer ist.«

Für einige erwachsene Scheidungskinder waren Konflikte so schrecklich, daß sie sich selbst bei der Ankündigung minimaler Unstimmigkeiten wie gelähmt fühlten. Wenn Sie ebenfalls vor dem geringsten Konflikt fliehen, entgeht auch Ihnen die Chance, einem Menschen näher zu kommen. Ich glaube, in diesem Fall ist es wichtig, daß Sie sich selbst und Ihrem Partner sagen: »Ich habe wirklich Angst vor Konflikten.« Wenn Sie Ihre Angst laut aussprechen, hilft Ihnen das. Eine weitere Hilfe ist, in Ihrer übertriebenen Reaktion ein Zeichen dafür zu sehen, daß Sie in bezug auf Ihre Kindheitsängste immer noch einiges zu verarbeiten haben. Wenn Sie sich diesen alten Problemen zuwenden, gewinnen Sie mehr Sicherheit, und Konflikte verlieren an Bedrohlichkeit.

Erwachsene Scheidungskinder ergreifen Partei

Erwachsene Scheidungskinder haben verschiedene Umgangsstrategien mit ihrer Tendenz, Partei zu ergreifen, entwickelt. Ein Mann, der einräumte, mit seiner Genesung als erwachsenes Scheidungskind gerade erst angefangen zu haben, sagte, er hätte es sich zum Prinzip gemacht, sich keiner Seite anzuschließen. Er hatte das Gefühl, daß es für ihn zum damaligen Zeitpunkt seiner Heilung so verführerisch war, irgendwo dazuzugehören, daß er sich in diesen »Zusammenschlüssen« völlig verlor.

Andere erwachsene Scheidungskinder haben festgestellt, daß ihr »parteiergreifendes Verhalten« stark abnimmt, wenn sie sich mit ihren Themen wie dem Wunsch nach Zugehörigkeit, dem Bedürfnis nach einem Zuhause und der übertriebenen Fürsorge für andere bewußt auseinandersetzen. Wenn Sie Partei ergreifen, bleiben Sie in einer dualistischen Sicht befangen. Sie vereinfachen Ihre Welt, so daß es nur noch zwei Entscheidungsmöglichkeiten gibt: schwarz oder weiß. Dann schwanken Sie zwischen diesen beiden Seiten hin und her in dem Glauben, die eine oder andere Seite sei wahr und verspreche damit Sicherheit. Das ist jedoch in Wirklichkeit eine Täuschung, und für viele erwachsene Scheidungskinder brach die Welt zusammen, als sie entdeckten, daß die Geschichte, mit der sie sich beweisen wollten, daß *ein* Elternteil bei der Scheidung »recht hatte«, nichts als eine Illusion war, die sie sich selbst zurechtgebastelt hatten.

In diesem Zusammenhang kommt mir Malcolm in den Sinn, ein Mann, dessen parteiisches Verhalten sogar seine Berufswahl beeinflußt hat. Malcolms Mutter ließ sich von seinem Vater scheiden, als er acht Jahre alt war. Malcolm lebte bei seiner Mutter und seinem neuen Stiefvater und hatte nur selten Kontakt zu seinem Vater, der ein ziellos umhertreibender Mensch war. Malcolm hielt aber weiterhin intensiv zu seinem Vater, der die Anhänglichkeit seines Sohnes kaum erwiderte. »Ich konnte es einfach nicht ertragen, ihn als den Versager zu sehen, der er war. Ich sehnte mich verzweifelt nach einem Vater, auf den ich stolz sein konnte, also verteidigte ich ihn und beschuldigte meine Mutter, obwohl sie diejenige war, die in Wirklichkeit zu mir hielt.« Malcolm machte später eine juristische Karriere und engagierte sich vor allem für machtlose, heruntergekommene Menschen. »Ich stürzte mich mit einem beängstigenden Eifer auf meine Arbeit als Verteidiger. Leider neigte ich auch dazu, die tatsächlichen Mängel meiner Klienten zu übersehen. Meine Arbeit war, sie frei zu bekommen, und nicht, sie als die Menschen zu sehen, die sie in Wirklichkeit waren.« Als Malcolm mit seiner Genesung als erwachsenes Scheidungskind begann, empfand er seine Arbeit allmählich als unerträglich. »Ich konnte einfach nicht blind Menschen verteidigen, von denen ich wußte, daß sie schuldig waren. Meine Energie und mein Interesse für diese Art Arbeit nahmen ab. Wie konnte ich in einem Bereich meines Lebens, und zwar in bezug auf meinen Vater, ehrlich sein, ohne es in einem anderen, nämlich meiner Arbeit, ebenfalls zu sein?«

Parteiergreifendes Verhalten beruht auf dem Denken einer dualistisch orientierten Gesellschaft, die glaubt, die Dinge in »richtig« und »falsch« einteilen zu können. Menschen und Dinge werden abgestempelt: Sie sind gut oder schlecht, je nachdem, welcher Seite sie sich zuschlagen. Während der Genesung werden Sie die überraschende Feststellung machen, daß die auftauchenden Themen weder richtig oder falsch noch gut oder schlecht sind. Wir müssen als Erwachsene versuchen, die Wahrheit über unsere Situation herauszufinden, selbst wenn das bedeutet, daß wir unsere Irrtümer zugeben müssen. Wenn Ihnen Aufrichtigkeit mehr wert ist als recht zu haben, ist es nicht mehr nötig, daß Sie Partei ergreifen. Ich glaube, daß Sie bereits zu Beginn Ihrer Genesung erkennen können, daß Situationen, die verlangen, daß Sie Partei ergreifen, eine Falle sind, die Sie vermeiden müssen. Es ist für erwachsene Scheidungskinder wichtig, immer wieder zu sich selbst zurückzukehren und bei den eigenen inneren Prozessen zu bleiben. Sie müssen dem äußeren Sog, die eine oder andere Seite zu bestätigen, widerstehen. Vielleicht empfinden Sie vorübergehend ein Gefühl von Zugehörigkeit, wenn Sie sich auf eine Seite schlagen, aber Sie gehen damit das Risiko ein, sich selbst abhanden zu kommen. Sie müssen aufmerksam beobachten, um herauszubekommen, was Ihre Wahrheit ist.

Erwachsene Scheidungskinder fühlen sich alleingelassen

Erwachsene Scheidungskinder sind tatsächlich oft alleingelassen worden. Am deutlichsten bekamen sie das zu spüren, wenn ihre Eltern sie körperlich und emotional im Stich ließen. Die Folge ist, daß sie sich von sich selbst entfernt haben, indem sie sich von ihren Emotionen abschnitten.

Der erste Schritt kann für Sie in diesem Fall darin bestehen, daß Sie aufhören, von sich selbst wegzugehen. Das heißt, Sie müssen anfangen, sich auf Ihre eigenen Bedürfnisse zu konzentrieren, sich Zeit nehmen, um sich selbst zu verwöhnen, und wirklich auch Zeit mit sich verbringen. Das ist besonders für diejenigen eine völlig neue Vorstellung, die sich sehr oft von sich selbst abwenden. Konkret bedeutet das, daß Sie Dinge tun, die Sie wirklich nähren. Sie gestehen sich zu, diese Dinge zu verdienen, und übernehmen damit Verantwortung für sich. Ein erwachsenes Scheidungskind, eine Frau, die aus beruflichen Gründen oft von zu Hause weg ist, hat es sich so eingerichtet, daß sie nach jeder Geschäftsreise einen Tag frei hat, ganz gleich, wie dringend ihre nächsten Termine sind. »Es wäre so leicht für mich, mich in meiner Arbeit zu verlieren. Ich nehme mir also Zeit zu lesen, einkaufen zu gehen und in Ruhe eine Tasse Tee zu trinken. Ich schenke mir einfach Zeit. Sonst beginne ich durchzudrehen und mich alleine zu fühlen, dabei hat mich gar niemand verlassen. Ich habe mich einfach selbst aus den Augen verloren.« Diese Frau hat einen Weg gefunden, einer Form von Selbstflucht entgegenzutreten, die für erwachsene Scheidungskinder sehr verführerisch ist. Wir kommen uns wichtig vor, wenn wir dem Druck eines vollen Terminkalenders und von anstehenden Arbeiten nachgeben. Die Arbeit ist wie eine Legitimation dafür, daß man sich selbst im Stich läßt. Ich halte es für wichtig, daß Sie zu Beginn Ihrer Genesung weniger tun, damit Sie mehr Zeit für sich haben.

Eine weitere Hilfe ist, darauf zu achten, wann Sie sich emotional im Stich lassen. In solchen Zeiten fühlen Sie sich innerlich wie tot und haben keinerlei innere Gefühlsreaktionen. Und wieder sind diese Zustände ein guter Hinweis darauf, daß Sie augenblickliche oder frühere Ereignisse verarbeiten müssen, und typisch für Sie als erwachsenes Scheidungskind ist, daß Sie lieber »weggehen«, als sich um Ihre Bedürfnisse zu kümmern. Wenn Sie Ihren inneren Abläufen mehr Zeit einräumen, werden Sie sich besser kennenlernen.

Sie können lernen, sich Zeit zu nehmen, um alleine zu sein. Das ist wichtig, denn vor ihrer Genesung glauben alle erwachsenen Scheidungskinder, allein sein hieße verlassen sein. Sie müssen den Unterschied zwischen verlassen sein und allein sein entdecken. Wenn Sie offen sind für diese Erfahrung, ist es wunderbar, allein zu sein und Zeit mit sich zu verbringen; wenn Sie aber nicht wachsam sind, fühlen Sie sich verlassen. Viele erwachsene Scheidungskinder nehmen sich täglich etwas Zeit dafür, sich in ihr Zimmer oder an einen Platz in der Natur zu begeben, nur um dort allein zu sein und nachzudenken, zu meditieren und Gefühle in sich hochkommen zu lassen. Wenn Sie sich Zeit für das Alleinsein nehmen, lernen Sie sich richtig kennen und werden feststellen, daß Sie es wert sind, sich näherzukommen. Auch wenn die Erwachsenen in Ihrem Leben Sie vielleicht verlassen haben, können Sie lernen, bei sich zu bleiben.

Erwachsene Scheidungskinder haben Schwierigkeiten, persönliche Grenzen zu setzen und andere in ihre Schranken zu weisen

Persönliche Grenzen sind wichtig. Erwachsene Scheidungskinder müssen sich klarmachen, wie sie zulassen, von anderen Menschen bedrängt zu werden, und in welcher Form sie andere selbst bedrängen. Es ist wichtig, daß Sie genau wissen, wann Sie sich im Zusammensein mit anderen unwohl fühlen. Darauf sollten Sie achten und sich dann fragen, warum Sie sich unsicher oder unbehaglich fühlen. Weil Sie sich in bezug auf die andere Person verlieren? Sie können sich fragen, was Sie von dieser Begegnung brauchen. Sind erwachsene Scheidungskinder auf dem Weg der Genesung mit Forderungen von anderen konfrontiert, sagen sie oft nein oder bitten um Zeit, über die Forderung nachzudenken, weil sie sich im Augenblick davon überfordert fühlen. Es ist in Ordnung, nicht auf jede Forderung sofort eine Antwort parat zu haben.

Ein männliches erwachsenes Scheidungskind, das Vorträge hält und als Berater arbeitet, wurde nach einer seiner Reden begeistert von einem Mann angesprochen. Dieser bat den Sprecher, seine Firma zu beraten. Überrascht von dem Kompliment und der Bestätigung, die er erhielt, stimmte der Berater zu, ohne erst einmal mit sich selbst Rücksprache zu halten. Die ganze Angelegenheit erwies sich von Anfang an als einzige Katastrophe. Plötzlich war er Hals über Kopf in eine Gruppensituation verwickelt, die sich als sehr gestört erwies. Zu spät erkannte er, daß er die Lage realistischer eingeschätzt hätte, wenn er sich von dem Lob nicht so beeinflussen lassen hätte.

Der Mann lernte daraus, sich auf nichts Neues einzulassen, bevor er sich nicht genauer informiert hatte. Auch Sie können wie dieses erwachsene Scheidungskind erst einmal Ihre eigenen Bedürfnisse zum Ausdruck bringen, Informationen einholen und um Zeit bitten, bevor Sie sich auf etwas einlassen. Das bringt Ihnen sowohl in Ihrem privaten als auch in Ihrem beruflichen Leben Vorteile.

Wenn Sie Ihr eigenes Bedürfnis nach Abgrenzung nicht respektieren, können Sie auch die Grenzen anderer nicht achten. Wenn Sie glauben, die Grenzen anderer zu überschreiten, können Sie nachfragen, wie diese Menschen sich mit Ihnen fühlen. In intimen Beziehungen können Sie an diesem Problem arbeiten, indem Sie Ihren Partner oder Ihre Partnerin bitten, Ihnen zu sagen, wann Sie anmaßend sind, und auch das Risiko eingehen, sich dem anderen mitzuteilen, wenn Sie das Gefühl haben, daß Ihre Grenzen verletzt werden.

Wenn Ihre Heilung als erwachsenes Scheidungskind Fortschritte macht, werden Sie feststellen, daß Ihr Verhalten in bezug auf Grenzen sich verändert. Am Anfang müssen Sie andere vielleicht sehr weit auf Distanz halten, damit Sie Raum genug haben, um Ihre eigenen Bedürfnisse kennenzulernen. In dieser Zeit können Sie jeden Versuch von anderen, Ihnen näherzukommen, als zudringlich empfinden. Wenn Sie dann stärker werden, finden Sie diese Annäherungen vielleicht überhaupt nicht mehr einengend. Sie müssen sich die Zeit nehmen, das zu tun, was Sie für Ihre Grenzen als richtig erachten, denn in diesem Prozeß entwickeln Sie Ihr Selbst, und das Wissen um Ihre Grenzen ist ein ganz wesentlicher Aspekt Ihrer Genesung. Es hilft Ihnen herauszufinden, wer Sie sind. Letzten Endes müssen Sie sehen, daß Sie selbst verantwortlich dafür sind, Grenzen zu setzen und einzuhalten. Andere Menschen können Sie nicht beherrschen, wenn Sie es nicht zulassen.

Erwachsene Scheidungskinder fühlen sich hilflos

Wenn Sie ein erwachsenes Scheidungskind sind, zeigt sich Ihre Hilflosigkeit in dreifacher Weise: Sie wissen in verschiedenen Situationen nicht, wie Sie reagieren sollen; Sie schauen in Situationen, die Ihr Handeln erfordern, tatenlos zu; es fehlt Ihnen an grundlegenden kommunikativen und sozialen Fähigkeiten.

Die Genesung von diesen typischen Wesenszügen wird durch die Unterstützung eines Mentors oder Sponsors enorm begünstigt, eines Menschen also, der nicht im Spinnennetz der Hilflosigkeit gefangen ist, sondern Sie anleiten und beraten kann. Hier ein Beispiel dafür, wie ein erwachsenes Scheidungskind sich die Hilfe eines Mentors zunutze gemacht hat.

Rich stammte aus einer Familie, in der die Phase vor der Scheidung schwer gestört verlief und sieben Jahre dauerte, dies waren gleichzeitig entscheidende Entwicklungsjahre für Rich (von seinem sechsten bis zu seinem 13. Lebensjahr). Während dieser Zeit versuchte Rich meistens, sich unsichtbar zu machen, um die Last der Scheidung nicht noch zu vergrößern. Richs Eltern waren so verwickelt in ihre Auseinandersetzungen, daß sie ihre Kinder vernachlässigten.

Während Rich heranwuchs, stellte er fest, daß er eine natürliche Begabung für Marketing und Verkauf hatte, aber es fehlte ihm die Fähigkeit, sich und seine Ideen Mitarbeitern und Kunden zu präsentieren. Außerdem spielte er den kleinsten Konflikt hoch und zog sich bei der leisesten Andeutung von Schwierigkeiten zurück. Insgesamt gesehen war er ein sozial unreifer Mensch.

Rich wußte, daß er noch einige grundlegende Dinge für den Umgang mit beruflichen und persönlichen Beziehungen lernen mußte, also begann er sich nach einem Mentor umzuschauen. Er machte einen Mann ausfindig, der mehrere Jahre älter war als er und als Manager in einer anderen Abteilung arbeitete. Zunächst einmal beobachtete Rich diesen Mann, um zu sehen, was er von ihm lernen konnte. Er schaute ihm aktiv zu, was heißt, daß Rich sich dessen effektives Verhalten merkte. Manchmal schrieb er auch auf, was er beim Austausch mit seinem Mentor gelernt hatte. Diese Beobachtungen bestätigten ihn darin, daß seine Wahl auf einen Menschen gefallen war, der es wert war, sein Mentor zu sein. Er bewunderte ihn – er war ein guter Geschäftsmann und zeigte im Umgang mit anderen Menschen Integrität.

Als nächstes bat Rich seinen Mentor um ein Treffen. Er beschloß, diesem Mann gegenüber ehrlich zu sein, und so teilte er ihm einfach seinen Wunsch mit, besser verkaufen zu können, und erzählte ihm auch, daß es ihm seiner Meinung nach an entsprechenden Fähigkeiten mangelte. Rich teilte dem Manager auch etwas über seinen familiären Hintergrund mit, um zu erklären, warum er sich mit anderen oft ungeschickt verhielt. Und schließlich sagte Rich, er wüßte, daß er in mehreren Bereichen Hilfe bräuchte, daß er den Manager bewunderte und hoffte, dieser würde bereit sein, ihn zu unterstützen. Der Manager war beeindruckt von Richs Aufrichtigkeit und Bereitschaft, Hilfe zu suchen. Er empfand Richs Bitte, ihn zu beraten, als Kompliment. Er war einverstanden, sich regelmäßig mit Rich zusammenzusetzen, um ihn bei seinen Klientengesprächen zu beraten, und bot Rich auch an, ihm ein Feedback für seinen Austausch mit Kolleginnen und Kollegen zu geben. Außerdem lud er Rich zu Treffen ein, bei denen dieser beobachten konnte, wie andere effektiv verkaufen. Rich hatte zu diesem Mentor jahrelang eine produktive und erfüllende Beziehung. Er konnte von sich und seinem Mentor sagen, daß sie weder Vater und Sohn noch politische Machtspiele spielten, auch wenn sich die Beziehung zwischen ihnen leicht dahin hätte entwickeln können. Statt dessen trafen hier zwei Menschen zusammen, die sich beide gern hatten und gegenseitig voneinander profitierten, indem sie sich gegenseitig respektierten. Rich wurde schließlich zum äußerst erfolgreichen Verkäufer und erhielt viele Prämien. Heute gratuliert er sich selbst dazu, daß er den Mut gehabt hatte, um Hilfe zu bitten, und seinen Mentor beglückwünscht er dazu, ihm ein äußerst gutes Vorbild gewesen zu sein.

Gute Mentoren und Sponsoren unterstützen Sie in Ihrem Genesungsprozeß. Sie sagen Ihnen nicht, was Sie zu tun haben, und das ist für Ihre Genesung ganz entscheidend. Es ist wichtig, daß Sie bei der Überwindung Ihrer Hilflosigkeit Ihr Leben nicht einfach einem anderen Menschen anvertrauen und blind dessen Rat folgen. Das wäre eine andere Form von Hilflosigkeit. Sie müssen Ihre Entscheidungen selbst treffen. Andere können Sie lediglich darin unterstützen, indem sie Ihnen Informationen vermitteln und Sie an ihren Erfahrungen teilhaben lassen, aber *handeln* müssen Sie selbst.

Wie Rich können auch Sie andere beobachten und von ihnen lernen, wie Sie mehr Initiative ergreifen können. Und genau das kann die Teilnahme an einer Selbsthilfegruppe so wertvoll machen. Sie erleben Vorbilder und hören Geschichten von Menschen, denen es gelungen ist, sich zu verändern. Sie können erfahren, mit welchem Verhalten Sie etwas bewirken und mit welchem nicht, und einen Stil finden, mit dem Sie sich wohl fühlen.

Erwachsene Scheidungskinder haben ein extremes Bedürfnis nach einem Zuhause und finanzieller Sicherheit

Das ist ein typischer Wesenszug, den Sie wirklich in den Griff bekommen müssen, denn wenn Sie hier auf dem Hintergrund Ihrer Geschichte als erwachsenes Scheidungskind blindlings handeln, sind die Folgen katastrophal. Viele Betroffene haben mir erzählt, daß sie aus Angst vor finanzieller Unsicherheit Berufe ergriffen, die sie haßten, oder Menschen heirateten, die sie eigentlich nicht liebten. Sie reagieren eher, als daß sie aktiv das tun, was ihnen wirklich guttut. Sie wissen, was sie nicht wollen, aber nicht, was sie wollen.

Eine Frau teilte mir eine Geschichte mit, die wir in ähnlicher Form von vielen erwachsenen Scheidungskindern hören können. Sie erzählte: »Nach der Scheidung meiner Eltern, die ich erlebte, als ich 14 war, machte ich die für Teenager typischen Zeiten durch, aber ich glaube, intensiver als andere. Ich nahm Drogen und hatte immer einen Freund. Ich litt sehr und tat verrückte Dinge, um meinen Schmerz zu betäuben. Ich haßte meinen Stiefvater, und sobald ich konnte, heiratete ich und zog zu Hause aus. Ich sehe heute, daß ich mich an den ersten Mann hängte, der daherkam und mir einen Ausweg aus meiner Misere zu bieten schien. Diese Ehe war eine Katastrophe. Ich bin sicher, es überrascht Sie nicht zu hören, daß ich jemanden heiratete, der genauso war wie mein Vater. Bereits 18 Monate nach unserer Heirat hatte er Affären mit anderen Frauen. Soviel zum Thema ›Liebesheirat‹ oder meiner Illusion von Liebe. Nach Beendigung dieser Ehe kam ich zu dem Schluß, daß ich einen verantwortungsbewußten Mann brauchte, der eine beruflich gesicherte Position hatte. Ich bekam ihn und handelte mir damit ein, daß ich ständig mißbraucht wurde. Schließlich kam ich zu der harten Einsicht, daß die wichtigen Entscheidungen in meinem Leben immer passive Reaktionen gewesen sind und nicht zu der Sicherheit geführt haben, nach der ich mich sehnte.«

Viele erwachsene Scheidungskinder können sich mit dieser Geschichte identifizieren. Die Suche nach einem Zuhause und finanzieller Sicherheit ist wichtig, aber sie sollte kein Selbstzweck sein. Diese Dinge sind das Resultat Ihrer Genesung, aber nicht Ihr Ausgangspunkt. Wenn Sie anfangen, an sich zu arbeiten und sich die für Sie als erwachsenes Scheidungskind typischen Wesenszüge eingestehen, werden Sie in sich gefestigter. Sie entwickeln dann Ihre eigenen Vorlieben, Ihren eigenen Stil und Ihre eigenen Prioritäten in bezug auf finanzielle Bedürfnisse. Das heißt, »bei sich ankommen« und herausfinden, daß Sie sich zunächst einmal bei sich »zu Hause« fühlen müssen. Ihre äußere Umgebung ist ein Spiegel Ihres inneren Zustands. Sie werden erstaunt sein, wie schnell sich Probleme mit Geld und einem Zuhause von selbst lösen, wenn Sie Ihre Identität behaupten und sich Ihre Bedürfnisse eingestehen. Denken Sie an den Titel des erfolgreichen Buches von Marsha Sinetar: *Do What You Love, the Money Will Follow*. Dieser Satz trifft für erwachsene Scheidungskinder besonders zu, aber ich würde die Betonung anders legen: Arbeiten Sie an Ihrer Genesung als erwachsenes Scheidungskind, und ein Zuhause und ökonomische Sicherheit stellen sich von selbst ein.

Erwachsene Scheidungskinder idealisieren und beschuldigen ihre Eltern und andere Autoritätspersonen

Ich begegne selten einem erwachsenen Scheidungskind, das nicht an irgendeinem Aspekt seiner Beziehung zu Vater oder Mutter oder beiden zusammen arbeitet. Ein allgemeiner Schritt, der für Ihre Genesung in diesem Bereich ganz wichtig ist, besteht darin, mit den Illusionen aufzuräumen, die Sie über Ihre Eltern haben. Oft haben Sie den einen oder anderen Elternteil idealisiert und unglaubliche Geschichten als Erklärung für die Scheidung Ihrer Eltern erfunden. Ihre Illusionen galten oft dem Elternteil, den Sie seltener sahen oder der Ihnen leid tat.

Ein junger Mann, der heute über 20 ist, hat sich jahrelang eingeredet, daß seine Mutter, die die Scheidung einreichte, seinem Vater schrecklich unrecht getan hätte. Er traf seinen Vater regelmäßig und erlebte mehrmals, daß dieser betrunken und gewalttätig war und mit den Kindern verantwortungslos umging. Und trotzdem konnte der Vater in den Augen des Sohnes, der bei der Mutter die Schuld für die Scheidung suchte, nichts falsch machen. Sie war diejenige, die ihm die Chance genommen hatte, mit seinem Vater aufzuwachsen. Diese Illusion zerbrach, als der Sohn wegen seiner Drogensucht eine Behandlung anfing. Im Verlauf der Familienbehandlung gab sein Vater seinen Anteil an der familiären Gestörtheit und auch seine Suchtmittelabhängigkeit zu, die sein Leben zerstört hatte. Zum erstenmal ließ der Sohn die Möglichkeit zu, daß seine Mutter Gründe für ihr Verhalten gehabt hatte.

Nicht viele von uns dürfen erleben, daß Eltern bereit sind, an der Auflösung der Illusionen über sie aktiv mitzuwirken. Die meisten erwachsenen Scheidungskinder müssen diesen Prozeß allein bewältigen. Dabei können Sie nach bestimmten Schritten vorgehen. Sie haben mehrere Möglichkeiten, Ihre Eltern realistischer zu sehen. Ein Weg ist, Verwandte und Geschwister zu fragen, wie diese die Eltern erlebt haben. Das kann allerdings eine komplizierte Angelegenheit sein, denn manchmal projizieren Verwandte ihre eigenen unverarbeiteten Probleme auf die Eltern. Oft hilft es weiter, wenn Sie sich mit Ihren Geschwistern über Ihre Wahrnehmungen austauschen. Häufig haben Brüder und Schwestern sehr unterschiedliche Erfahrungen mit ihren Eltern gemacht. Durch das Gespräch mit ihnen können Sie Ihre Wirklichkeit überprüfen und auch Ihr Bild von Ihren Eltern erweitern.

Falls möglich, ist es wichtig, mit Ihren Eltern selbst zu sprechen, sie zu fragen, wie sie die Scheidung erlebt haben und welche Gefühle sie dabei hatten. Da der gestörte Scheidungsverlauf auf Verleugnung beruht, kann es aber sein, daß es schwierig für Sie ist, auf diesem Wege ein klares Bild von Ihren Eltern zu gewinnen. Vertrauen Sie sich selbst, und seien Sie offen für neue Informationen. Vielleicht erfahren Sie niemals die ganze Wahrheit und müssen selbst sehen, was für Sie stimmt. Letzten Endes müssen Sie Ihre Eltern und deren Scheidung auf Ihre Weise begreifen, auch wenn dieses Begreifen auf der Wahrheit beruhen muß, soweit Sie sie in Erfahrung bringen können, und nicht auf irgendwelchen Phantasien, die Sie erfunden haben, um sich wohl zu fühlen.

Oft sind diese Wahrheiten überraschend und bringen ein schmerzliches Erwachen mit sich. Ihre Eltern sind nicht die Menschen, die Sie sich in Ihrer Vorstellung zurechtgezimmert haben. Es ist für Ihre Heilung ganz wesentlich, daß Sie verzeihen – sich selbst, daß Sie diese Illusionen überhaupt geschaffen haben, und Ihren Eltern, daß sie Ihnen weh getan haben. Diesen Prozeß bezeichnen wir als Wiedergutmachung, und er ist wichtig, damit Sie heilen und die Verbindung zu Ihren Eltern und anderen Menschen wiederherstellen können.

Dieser Prozeß der Aufdeckung Ihrer Illusionen und der Wiedergutmachung ist ein erster Schritt, sich mit der Verwirrung auseinanderzusetzen, die Sie in bezug auf Ihre Eltern empfinden. Wenn Sie sich als den Menschen sehen, der Sie sind, und auch Ihre Eltern realistisch betrachten, fördert das sämtliche nachfolgenden Prozesse und versetzt Sie in die Lage, auch andere Probleme mit Ihren Eltern zu verarbeiten wie den Ärger und die Enttäuschung über das, was Ihre Eltern taten. Das sind alte Gefühle, die Sie mit individueller Hilfe oder mit Unterstützung durch eine Gruppe verarbeiten müssen.

Erwachsene Scheidungskinder haben unrealistische
Erwartungen an ihre Beziehungen und Ehen

Die Tendenz von erwachsenen Scheidungskindern, sich mit ihren ungelösten Problemen auf ihre Beziehungen zu konzentrieren, ist von zentraler Bedeutung. Ihre Heilung hat sehr oft direkte Auswirkungen auf Ihre Beziehungen. Und selbst auf der gesellschaftlichen Ebene kann durch unsere Heilung im Bereich Beziehungen sichergestellt werden, daß die gestörten familiären Verhaltensmuster nicht fortgesetzt und an zukünftige Generationen weitergegeben werden. Leider hilft uns die Gesellschaft so gut wie gar nicht dabei, etwas über gesunde Beziehungen zu lernen. Die Medien liefern uns zahllose Beispiele dafür, wie unsere Beziehungen *nicht* aussehen sollten, Vorbilder für positive Beispiele hingegen sind rar.

Erwachsene Scheidungskinder, die an ihren Beziehungen aktiv arbeiten, gehen ihre Genesung auf unterschiedlichste Weise an. Einige suchen eine Eheberatung auf, um zu lernen, miteinander zu kommunizieren. Andere lesen Bücher, um die Gefühle, die sich in ihren Beziehungen einstellen, besser verstehen und artikulieren zu können. Viele nehmen an Gruppen der Anonymen Sex-, Affären- und Beziehungssüchtigen teil und finden dort Unterstützung für die Überwindung ihres Suchtverhaltens.

Es ist ganz wichtig, feste Vorstellungen von Beziehungen fallenzulassen. Als erwachsenes Scheidungskind machen Sie sich über Beziehungen und Ehe fast genauso viele Illusionen wie über Ihre Eltern. Sie können davon ausgehen, daß Sie immer dann in Schwierigkeiten geraten, wenn Sie eine rein reagierende Haltung einnehmen. Wenn Ihre Beziehungen das genaue Gegenteil der Ehe Ihrer Eltern darstellen sollen, sind Sie schon auf dem besten Wege zu Enttäuschungen, denn Sie benutzen Ihre Eltern immer noch als Maßstab. Die Scheidung Ihrer Eltern bestimmt dann in ganz realer Weise Ihre eigenen Entscheidungen. Eine Frau sprach sehr kluge Worte zu diesem Thema: »Ich gehe in meiner eigenen Ehe im Augenblick Schritt für Schritt vor. Wenn Probleme auftauchen, stelle ich mich ihnen, und mein Mann und ich entwickeln unsere Beziehung, statt sie in vorgefertigte Schablonen zu pressen. Das ist unheimlich, macht aber auch Spaß. Wir wissen nie, was als nächstes geschieht, aber wir fühlen uns rundherum lebendig, und das ist einfach toll.«

Feste Erwartungen sind für Ihre Beziehungen eine Last, weil Sie damit den oben beschriebenen Prozeß stoppen und Ihre Beziehungen kontrollieren, damit sie eine bestimmte Richtung nehmen. Sie müssen unterscheiden zwischen Erwartungen und Bedürfnissen. Das sind zwei verschiedene Dinge. Wenn Sie dem anderen Ihre Bedürfnisse mitteilen, übernehmen Sie in der

Beziehung die Verantwortung für sich selbst. Manchmal bekommen Sie, was Sie wollen, manchmal aber auch nicht, und müssen sich dann mit dem Schmerz auseinandersetzen, der dadurch hervorgerufen wird. Wenn Sie hingegen Erwartungen haben, verabsolutieren Sie bestimmte Bedürfnisse und verlagern sie nach außen. Geht dann der andere nicht darauf ein, verurteilen Sie ihn auf dem Hintergrund Ihrer Erwartungen und fällen damit auch ein Urteil über die Beziehung.

Ein Paar, beide erwachsene Scheidungskinder, erlebte diesen Unterschied zwischen Erwartungen und Bedürfnissen ganz deutlich. Mark und Janet wollten seit Jahren zum erstenmal Urlaub machen. Sie beschlossen, eine Woche auf die Bermudas zu fliegen. Beide hatten Erwartungen an den anderen und an die Zeit auf den Bermudas. Janet wollte die Strände erkunden, sich körperlich bewegen und tauchen lernen. Außerdem wollte sie mit Mark über verschiedene Dinge reden, wofür sie zu Hause nie Zeit zu haben schienen. Sie wollte mit ihm über ihre Sorgen um ihren gemeinsamen sechsjährigen Sohn sprechen, Mark ihre neuen künstlerischen Einsichten mitteilen, und sie hoffte auf viele gemeinsame genüßliche Stunden im Bett. Tatsächlich stellte sie sich das Paradies vor und beschäftigte sich in ihrer Phantasie schon Wochen vorher damit. Mark dagegen war erschöpft von der Arbeit. Er wollte endlich einmal richtig ausschlafen, am Strand lesen und sich bei den Mahlzeiten bedienen lassen. Er wollte weg von dem Streß und allem, was für ihn Streß bedeutete – Arbeit und Familie. Seine Haltung war: »Laß mich in Ruhe. Ich muß abschalten.«

So flogen Janet und Mark mit ihren eigenen Erwartungen auf die Bermudas, mit Vorstellungen, die sie still genährt, aber niemals geäußert hatten, außer mit kleinen Hinweisen wie: »Ich kann es kaum erwarten, mich mit einem Buch an den Strand zu legen« (Mark) und: »Ich habe dir soviel zu erzählen« (Janet). Am Urlaubsort angekommen, prallten ihre Erwartungen aufeinander. Am dritten Urlaubstag fühlte Janet sich alleingelassen (»Mark will überhaupt nichts mit mir unternehmen«), und Mark fühlte sich schikaniert (»Sie läßt mich einfach nicht in Ruhe. Ich wünsche mir so sehr Raum und Zeit für mich«). Beide hatten ihre Erwartungen zur starren Forderung gemünzt, eine schöne Zeit zu haben, und hielten an dieser Vorstellung fest, als wäre sie ein heiliges Recht. Ihr Thema war: »Wie bekomme ich dich dahin, daß du mir gibst, was ich brauche?« Sie fingen an, miteinander zu feilschen, um wenigstens einige Bedürfnisse erfüllt zu bekommen. »Ich gehe mit dir am Strand spazieren, wenn du mich dann lesen läßt.« Als der Urlaub zur Hälfte herum war, ging es beiden schlecht, und sie waren total erschöpft von all den Versuchen, den anderen in ihre eigene Richtung zu lenken.

Statt dessen hätten sie sich ihre Bedürfnisse einfach mitteilen und beide sagen können: »Ich möchte im Urlaub folgendes machen: …« Janet hätte Mark zu ihren Ausflügen einladen können. Mark hätte sich Zeit nehmen können, um zu überlegen, ob er Janet wirklich begleiten wollte. Wenn nicht, hätte er das sagen können. Dann hätte Janet sich mit ihren Gefühlen zu seiner Weigerung auseinandersetzen müssen. Erwachsene Scheidungskinder interpretieren die Weigerung anderer, auf ihre Vorschläge einzugehen, fast immer als persönliche Ablehnung. Es muß nicht unbedingt stimmen, daß Mark keine Zeit mit Janet verbringen möchte. Er möchte einfach Zeit für sich haben. Auf dem Hintergrund ihrer Erwartungen legte sie seine Weigerung aber als Ablehnung ihrer Person aus, obwohl sie in Wirklichkeit nichts mit ihr zu tun hatte.

Wenn Sie Ihre Bedürfnisse mitteilen, bekommen Sie manchmal genau das, was Sie haben wollen – manchmal aber auch nicht. Wenn letzteres der Fall ist, haben Sie die Chance, die Gefühle wahrzunehmen, die in Ihnen aufsteigen. Das ist nicht das Ende der Welt, sondern ein ganz normaler Ablauf. Und ein Geschenk. Denn wenn Sie nicht bekommen, was Sie haben wollen, gibt Ihnen das Gelegenheit, loslassen zu lernen – eine Kunst, die Ihnen als Kind schwerfiel und die Sie heute als erwachsener Mensch lernen müssen.

Wie Ihre Beziehungen und Ihre Partnerwahl verlaufen, hängt davon ab, ob Sie zuerst einmal an sich selbst arbeiten. Sie gehen einfach zu sehr davon aus, daß eine Beziehung Ihre Probleme lösen würde. Die Wahrheit ist, daß *Sie* das Problem sind. Solange Sie selbst nicht heilen, bringen Sie Ihre sämtlichen Probleme als erwachsenes Scheidungskind in Ihre Beziehung mit ein. Stellen Sie nicht zu hohe Anforderungen an sich, indem Sie glauben, Sie müßten erst zum perfekten Menschen werden, bevor Sie eine Beziehung eingehen. Aber die meisten erwachsenen Scheidungskinder haben Beziehungen angefangen, bevor sie dazu bereit waren, und haben dann von ihrem Partner erwartet, daß er für sie erledigt, was sie selbst für sich nicht tun wollten. Zuerst einmal müssen Sie also für sich selbst sorgen. Dann müssen Sie Vertrauen fassen in den Verlauf der Beziehung und sich schließlich verbindlich darauf einlassen, für den Rest Ihres Lebens Tag für Tag kontinuierlich an sich zu arbeiten.

2 Weitere Hilfsquellen der Heilung

Zu keiner anderen Zeit in unserer Geschichte gab es so viele Hilfsquellen für die Heilung vom Trauma der Scheidung wie heute. 15 Millionen Amerikaner treffen sich täglich in Selbsthilfegruppen, um über ihre Probleme zu sprechen und zu genesen, indem sie sich mit ihresgleichen austauschen und gegenseitig unterstützten. Auch wenn die für erwachsene Scheidungskinder typischen Wesenszüge gerade erst erkannt und benannt worden sind, glaube ich, daß es entsprechende Hilfsquellen gibt, und ich empfehle Ihnen, sich für die Auseinandersetzung mit Ihren Problemen als erwachsenes Scheidungskind irgendeine Form von Hilfe zu suchen. Erwachsene Scheidungskinder fühlen sich aufgrund der Last ihrer Erfahrungen isoliert. Warum das alles allein durchstehen, wenn es so viele Menschen gibt, die mit Unterstützung anderer wirklich Heilung finden?

Beratung/Therapie

Erwachsene Scheidungskinder haben – mit unterschiedlichem Erfolg – die verschiedensten Therapien gemacht. Da Sucht für viele Betroffene ein Problem ist, sind sie gut beraten, Psychiater und Psychologen zu meiden, die sich im Umgang mit Gefühlen hauptsächlich auf die Verschreibung starker Medika-

mente verlassen. Erwachsene Scheidungskinder, die sucht-
krank waren und diese Form der Behandlung gewählt haben,
berichten, daß sie Jahre mit einer teuren Therapie vergeudet
haben, nur um dann von der Abhängigkeit von den verschrie-
benen Medikamenten genesen zu müssen. Als sie die Behandlung bei diesen Spezialisten beendeten, stand die Auseinandersetzung mit ihren Gefühlen jedoch immer noch aus.

Kürzlich wurde ich auf einer Konferenz von einer Frau gefragt, ob ich glaubte, Therapeuten, die selbst nicht mißhandelt
wurden, könnten erwachsene Scheidungskinder mit Miß-
brauchserfahrungen verstehen und ihnen helfen. Ihre Frage
war interessant für mich, weil ich zu gewissen Zeiten meines
Lebens bereitwillig eingeräumt hätte, daß Therapeutinnen
oder Therapeuten, die das gleiche durchgemacht haben wie
ihre Klienten, effektiver arbeiten könnten. Ich glaube aber
heute nicht mehr, daß ähnliche Erfahrungen ein Kriterium
für eine effektive Therapie sind. Wichtiger ist, daß die Therapeutin oder der Therapeut die Klienten darin unterstützen,
ihre Themen zu bearbeiten, ohne sich einzumischen oder sie
subtil zu kontrollieren. Das Bedürfnis zu »helfen« muß in
den Hintergrund treten, um den Prozeß der Klienten zu fördern und damit diese die Erfahrung machen, daß sie die
Macht haben, sich selbst zu heilen.

Das ist für erwachsene Scheidungskinder ein ganz entscheidender Punkt. Sie fühlen sich bereits hilflos und alleingelassen
– wenn sie also die Lösung außen suchen, führt das nur dazu,
daß sie keine innere Stärke entwickeln. Therapeutinnen und
Therapeuten mit fertigen Antworten, Einsichten, Interpretatio-
nen und Vorstellungen sind vielleicht anregend und interessant, fördern erwachsene Scheidungskinder aber nur selten in
ihrer Genesung.

Ich glaube, daß viele Therapeuten selbst Probleme mit dem
Thema Scheidung haben und es ihnen manchmal schwerfällt,
sich bei erwachsenen Scheidungskindern, die zu ihnen als
Klienten kommen, mit ihrem Rat zurückzuhalten. Kürzlich be-

obachtete ich einen Therapeuten, der mit einem Paar arbeitete. Beide waren erwachsene Scheidungskinder, die mit ihrer Beziehung zu kämpfen hatten und überlegten, sich zu trennen. Statt ihnen zu helfen, diese Möglichkeit durchzugehen, schwärmte der Therapeut ihnen vor, wie tief ihre spirituelle Verbindung sei, da sie doch oft wußten, was der andere dachte, noch bevor er es aussprach. Ich betrachtete diese Kommentare des Therapeuten als subtile Form von Manipulation. Ich sah die Verwirrung auf den Gesichtern der beiden, als sie versuchten, eine angemessene Lösung für ihre augenblicklichen Schwierigkeiten zu finden, während der Therapeut einen speziellen Aspekt ihrer Beziehung herausgriff und verklärte.

Mehrere erwachsene Scheidungskinder sagten, sie verdankten ihre Heilung Menschen, die sie unterstützten – Therapeutinnen und Therapeuten, die sie begleiteten und eine sichere Umgebung schufen, ohne sich dem eigenen inneren Prozeß des erwachsenen Scheidungskindes in den Weg zu stellen. Daraus haben diese erwachsenen Scheidungskinder gelernt, daß Hilfe suchen nicht bedeuten muß, sich im Helfer zu verlieren, sondern daß sie wirklich ihre eigenen Probleme in Gegenwart eines Menschen verarbeiten konnten, der »bei ihnen« blieb. Ich gebe dieser Form von therapeutischer Unterstützung den Vorrang, und erwachsene Scheidungskinder sollten sich nicht scheuen, verschiedene Therapeutinnen und Therapeuten »auszuprobieren«, bis sie einen Menschen finden, von dem sie glauben, daß er sie bei ihrem Heilungsprozeß begleiten kann.

Verschiedene Selbsthilfegruppen

Ich glaube, daß Selbsthilfegruppen ein wirkungsvolles Umfeld für die Genesung erwachsener Scheidungskinder sind. Diese Gruppen greifen das Problem der Isolierung auf, indem sie für einen Rahmen sorgen, in dessen Schutz die Betroffenen anderen zuhören können, die ähnliche Erfahrungen gemacht haben wie sie. Wenn Sie die Lebensgeschichten anderer anhören, hilft Ihnen das, sich an Ihren eigenen Schmerz zu erinnern, den Sie vielleicht jahrelang unterdrückt haben. Auch kommen Sie in Kontakt mit Menschen, die auf dem Weg ihrer Heilung bereits weiter fortgeschritten sind als Sie und für Sie ein Beispiel sein können.

Für erwachsene Scheidungskinder, die mit Sucht und/oder Inzest sowie körperlichen Mißhandlungen zu kämpfen haben, gibt es Gruppen, die auf dem Vorbild der Anonymen Alkoholiker beruhen, welche auf diesem Gebiet Pionierarbeit geleistet haben. Diese Gruppen, die nach dem Zwölf-Schritte-Programm arbeiten, existieren in zahlreichen Städten, sind kostenlos und offen für jeden Menschen, der den ernsthaften Wunsch verspürt, seine Sucht zu überwinden. (Auch wenn Inzest keine Sucht ist, hat auch hier ein Zwölf-Schritte-Programm wohltuende Wirkung, weil es die Isolation verringert, Wissen durch Information erweitert und für Unterstützung sorgt.) Weil unsere Probleme mit Suchtkrankheiten und den Folgen körperlichen Mißbrauchs so zentral sind, ist es notwendig, sich direkt damit auseinanderzusetzen. Ihre Genesung als erwachsenes Scheidungskind kann nicht voranschreiten, wenn Sie sich durch Sucht betäuben.

Später werde ich auf die Genesungsgruppen für erwachsene Scheidungskinder, die auf dem Zwölf-Schritte-Modell beruhen, noch näher eingehen. Auch wenn Sie sich noch nicht bereit fühlen, mit einer Genesungsgruppe für erwachsene Scheidungskinder anzufangen, können Sie vom Besuch einer der vielen verschiedenen bereits existierenden Zwölf-Schritte-Gruppen profitieren. Die bekanntesten unter ihnen sind die Anonymen Alkoholiker. Es gibt aber auch Gruppen für erwachsene Kinder aus suchtkranken und gestörten Familien sowie für Co-Abhängige. All diese Gruppen wurden von erwachsenen Scheidungskindern als hilfreich empfunden.

Sollten Sie auch dann eine Zwölf-Schritte-Gruppe besuchen, wenn es bei Ihnen hauptsächlich um Themen geht, die sich aus Ihrer Vergangenheit als erwachsenes Scheidungskind ergeben haben? Ja. Wenn es in Ihrer Umgebung keine Gruppe für erwachsene Scheidungskinder gibt, empfehle ich den Besuch einer Zwölf-Schritte-Gruppe, selbst wenn sie sich nicht auf Ihr spezielles Problem konzentriert.. Wie ich unten noch weiter ausführen werde, helfen Zwölf-Schritte-Gruppen Ihnen, sich mit einigen Ihrer allgemeinen Probleme als erwachsenes Scheidungskind zu befassen wie Hilflosigkeit, Verlassenheitsgefühle, Kontrolle und Beziehungsprobleme. Statt einfach nur Gegenmittel für bestimmte Suchtkrankheiten zu sein, liefern diese Gruppen Beispiele dafür, wie Sie Ihre Probleme anders lösen und Ihr Leben anders leben können. Wenn Sie befürchten, Ihre Genesung als erwachsenes Scheidungskind könne blockiert werden, weil Sie Drogen nehmen oder süchtig nach Affären, Sex, Beziehungen, Konsum oder Arbeit sind, sprechen noch mehr Gründe dafür, daß Sie sich mit Ihrer Sucht in einem Zwölf-Schritte-Programm auseinandersetzen. Jetzt sind Sie vielleicht verwirrt, weil Sie nicht wissen, was Sie brauchen. Ziehen Sie in Erwägung, ein Gruppentreffen zu besuchen, wo man nach den zwölf Schritten vorgeht, um herauszufinden, ob Sie dort etwas lernen können. Vielleicht finden Sie dort, was Sie brauchen, oder aber auch nicht. Das liegt bei Ihnen.

Warum sind Zwölf-Schritte-Genesungsgruppen für erwachsene Scheidungskinder so wirkungsvoll? Der Grund dafür liegt darin, daß die hier stattfindenden Prozesse die gestörten Verhaltensweisen, die Sie in Ihrer Scheidungsfamilie gelernt haben, direkt angehen:

- *Sie schämen sich, also isolieren Sie sich und versuchen, allein klarzukommen.* Das Zwölf-Schritte-Programm wirkt durch die Gruppe, so daß es schwer ist, sich zu verstecken und isoliert zu bleiben. Es gibt andere Menschen wie Sie, und das hilft Ihnen, sich selbst zu betrachten.

- *Sie verurteilen Ihre Vergangenheit und Ihre Eltern, die sich scheiden ließen.* Sie kritisieren die Fehler, die Ihre Eltern Ihrer Meinung nach begangen haben. Bei der Zwölf-Schritte-Genesung wird Ihnen geraten, bei Ihren Problemen zu bleiben und sich nicht auf andere zu konzentrieren.
- *Sie fühlen sich hilflos und glauben, an Ihrem Leben nichts ändern zu können.* Die zwölf Schritte sind eindeutig ein Programm zum Handeln. Wenn Sie die einzelnen Schritte des Programms durcharbeiten, unternehmen Sie etwas gegen Ihre Hilflosigkeit.
- *Sie fühlen sich alleingelassen und gehen von sich selbst weg.* Zwölf-Schritte-Gruppen haben Sponsoren für ihre Mitglieder. Das sind Männer und Frauen, die auf dem Weg zur Genesung von ihrer speziellen Sucht bereits weiter fortgeschritten sind als Sie und die für Sie da sind, um Ihnen bei der Erarbeitung Ihres Genesungsprogramms zu helfen. Somit sind Sie nicht allein. Ein guter Sponsor oder eine gute Sponsorin muß nicht unbedingt selbst erwachsenes Scheidungskind sein. Sponsoren sind deswegen für Sie von wert, weil sie wissen, wie das Zwölf-Schritte-Programm wirkt. Sie leiten Sie dabei an. Und Sie wenden die Schritte selbst auf Ihre Probleme an.
- *Sie fühlen sich übertrieben verantwortlich für andere.* Bei der Zwölf-Schritte-Genesung werden Sie angewiesen, Ihr eigenes Programm durchzuarbeiten und andere das gleiche tun zu lassen. Wenn Sie lernen, sich selbst zu respektieren, respektieren Sie auch andere.
- *Sie versuchen Ihre Beziehungen nach dem, was andere denken und fühlen, auszurichten.* Zwölf-Schritte-Gruppen gehen nach zwei Richtlinien vor, die Ihnen hier weiterhelfen. Es gibt bei den Treffen keine Wortgefechte, was heißt, daß Sie Ihre Reaktionen für sich behalten, ohne sie anderen aufzudrängen. Sie lenken sich nicht damit ab, daß Sie während der Treffen mit anderen diskutieren. Sie sprechen auf dem Hintergrund Ihrer eigenen Erfahrungen und benutzen dabei

213

»Ich«-Äußerungen. Dadurch können Sie sich auf die Gründe konzentrieren, die Sie zu den Treffen gebracht haben, und bei Ihrem eigenen Programm bleiben, ohne sich in das von anderen zu verwickeln.

* *Sie haben Angst vor Konflikten und ergreifen Partei.* In Zwölf-Schritte-Gruppen werden politische, religiöse und andere strittige Themen bewußt gemieden. Der Sinn und Zweck der Gruppe ist die Genesung ihrer Mitglieder, nicht die Diskussion über Weltanschauungen.

* *Sie haben Probleme mit intimen Beziehungen.* Zwölf-Schritte-Genesungsgruppen liefern Ihnen ein Vorbild für gesundes Beziehungsverhalten. Sie erleben, wie andere ihre Geschichten mitteilen, ohne Ihnen Ratschläge zu geben, wenn Sie von sich berichten. Sie hören, wie andere aufrichtig und ohne Verurteilung erzählen, an welchem Punkt sie sich heute befinden. Sie machen die Erfahrung, mit all Ihren Mängeln akzeptiert und in Ihrer Genesung unterstützt zu werden, ganz gleich, wie lange sie dauert. Statt andere mit Ihrem Wissen zu überhäufen, erleben Sie eine persönliche Macht, die darauf beruht, daß Sie sich öffnen und von sich geben. All diese Erfahrungen stehen in Kontrast zu dem, was Sie in Ihrer Scheidungsfamilie erlebt haben, wo die Gefühle stark negativ waren und Ihnen meistens einfach übergestülpt wurden.

Als erwachsenes Scheidungskind haben Sie darunter gelitten, während der Scheidung Ihrer Eltern nicht mehr Sie selbst sein zu können. In Zwölf-Schritte-Gruppen werden Sie darin unterstützt, Sie selbst zu sein.

Genesungsgruppen
für erwachsene Scheidungskinder

Ausgehend von dem enormen Erfolg, den Zwölf-Schritte-Gruppen im ganzen Land haben, glaube ich, daß erwachsene Scheidungskinder gut daran täten, Genesungsgruppen für sich zu bilden. Wie könnten Sie eine solche Gruppe ins Leben rufen, und wie würde eine solche Genesungsgruppe für erwachsene Scheidungskinder aussehen? Im folgenden gebe ich dazu einige Anregungen.

Eine Genesungsgruppe für erwachsene Scheidungskinder ins Leben rufen

Kündigen Sie in Ihrer Lokalzeitung an, daß Sie eine Genesungsgruppe für erwachsene Scheidungskinder gründen wollen. Viele Zeitungen und Zeitschriften haben einen Anzeigenteil, in dem auch andere Zwölf-Schritte-Gruppen annoncieren. Manche Menschen hängen auch Zettel ans Schwarze Brett von kommunalen Einrichtungen, Vermittlungsstellen oder Krankenhäusern. Auf dem Zettel könnte stehen: »Erwachsene Scheidungskinder treffen sich (Ort und Zeit). Diese Gruppe ist offen für alle Erwachsenen, die unter der Erfahrung der Scheidung ihrer Eltern leiden und Heilung finden möchten, indem sie andere an ihren Erlebnissen, ihrer Hoffnung und ihrer Stärke teilhaben lassen. Die Treffen sind kostenlos und vertraulich.« Es empfiehlt sich, einen Namen und eine Telefonnummer anzugeben, unter der Interessenten weitere Informationen erfragen können.

Der äußere Rahmen für eine Genesungsgruppe erwachsener Scheidungskinder

Beim ersten Treffen der Gruppe müssen die Anwesenden sich über den äußeren Rahmen und die Grundregeln der Zusammenkünfte einig werden. Ich schlage folgendes für diese Treffen vor, und zwar deswegen, weil sich diese Richtlinien seit dem 50jährigen Bestehen der verschiedenen Selbsthilfegruppen, die nach dem Zwölf-Schritte-Programm organisiert sind, effektiv bewährt haben.

- *Leitung der Gruppe.* Irgend jemand muß das Treffen eröffnen und abschließen. Die Leitung der Gruppe sollte von Treffen zu Treffen wechseln, damit sie nicht immer von einer Person übernommen wird. Durch dieses Rotationsprinzip ist gewährleistet, daß sämtliche Gruppenmitglieder die Verantwortung für den Gruppenprozeß übernehmen.
- *Einführung.* Die Leiterin oder der Leiter sollte das Treffen eröffnen und alle willkommen heißen. So eine Begrüßung könnte folgendermaßen aussehen: »Ich begrüße Sie alle. Ich heiße … und bin ein erwachsenes Scheidungskind. Heute findet hier das wöchentliche Treffen der erwachsenen Scheidungskinder von (Ort) statt. Bevor wir uns gegenseitig vorstellen, möchte ich Ihnen gern vorlesen, zu welchem Zweck wir hier zusammenkommen.«
  Dann liest die Leiterin oder jemand, den sie darum bittet, vor, was mit den Gruppentreffen beabsichtigt wird: »Wir haben diese Genesungsgruppe für erwachsene Scheidungskinder ins Leben gerufen, um von den langfristigen Auswirkungen der Scheidung zu heilen, unter denen wir als Kinder litten und die wir immer noch spüren. Wir wissen, daß wir über die Entscheidung unserer Eltern, sich zu trennen, keine Macht hatten. Wir möchten mit Hilfe dieser Gruppe die Wahrheit über unsere eigene Vergangenheit kennenlernen und uns eingestehen, wir möchten unsere Erfahrungen aufrichtig mit anderen erwachsenen Scheidungskindern teilen sowie unser Leben und unsere Beziehungen heilen, indem wir uns gegenseitig unterstützen.«
- Dann bittet die Leiterin die Gruppenmitglieder, *sich nur mit Vornamen vorzustellen*. Damit wird die Anonymität der ein-

zelnen gewahrt. Vielleicht möchten die Gruppenmitglieder noch hinzufügen, wie alt sie zum Zeitpunkt der Scheidung waren, obwohl das in vielen Gruppen gar nicht nötig sein mag.

• Als nächstes erläutert die Leiterin die *Grundregeln für die Treffen*. Einige bewährte Regeln lauten:

– Nur mit Vornamen anreden.

– Vertraulichkeit. Was bei den Treffen gesagt wird, bleibt in diesem Rahmen. Das sorgt für ein Gefühl von Sicherheit, so daß die Teilnehmer absolut ehrlich sein können und keine Folgen oder nachträgliche Verurteilung befürchten müssen.

– Keine Gegenrede. Das bedeutet, daß Sie nicht an dem Treffen teilnehmen, um Ratschläge zu geben, zu therapieren oder auf das von den anderen Gesagte mit Zustimmung oder Ablehnung zu reagieren. Sie sind da, um mitzuteilen, was Sie mitteilen müssen, und um anderen zuzuhören. Die Gruppe ist keine Diskussionsrunde, bei der sich sämtliche Teilnehmerinnen und Teilnehmer am Ende einig sein müssen. Es ist nicht ratsam, auf das, was die einzelnen sagen, anschließend einzugehen. Gehen Sie statt dessen weiter zum nächsten. Vielleicht stimmen Sie mit dem, was Sie hören, nicht immer überein. Sie können annehmen, was Ihnen einleuchtet, und den Rest einfach ignorieren. Dieser Prozeß ist Teil dessen, daß Sie lernen, angemessene Grenzen zu setzen. Wenn Sie sich damit ablenken, anderen Menschen in der Gruppe Ratschläge zu geben, hören Sie auf, sich auf sich zu konzentrieren, und sie wenden sich wieder einmal von Ihrem eigenen Prozeß ab. Dies ist Ihre Zeit; andere können auf sich selbst achtgeben.

– Kein Druck. Niemand, der seine Erfahrungen oder seine Geschichte mitteilt, sollte unter Druck gesetzt werden. Einige sind vielleicht bei vielen Treffen einfach nur anwesend, um zuzuhören und zu lernen. Es ist in Ordnung, nichts zu sagen. Die Teilnehmerinnen und Teilnehmer, die reden, sollten aber das Treffen nicht an sich reißen. Manchmal muß die Leiterin oder der Leiter ein Gruppenmitglied bitten, sich kurz zu fassen, damit andere auch Gelegenheit bekommen, sich zu äußern.

– Zeit. Sie sollten die Zeiten für Anfang und Ende des Treffens festlegen und sich dann auch daran halten. Wenn das Treffen zeitlich nicht begrenzt ist, fühlen die Gruppenmitglieder sich eingeschlossen. Wenn sie wissen, wie lange das Treffen dauert, fällt es ihnen leichter, verbindlich damit umzugehen, als wenn es sich endlos hinzieht. Üblicherweise dauern diese Treffen ein bis eineinhalb Stunden. Es ist Aufgabe der Gruppenleitung, das Treffen für beendet zu erklären.

– Viele Zwölf-Schritte-Treffen werden mit dem »Gelassenheitsspruch« beendet. Ich glaube, daß er sich gut dafür eignet, ein Treffen von erwachsenen Scheidungskindern abzuschließen. Er lautet: »Gott gebe mir die Gelassenheit, Dinge hinzunehmen, die ich nicht ändern kann; den Mut, Dinge zu ändern, die ich ändern kann; und die Weisheit, das eine von dem anderen zu unterscheiden.«

Jetzt haben Sie einen äußeren Rahmen für das Treffen. Aber wie sollen Sie bei den Zusammenkünften weiter vorgehen? Es gibt mehrere Möglichkeiten. Einmal können Sie ein oder zwei Gruppenmitglieder bitten, ihre Geschichte als erwachsenes Scheidungskind mitzuteilen sowie zu erzählen, wie die Scheidung sich auf sie ausgewirkt hat und in welcher Form sie heute an ihren Problemen arbeiten. Nachdem sie gesprochen haben, möchten vielleicht andere Gruppenmitglieder die Erinnerungen äußern, die das Gehörte in ihnen wachgerufen hat.
Eine andere Möglichkeit wäre, die für erwachsene Scheidungskinder typischen Wesenszüge im Laufe einer Reihe von Treffen im einzelnen durchzugehen. Ein Mitglied könnte ein, zwei Absätze über einen Wesenszug vorlesen, und dann könnten die Teilnehmerinnen und Teilnehmer mitteilen, wie sie diesen Wesenszug als Kinder oder als Erwachsene bei sich erlebt haben.

Das dritte Vorgehen wäre, daß sämtliche Gruppenmitglieder in einem Brainstorming eine Liste von Themen zusammentragen, über die sie dann bei den folgenden Treffen sprechen. Vielleicht ist die Gruppe sich anfangs so fremd, daß es gut ist, von den zehn typischen Wesenszügen auszugehen, um die Treffen zu strukturieren. Ich bin jedoch sicher, daß es an Stoff nicht mangeln wird, wenn die Gruppenmitglieder dann tiefer in ihre Probleme als erwachsene Scheidungskinder vordringen.

Die Lebensinventur für erwachsene Scheidungskinder

Gibt es noch weitere Mittel, die Sie nutzen könnten, um sich Ihre Probleme als erwachsenes Scheidungskind bewußt zu machen? Sie können sich erneut von den Zwölf-Schritte-Gruppen Anregung holen und eine schriftliche Inventur Ihres Lebens als erwachsenes Scheidungskind machen. Dieser Prozeß hilft Ihnen, sich zu erinnern, und das fällt erwachsenen Scheidungskindern oft schwer. Mit Hilfe der Lebensinventur können Sie Zugang zu den Auswirkungen der für Sie als erwachsenes Scheidungskind typischen Erfahrungen und Wesenszüge bekommen sowie ein klareres Bild von sich selbst gewinnen.

Für diese Inventur gibt es eine ganz einfache Methode. Als erstes müssen Sie sich die Zeit nehmen, wirklich an der Inventur zu arbeiten. Sie können sie nicht morgens auf dem Weg zur Arbeit machen. Nehmen Sie sich Zeit, und suchen Sie sich einen Platz, wo Sie nicht gestört werden können. Dann erinnern Sie sich so weit wie möglich zurück an die Zeit, wo Ihnen zum erstenmal auffiel, wie Ihre Familie unter der Scheidung litt. Anfangs kommen Ihnen vielleicht nur ein oder zwei Erinnerungen. Das ist in Ordnung. Weitere Erinnerungen werden dann auftauchen, wenn Sie bereit dafür sind.

Fangen Sie mit Ihren frühesten Erinnerungen an und gehen Sie dabei wie folgt vor:

1. *Was geschah in meiner Familie?* Schreiben Sie auf, was Ihnen einfällt, und zwar ohne zu urteilen und so genau wie möglich. Hier folgt die Beschreibung eines 24jährigen Scheidungskindes: »Ich bin in meinem Bett. Ich bin sechs Jahre alt. Mutti sitzt an meinem Bettrand. Sie weint und erzählt mir, daß sie und Vati sich scheiden lassen werden. Sie sagt, ich müsse mich nicht verantwortlich fühlen für das, was sie tun. Sie sagt, daß sie mich liebhat und mich nicht allein lassen wird. Draußen regnet es.«

2. *Beschreiben Sie, wie Sie sich gefühlt haben.* Sie können die Gefühle einfach aufschreiben, ohne sie weiter zu erklären, zum Beispiel: erschrocken, einsam, ängstlich, besorgt, beunruhigt und so weiter.

3. *Schreiben Sie auf, wie Sie reagiert haben und was Sie taten.* Unser 24jähriger schrieb:»Ich rollte mich unter meiner Bettdecke zusammen und weinte mich in den Schlaf. Am nächsten Tag ging ich in die Schule und erzählte meiner Lehrerin, daß Mutti und Vati sich scheiden lassen würden. Sie nahm mich in den Arm, aber ich fühlte mich immer noch verschreckt und einsam.«

4. *Was fühlen Sie als Erwachsene/r?* In diesem Teil der Inventur schauen sich erwachsene Scheidungskinder ihre augenblicklichen Themen an. Der genannte junge Mann schrieb dazu: »Ich bin mir meiner selbst unsicher, vor allem in Beziehungen, in denen ich Menschen näherkomme. Ich habe immer noch Angst, verlassen zu werden, also lasse ich Menschen nicht so dicht an mich heran.«

Diese Bestandsaufnahme kann Ihnen helfen, sich die Wahrheit über Ihre Vergangenheit offen einzugestehen. Auch kommen im Verlauf einer Inventur unweigerlich neue Erinnerungen zutage. Sie können bei Ihrer Inventur als erwachsenes Scheidungskind auch von den zehn typischen Wesenszügen ausgehen und aufschreiben, wann Ihnen diese zum erstenmal aufgefallen sind. Indem Sie beschreiben, wie diese Wesenszüge sich bei Ihnen äußern und was Sie dazu empfinden, können Sie diese Inventur abrunden.

Wenn Sie diese Inventur machen, werden Sie wahrscheinlich mit Gefühlen und Erinnerungen in Kontakt kommen, die bislang verschüttet waren. Vielleicht entdecken Sie Inzesterlebnisse oder haben Erkenntnisse, die besonders aufwühlend sind. Ich glaube, daß diese Inventuren tiefgreifende Prozesse sind und nicht allein vorgenommen werden sollten. Suchen Sie sich einen Sponsoren oder andere erwachsene Scheidungskinder, die Sie dabei unterstützen. Wenn Sie sich von dem, was hochkommt, überwältigt fühlen, können Sie sich an diese Menschen oder enge Freunde wenden.

Die Macht der Genesung

»Ist eine Genesung möglich, ist sie all die Mühe wert?« fragte eine Frau auf einer Konferenz, bei der ich die für erwachsene Scheidungskinder typischen Wesenszüge beschrieb. Sie gab zu, daß sie viele der typischen Wesenszüge in ihrem eigenen Leben wiedererkannte, trotzdem fühlte sie sich so überwältigt, daß sie überhaupt nichts unternehmen wollte. »Ich möchte mich am liebsten in ein Loch verkriechen und warten, bis das alles vorbeigeht«, bekannte sie.

Ich glaube, daß die Reaktion dieser Frau typisch und normal ist. Wenn wir zum erstenmal von diesen Wesenszügen hören oder lesen, fühlen wir uns völlig überrollt. Das Problem mit Ihrer Vergangenheit als erwachsenes Scheidungskind ist aber, daß sie nicht einfach verschwindet. Sie gleicht einer körperlichen Krankheit, deren Symptome sich verschlimmern, wenn sie nicht behandelt wird. Die »Krankheit«, erwachsenes Scheidungskind zu sein, heilt nicht von selbst. Menschen, denen diese Tatsache zutiefst bewußt ist, stellen fest, daß sie das gestörte Verhalten ihrer Ursprungsfamilie in ihrer eigenen Familie fortsetzen und die Auswirkungen vor Augen haben. Ihre Kinder werden zu Spiegeln für sie selbst.

Eileen, ein 50jähriges erwachsenes Scheidungskind, sagte, sie hätte nur unter Mühen und Schwierigkeiten etwas über ihr Kontrollverhalten und ihren Perfektionismus gelernt, zwei Wesenszüge, die sie in ihrer Scheidungsfamilie entwickelt hatte. Nach der Scheidung ihrer Eltern lebte sie bei ihrer Mutter, sehnte sich aber nach der Zuwendung ihres Vaters. Sie dachte, sie könnte ihm den Schmerz über die Scheidung abnehmen, wenn sie in der Schule ausgezeichnete Leistungen erbrachte. Ihr Vater hinderte sie in keiner Weise daran, sondern war erfreut, daß seine Tochter ihm so ähnlich war, nämlich total arbeitssüchtig. Auch wenn Eileen nicht bei ihm lebte, hatte er das Gefühl, sie würde eher ihm ähnlich werden als ihrer Mutter. Er empfand diese Entwicklung als einen Sieg. (Es ist erstaunlich, wie lange geschiedene Partner ihren Kampf, nachdem der Krieg für beendet erklärt wurde, noch fortführen.)

Als Erwachsene trieb Eileen in zwei Ehen den Mann durch ihr Kontrollverhalten, ihren Perfektionismus und ihr exzessives Arbeiten in die Flucht. In ihrer dritten Ehe gelangte sie mit diesen Problemen an einen Tiefpunkt. Sie begann sich die Schwierigkeiten anzuschauen, die sie von ihrem Vater übernommen hatte. Sie hatte das Gefühl, daß alles besser wurde, als ihre 25jährige Tochter plötzlich an einem Herzanfall starb. Eileens Tochter, genesende Alkoholikerin, war vom Alkoholismus zur Arbeitssucht übergegangen, der Sucht, die in ihrer Familie seit zwei Generationen verbreitet war. Zur Zeit, als sie starb, arbeitete sie ganztags an einer Schule und hatte nebenbei noch zwei Teilzeitjobs. Über den Tod ihrer Tochter reflektierend, sagte Eileen: »Ich konnte meine Tochter nicht am Leben erhalten. Ich mußte lernen, daß es eindeutig Dinge gab, die nicht in meiner Macht lagen. Ich erfuhr auch, daß die für mich als erwachsenes Scheidungskind typischen Wesenszüge sowie meine Arbeitssucht familiäre Verhaltensmuster waren. Ich sah, wie tödlich diese wirkten, wenn sie nicht aufgehalten wurden. Ich verlor meine Tochter, und es tut mir leid, sagen zu müssen, daß ich das brauchte, um aufzuwachen.«

Eileen ist ein extremer Fall, und trotzdem frage ich mich, ob sie so anders ist als andere erwachsene Scheidungskinder. Viele erwachsene Scheidungskinder verlieren ihre Kinder und andere geliebte Menschen durch einen langsameren Tod, als Eileens Tochter ihn starb. Sie vertreiben sie mit ihrem Kontrollverhalten und ihrer Aggressivität. Sie nehmen Gelegenheiten zur Nähe nicht wahr, weil sie Angst vor Nähe haben, oder sie haben völlig unrealistische Erwartungen an Beziehungen. Die Kinder von erwachsenen Scheidungskindern haben das Gefühl, nicht unterstützt zu werden, weil erwachsene Scheidungskinder auf Konflikte hilflos reagieren. Tatsächlich sterben die Menschen, die erwachsenen Scheidungskindern lieb sind, langsam, und zwar emotional; denn wenn erwachsene Scheidungskinder in die Krankheit abtauchen, deren Symptome die typischen Wesenszüge sind, können sie für ihre Lieben nicht da sein.

Ich glaube, daß die Genesung von Ihrer Vergangenheit als erwachsenes Scheidungskind notwendig ist. Sie selbst sind dafür der beste Beweis. Ihre Eltern haben nicht an sich gearbeitet. Jetzt setzen Sie ihr Erbe fort. Sie müssen für sich und zukünftige Generationen genesen.

Und Genesung ist möglich. Tag für Tag höre ich Geschichten, die mich davon überzeugen, daß es nicht unser Schicksal ist, das alte Verhalten ständig zu wiederholen. Eileen zum Beispiel hatte bereits vor dem Tod ihrer Tochter angefangen, sich mit ihrem Kontrollverhalten auseinanderzusetzen. Seitdem macht sie mit ihrer Veränderung Fortschritte. Sie fing eine Ausbildung zur Geschäftsführerin an, nicht um jemand einen Gefallen zu tun, sondern weil sie es wollte. Sie sagt, ihr sei es nicht wichtig, ob sie jemals den Abschluß mache. Sie macht diese Ausbildung für sich. Eileen geht regelmäßig zur Beratung, wo ihr geholfen wird, die Erinnerungen an ihre Kindheit zu rekonstruieren und ihren Vater als den Menschen zu sehen, der er wirklich ist. Sie geht zu den Treffen der Anonymen Arbeitssüchtigen, weil sie eine süchtige »Macherin« ist. Sie sagt, sie habe zum erstenmal in ihrem Leben das Gefühl, Oberhand zu haben, ohne sich kontrollierend zu verhalten. Früher trug sie so viele ungelöste Probleme aus ihrer gestörten Familie mit sich herum, daß sie glaubte, ihre Schwierigkeiten durch Kontrolle eindämmen zu können. Heute weiß sie, daß diese Strategie den gegenteiligen Effekt hat. Je stärker ihr Kontrollverhalten ist, desto schlimmer werden die Dinge. Heute lernt sie loszulassen. Sie begegnet den Dingen so, wie sie auf sie zukommen. Überraschenderweise fühlt sie sich lebendiger denn je. Alle um sie herum sind dankbar, weil sie viel entspannter ist und für die Menschen, die sie lieben, besser dasein kann.

Eileen ist mit ihrer Genesung weit vorangekommen. Andere verändern sich in kleineren Schritten. Eine Äußerung, die ich sehr oft von den erwachsenen Scheidungskindern hörte, die meinen Fragebogen ausfüllten, lautete: »Es hilft mir, überhaupt nur einen Namen für das zu haben, was ich schon so lange fühle. Ich komme mir vor, als ob ich einen dichten Nebel hinter mir lasse.«

Zwei Männer im Alter von 27 Jahren unterhielten sich über ihre Schritte in Richtung Genesung. Sie bekennen sich dazu, erwachsene Scheidungskinder zu sein, und obwohl sie all den Aktivitäten, die für die Genesung empfohlen werden, etwas mißtrauisch gegenüberstehen, unternehmen sie einiges. Einer von ihnen geht wöchentlich zu einem Gruppentreffen, bei dem er sich mit seinen augenblicklichen Problemen auseinandersetzt. Er fängt an zu begreifen, wie das gestörte Verhalten seiner Familie zur Scheidung führte. Der andere sagt, er habe mit seinem enormen Drang nach Selbständigkeit zu kämpfen. Er läßt nie zu, daß andere etwas für ihn tun, nur seine Mutter ist eine Ausnahme. Wenn seine Selbständigkeit für ihn auch Vorteile hatte, führte sie ihn doch zugleich in die Isolation. Er hat immer noch Probleme mit seinen Freundinnen, die ihn distanziert finden. Kürzlich hat er erkannt, wie einsam sein Selbständigkeitsdrang ihn macht. Er liest jetzt Bücher zu diesem Thema und überlegt, mit seinem Freund zu den Gruppentreffen zu gehen. Diese kleinen Schritte sind für die beiden jungen Männer genau richtig.

Es ist schwierig, über die gelungene Genesung von erwachsenen Scheidungskindern etwas zu sagen, weil wir gerade erst dabei sind, das Phänomen zu benennen. Es gibt jedoch Menschen, die an diesen Problemen arbeiten, und ihre Geschichten enthalten Aspekte, die wir verallgemeinern können. Am Anfang steht das Benennen, was heißt, daß Sie einen Namen für das haben, was Sie fühlen und erleben. Ob dieses Benennen einen oder sämtliche zehn für erwachsene Scheidungskinder typischen Wesenszüge umfaßt, ist unwichtig; entscheidend ist, daß die Verleugnung aufgehoben wird. Wenn Sie die Dinge beim Namen genannt haben, können Sie sich weitere Informationen besorgen. Sie können zu diesem Thema etwas lesen, mit Gleichgesinnten sprechen und Ihre Erfahrungen mit denen von anderen vergleichen. An diesem Punkt ist die Genesung nichts weiter als ein Gedanke. Sie verläuft auf der Ebene von Einsichten, und Einsichten sind etwas Wunderbares. Sie erleichtern uns und fügen die verwirrenden Puzzleteile zusammen. Leider sind Einsichten aber nicht identisch mit der Genesung.

Einige erwachsene Scheidungskinder bleiben bei der Benennung ihrer Probleme stehen. Wenn Sie das Wissen haben, um sich Ihr augenblickliches Verhalten zu erklären, nehmen Sie fälschlicherweise an, daß Sie damit bereits ein anderer Mensch sind. Das ist selten der Fall, und Sie machen die frustrierende Erfahrung, Ihr altes Verhalten fortzusetzen, obwohl Sie es jetzt besser *wissen*. Der nächste Schritt geschieht, wenn Sie aus Ihrer Isolation heraustreten und das Wissen, das Sie über sich haben, umsetzen. Sie schließen sich einer Gruppe für erwachsene Scheidungskinder an, machen eine Therapie oder fangen mit einem Zwölf-Schritte-Programm an. Manchmal schlagen Sie alle drei Wege ein. Sie sind bereit, sich als erwachsenes

Scheidungskind zu identifizieren, mehr über sich zu erfahren, Ihre Gefühle wahrzunehmen und sich ehrlich mit Ihrer gestörten Familie auseinanderzusetzen.

Die dritte Stufe besteht in der Erkenntnis, daß die Genesung als erwachsenes Scheidungskind ein lebenslanger Prozeß ist. Sie ist eine klassische Umstrukturierung, bei der Sie sich von den alten gestörten Verhaltensweisen auf neue, gesunde Möglichkeiten zubewegen. Die Veränderung bezieht sich auf sämtliche Ebenen des Lebens. Sie fangen an mit dem Mikrokosmos Ihrer eigenen Familie, Ihrer Vergangenheit und Ihrer Gegenwart. Sie übernehmen die Verantwortung für Ihren eigenen Prozeß. Dabei fangen Sie an, der Kraft und inneren Weisheit Ihrer eigenen Entwicklung zu vertrauen. Während Sie alte Verhaltensweisen und Einstellungen loslassen, verabschieden Sie sich auch von Ihren Einstellungen und Vorurteilen zu so grundlegenden Themen wie Beziehungen, Intimität und Familie. Die Möglichkeit, daß diese Bereiche neue Formen annehmen können, wird jetzt als Chance statt als Bedrohung gesehen. Sie können sich nach eigenem Wunsch und Willen für Veränderungen entscheiden oder auch nicht.

Sie sollten niemals unterschätzen, wie wichtig Ihre Genesung als erwachsenes Scheidungskind für die Gesellschaft ist. Es gilt als allgemeine Weisheit, daß wir genau aus Schwachstellen unsere Stärke entwickeln. In unserer Gesellschaft ist die Familie in großen Schwierigkeiten. Kulturell gesehen, ist sie unser schwächster Punkt. Überall scheinen Familien sich abzuquälen, und doch stellt jedes erwachsene Scheidungskind, das sich auf dem Weg der Genesung befindet, eine persönliche, private Revolution in der Kultur der Familie dar. Ihre Genesung lehrt uns alle etwas über die rückwirkende Macht von Veränderungen und über Hoffnung. Sie gibt uns allen eine zweite und dritte Chance, Beziehungen einzugehen, die lebensbejahend statt lebensverneinend sind. Tiefgreifende Veränderungen gehen vor sich, und erwachsene Scheidungskinder auf dem Weg zur Genesung tragen ihren Teil dazu bei.

3 Die positive Seite von Scheidungen

Scheidung als positive Möglichkeit mit positiven Auswirkungen

Bis jetzt habe ich langfristige Auswirkungen von Scheidungen beschrieben, bei denen die Kinder Überlebenstaktiken entwickelten, die sich in ihrem Erwachsenenleben als gestört erweisen. Wenn man den Schmerz von so vielen erwachsenen Scheidungskindern erlebt hat, könnte man versucht sein, den Schluß zu ziehen, daß eine Scheidung »schlecht« ist. Aber auch nach all den Interviews mit erwachsenen Scheidungskindern bin ich weiterhin sicher, daß die Scheidung selbst ein neutraler Akt ist. Die Art und Weise, wie die Scheidung verläuft, ist es, die Kinder so beeinflußt, daß sie als Erwachsene Probleme haben. Aber die vielen anderen, die sofort darauf hinwiesen, daß die Scheidung auch ihre positiven Aspekte hatte, haben mir Mut gemacht. Tatsächlich klang bei sehr vielen Geschichten durch, daß die Scheidung eine bei weitem bessere Lösung war, als jahrelang als gestörte Familie zusammenzubleiben.

Inwieweit Menschen die Scheidung als Wohltat empfinden, ist unterschiedlich. In Familien, in denen Streit und Gewalt vorherrschten, war die Scheidung ein Segen und eine Erleichterung. Sie brachte die Sicherheit, die es vorher nicht gegeben hatte. Sie sorgte für Grenzen, wenn die Kinder sich vorher als Opfer fühlten, die ungeschützt Gefahren ausgesetzt waren. Eine Frau lernte, als sie ihre familiären Erfahrungen rückblickend betrachtete, ihre Mutter neu schätzen. Sie sagte: »Ich glaube, die Scheidung von meinem alkoholkranken und unverantwortlich handelnden Vater war das Verantwortlichste, was Mutter zu der Zeit unternehmen konnte.«

Viele erwachsene Scheidungskinder erlebten, wie ein Elternteil dem inakzeptablen Verhalten des Partners oder der Partnerin Halt gebot und damit den Kindern vorbildlich zeigte, daß Respekt und Verantwortung für das Familienleben unerläßlich sind. Auch wenn kein erwachsenes Scheidungskind Freude an der Scheidung hatte, geben einige doch zu, daß es grundsätzlich richtig war, eine Ehe zu beenden, die für die Kinder schmerzlich und verletzend war.

Mehrere Betroffene sagen, sie hätten das Gefühl gehabt, von dem Elternteil behütet worden zu sein, der aufrichtig zugab, daß die gestörte Beziehung den Kindern Schaden zufügte. Ein junger Mann, der von seinem perfektionistischen Vater beim geringsten Fehler beschimpft und angebrüllt wurde, sagte, als sein Vater schließlich die Verantwortung für sein eigenes Verhalten übernommen hatte, er, der Sohn, hätte begriffen, daß ihn keine Schuld treffe. Für erwachsene Scheidungskinder, die eine herrschsüchtige Mutter oder einen perfektionistischen Vater hatten, war die Zeit nach der Scheidung oft wie ein Aufatmen. Erwachsene Scheidungskinder wissen den Mut zu schätzen, den ihre Eltern brauchten, um zuzugeben, daß sie nicht zusammenpaßten und dann entsprechend zu handeln. Sie erlebten, wie der Partner, der zur Scheidung nicht bereit war oder sie nicht wollte – anders als der Partner, der die Scheidung in die Wege leitete –, litt. Sie konnten realistisch sehen, daß das, was für einen Ehepartner positiv war, auf den anderen oft verheerende Auswirkungen hatte. Erwachsene Scheidungskinder machten die Erfahrung, daß zwei ganz gegensätzliche Sichtweisen beide wahr sein können.

Bei positiv verlaufenden Scheidungen gibt es keine Verleugnung. Sämtliche beteiligten Parteien stehen für das ein, was sie fühlen und brauchen. Viele erwachsene Scheidungskinder sagen, die Scheidung habe zu einer besseren Kommunikation in der Familie geführt. Sie hörten zum erstenmal, wie ihre Eltern sich ihre wahren Gefühle mitteilten. Das war für sich genommen bereits ein Vorteil der Scheidung. Auch wenn sie schmerzlich waren, bewirkten viele Scheidungen, daß die Familie »aufwachte«. Es wurde nicht mehr so getan, als sei alles in Ordnung. Ein Mann, dessen Eltern sich scheiden ließen, als er 13 Jahre alt war, sagte, er habe schließlich begriffen, daß sein Vater ein einseitiger Mensch gewesen sei, der nach dem Motto lebte: »Gib es den anderen, bevor sie dich kriegen.« Diese unausgesprochene Einstellung hatte die ganze Familie beherrscht. Durch die Scheidung kamen seine Überzeugungen ans Licht, und ihre Macht über ihr Leben nahm ab.

Viele erwachsene Scheidungskinder verlieren nach der Scheidung den Kontakt zu einem Elternteil. Bei positiv verlaufenden Scheidungen können erwachsene Scheidungskinder sich daran erinnern, wie sie Vater oder Mutter besser kennenlernten. Hier setzt keiner der beiden den anderen vor den Kindern herab. Die Beziehung des Kindes zum anderen Partner wird grundsätzlich respektiert, und diese Haltung öffnet den Kindern neue Türen. Nicht nur, daß erwachsene Scheidungskinder durch diese Form des Umgangs miteinander ihre Eltern wirklich kennenlernen, sie erleben sie auch als die Menschen, die sie wirklich sind. Sie durchschauen die eigenen Illusionen über ihre Eltern.

Alles in allem glauben erwachsene Scheidungskinder, daß der Entschluß der Eltern, sich scheiden zu lassen, wahrscheinlich richtig war. Wenn die Scheidung klar und direkt verlief und die Gefühle sämtlicher Beteiligten respektiert wurden, war sie weder traumatisch, noch hatte sie langfristige Folgen. Leider verlief dieser Prozeß nur bei sehr wenigen Scheidungen so positiv. Üblicher war, daß der Scheidungsablauf sich so schwierig, spannungsreich und schrecklich gestaltete, daß erwachsene Scheidungskinder in der Regel unter starken langfristigen Folgen zu leiden haben. Aber selbst in diesen Fällen haben einige Betroffene das Gefühl, daß das Ergebnis positiv war und ihre Situation sich nach der Scheidung verbesserte. Diese erwachsenen Scheidungskinder zeigen Wesenszüge, die für sie als Menschen, die die Scheidung ihrer Eltern überstanden haben, ihrer Meinung nach typisch sind. Diese Wesenszüge, im Verlauf der Scheidung gewachsen, sind die andere Seite der Gestörtheit – nämlich Stärken, mit denen Menschen aus der Scheidungserfahrung hervorgehen. Auch Sie können lernen, diese Stärken für sich zu entwickeln.

Typische Wesenszüge von erwachsenen Scheidungskindern, für die die Scheidung positiv war

Selbständigkeit

Viele erwachsene Scheidungskinder waren aufgrund der Scheidung ihrer Eltern auf sich allein gestellt. Oft wurde ihnen die finanzielle Unterstützung für eine weiterführende Ausbildung verweigert, und durch die Scheidung sank ihr Lebensstandard. Sie begannen schon in jungen Jahren zu arbeiten und erkannten, daß sie die Verantwortung für sich übernehmen mußten.

Da in Scheidungsfamilien der Elternteil, der das Sorgerecht hat, meistens arbeiten gehen muß, müssen auch die Kinder mehr Verantwortung für den Haushalt tragen. Sie lernen kochen, sauberzumachen und andere Pflichten zu übernehmen. Eine Frau formulierte das folgendermaßen: »Ich wußte, daß ich mich selbst um mich kümmern mußte. Nicht, daß meine Mutter mich nicht geliebt hätte. Ich wußte, daß sie mich liebte. Sie brauchte einfach ihre ganze Kraft dafür, unser Zuhause zu erhalten, und Vati begann ein neues Leben mit einer neuen Frau. Ich hatte das Gefühl, mich selbst versorgen zu müssen und nicht erwarten zu können, daß mein Vater immer für mich dasein würde.«

Diese erwachsenen Scheidungskinder haben noch eine andere Form der Selbständigkeit entwickelt. Sie sind nicht abhängig von den Gefühlen anderer Menschen und verwickeln sich nicht so stark in deren Schwierigkeiten. Wir haben an früherer Stelle gesehen, daß viele Betroffene Schwierigkeiten mit Beziehungen haben, weil sie sich entweder an ihre Partner klammern oder sie von sich weisen. Erwachsene Scheidungskinder, die die Scheidung für positiv halten, haben ungeachtet dieser Wahrheit aber offensichtlich ein gesundes Selbstempfinden und fühlen sich als eigenständige Menschen. Dabei sind sie aber nicht isoliert von anderen, sondern ruhen in sich. Sie möchten ihre eigenen Entscheidungen treffen und sind bereit, die Folgen ihrer Fehler auf sich zu nehmen. Sie weigern sich nicht, Hilfe anzunehmen, wenn sie ihnen angeboten wird, aber sie haben so viel Selbstvertrauen entwickelt, daß sie sich nicht hilflos fühlen, wenn andere nicht für sie dasein sollten.

Widerstandskraft

Ich habe überlegt, diesen Wesenszug »Stärke« zu nennen, weil erwachsene Scheidungskinder sich manchmal ein starkes Äußeres zulegen, hinter dem sich eine große Verletzlichkeit verbirgt. Ich halte aber die Bezeichnung »Widerstandskraft« immer noch für angemessener. Erwachsene Scheidungskinder äußern sich selbst oft erstaunt über ihre Fähigkeit, Dingen standzuhalten. Sie haben in ihrer Familie so vieles erlebt, was sie zutiefst bewegte, und konnten doch feststellen, daß sie ihr Leben weiterlebten.

Sie führen ihre Widerstandskraft darauf zurück, daß ihre Mutter, ihr Vater oder beide Elternteile trotz der Scheidung nicht aufgaben. Erwachsene Scheidungskinder erlebten, wie Mütter, die bislang zurückgezogen gelebt und keine Berufsausbildung hatten, wieder die Schule besuchten, sich Arbeit außer Haus suchten und den Unterhalt für die Familie verdienten. Sie sahen, wie Väter, die sich vor der Scheidung im Haushalt ziemlich ungeschickt verhalten hatten, lernten, die Kinder zu versorgen.

Erwachsene Scheidungskinder besitzen innere Stärke. Eine junge Frau, die anfing, Häuser zu renovieren, um sich in ihrer Schulzeit Geld zu verdienen, sagte: »Ich wurde in die Realität geschleudert, als meine Eltern sich scheiden ließen, und ich hatte Angst. Und trotzdem wußte ich, daß es in mir einen starken Kern gab, auf den ich mich verlassen konnte.« Tatsächlich verspüren viele Betroffene innerlich eine gewisse Festigkeit. Sie sind nicht so leicht aus der Fassung zu bringen. Sie haben oft das Gefühl, bereits in jungen Jahren viel erlebt zu haben. Ein erwachsenes Scheidungskind witzelte: »Bei meiner Arbeit als Pfleger in der Psychiatrie war ich nicht besonders schockiert. Ich hatte das alles Jahre früher bereits zu Hause erlebt.«

Mehrere erwachsene Scheidungskinder sind zuversichtlich in bezug auf ihre eigene Ehe und hoffen, daß sie gutgeht, sagen aber auch, wenn nicht, wüßten sie, daß das auch nicht das Ende der Welt bedeuten würde. Das Wissen, daß mit dem Scheitern einer Ehe nicht die Welt untergeht, ist ein typischer Ausdruck der Widerstandskraft von erwachsenen Scheidungskindern. Sie kennen das alles bereits und wissen damit umzugehen. Sie werden aus dem, was geschieht, weiter lernen und nicht aufgeben.

Zugang zu den Gefühlen

Dieser Wesenszug ist mehr als alle anderen typisch für den Unterschied zwischen Scheidungen mit positiven und Scheidungen mit negativen Folgen für erwachsene Scheidungskinder. Sehr viele Betroffene, die die Scheidung negativ erlebten, wuchsen mit erstarrten Gefühlen auf. Es war gefährlich, in ihrer gestörten Scheidungsfamilie Gefühle zu haben, denn da war niemand, der ihnen Sicherheit vermitteln konnte. Die Folge ist, daß Scheidungskinder als Erwachsene überhaupt keinen Zugang zu ihren Gefühlen haben oder nur ein einziges Gefühl kennen – Ärger.

In Familien, in denen die Scheidung positiv verlief, machten erwachsene Scheidungskinder andere Erfahrungen. Sie erlebten, wie ihre Eltern Gefühle ausdrückten, und oft wurden diese Gefühle weder auf die Kinder geschoben noch vor ihnen versteckt. Diese Menschen wurden ermutigt, zu fühlen, und ihre Gefühle wurden nicht verurteilt. Sie waren einfach»da«, und sie durften ihnen freien Lauf lassen. Eine 40jährige Frau kann sich an die Scheidung ihrer Eltern gut erinnern. Sie war damals zwölf, rollte sich fest zusammen und weinte und weinte. Niemand versuchte sie daran zu hindern oder ihr zu erzählen, es würde schon alles wieder besser werden. Sie weinte tagelang. Manchmal hielt ihr Vater sie im Arm, während sie weinte, aber die meiste Zeit war er einfach da, ohne sich ihr aufzudrängen. Sie lernte, ihre Reaktionen auf bestimmte Situationen zu respektieren und sich die Zeit zu nehmen, die sie brauchte, wenn sie starke Gefühle empfand. Als Erwachsene weiß sie fast immer sofort genau, was sie als Reaktion auf bestimmte Umstände empfindet. Damit ist sie das genaue Gegenteil von den erwachsenen Scheidungskindern, die erst Wochen nach einem Ereignis eine Reaktion darauf verspüren und dann nicht sicher sind, ob ihre Empfindungen »richtig« sind.

Ein weiterer Aspekt dieses Wesenszugs bei erwachsenen Scheidungskinder ist, daß sie Zugang zu einem größeren Spektrum an Gefühlen haben und nicht nur ein oder zwei Gefühle kennen. Einige Betroffene beklagen sich darüber, daß sie zwar Traurigkeit oder Angst verspürten, sonst aber emotional wie erstarrt seien. Das gilt nicht für die erwachsenen Scheidungskinder, deren Erfahrungen mit der elterlichen Scheidung positiv waren. Sie empfinden eine ganze Skala von Gefühlen – Frustration, Gereiztheit, Niedergeschlagenheit, Kummer, Ärger, Sorge, Liebe, Freude. Ihre Gefühle sind viel nuancierter.

Sie müssen sich nicht von explosiven Gefühlen überwältigen lassen, um sich lebendig zu fühlen. Diesen erwachsenen Scheidungskindern wurden von ihren Scheidungseltern zwei Botschaften vermittelt. Erstens, daß es sicher und normal war, im Verlauf der Scheidung Gefühle zu haben. Und zweitens, daß auch ihre Eltern Gefühle hatten, die sie äußerten. Gefühle waren legitimer Bestandteil des Scheidungsverlaufs und mußten nicht kontrolliert und aus dem Leben verbannt werden.

Erwachsene Scheidungskinder, die in Kontakt mit ihren Gefühlen sind, halten das für eines der größten Geschenke der Scheidung, denn damals lernten sie intensive Gefühle kennen und verarbeiten.

Leiden wird nicht verklärt

Erwachsene Scheidungskinder, für die die elterliche Scheidung eine positive Erfahrung war, neigen eindeutig weniger zum Dramatisieren. Sie erlebten, wie ihre Eltern zu dem Resultat kamen, daß die Fortführung der Ehe nicht gut sei, und dementsprechend handelten. Das ist in Familien, in denen die Eltern »zum Wohle der Kinder« zusammenblieben, nicht der Fall. Viele dieser Scheidungskinder sind als Erwachsene imstande, aus den trivialsten Beziehungen Leidensdramen zu inszenieren. Sie glauben, wenn sie in einer Beziehung nicht leiden, läge ihnen auch nichts am anderen.

Natürlich haben erwachsene Scheidungskinder aus Ehen, die positiv geschieden wurden, auch ihre Schwierigkeiten. Einige hatten später äußerst gestörte Beziehungen und erlebten wirkliche Tragödien. Der Unterschied ist aber, daß sie nicht einfach am Leiden festhalten und es auch nicht verklären. Sie nehmen das Leben so, wie es kommt. Sie begegnen dem Leben weder gleichgültig noch arrogant. Sie leben in der Gegenwart. Wenn sie von der Scheidung ihrer Eltern erzählen, kann man kein Selbstmitleid heraushören. Sie sind bereit, ihre Realität zu akzeptieren, ohne die schmerzlichen Erlebnisse zu verleugnen.

Eine Frau wurde von ihrem Vater im betrunkenen Zustand brutal geschlagen und daraufhin von liebevollen Großeltern auf dem Land großgezogen. Diese Frau glaubt, daß sie ohne die Scheidung niemals zu diesem wunderbaren Paar in Obhut gekommen wäre, das sie für den Schrecken entschädigte und ihr zu einem gesunden Leben verhalf. Sie erzählt die Geschichte ihrer Mißhandlung direkt und ohne Selbstmitleid. Wenn man ihr zuhört, fragt man sich, wie sie das alles überstanden hat. Sie überlebte aber und weiß genau, daß sie das ihren Großeltern zu verdanken hat. Sie hat gelitten, und jetzt ist das alles vorbei. Damit rückt dieses Kindheitserlebnis zusammen mit anderen prägenden Erfahrungen an seinen Platz.

Lernen, Veränderungen zu akzeptieren

Viele erwachsene Scheidungskinder widersetzen sich Veränderungen. Ihre Kindheitserfahrungen waren schmerzvoll, und so besteht für sie zwischen Schmerz und Veränderung ein Zusammenhang. In Zeiten von Veränderungen ist es schwierig, die Kontrolle zu behalten, und Kontrolle ist für erwachsene Scheidungskinder etwas ganz Zentrales. Da die Scheidung zu unangenehmen Situationen führte, ziehen einige die vertraute, aber gestörte Familie der fremden, aber intakten Familie vor.

Die Scheidung erzwingt Veränderungen. Durch sie änderten sich sämtliche Lebensbereiche des Kindes – die Menschen, mit denen es zusammenlebte, die Schule, die es besuchte, seine Freundschaften und die Gesichter, die im Familienporträt auftauchten. Vielleicht lehrt die Scheidung uns mehr als jedes andere Ereignis im Leben – ausgenommen der Tod –, daß das Leben ein Fluß ist.

Erwachsene Scheidungskinder, die ihren Erfahrungen mit der elterlichen Scheidung positiv gegenüberstehen, sagen, daß sie sich anfangs von den Veränderungen, die die Scheidung mit sich brachte, wie vernichtet gefühlt hätten. Sie betrauerten den Verlust ihrer Sicherheit. Gleichzeitig aber erweiterte sich ihr

Horizont, und sie begannen zu begreifen, daß ihre Sicht nicht die einzig mögliche ist. Eine Frau, deren Vater sich scheiden ließ, um eine andere Frau zu heiraten, kann sich erinnern, wie überrascht sie von der neuen Ehefrau war. »Sie war so anders als meine Mutter, daß ich mir beim besten Willen nicht erklären konnte, was mein Vater an ihr fand. Ich glaubte, er müsse eine Frau wie Mutti heiraten, nur ohne deren Probleme. Seine Wiederheirat zwang mich, alles neu zu überprüfen, was ich über meinen Vater geglaubt hatte. Ich sah, daß mein Wunsch nach einer Frau wie Mutti meine Art war, die Veränderungen in unserer Familie zu blockieren. Tatsächlich gründete diese neue Frau mit Vati eine völlig neue Familie. Die Dinge würden nicht so bleiben, wie sie waren, ganz gleich, was ich mir in meinem kleinen Kopf zurechtlegte.«

Weil Scheidungskinder schon früh im Leben mit einschneidenden persönlichen Veränderungen konfrontiert sind, sagen einige, sie seien als Erwachsene auf Neuerungen besser vorbereitet. Mit den Worten eines erwachsenen Scheidungskindes: »Meine erste Reaktion sieht immer gleich aus. Ich hasse Veränderungen, ich wünschte, ich müßte da nicht durch. Wenn ich dieses Stadium erst einmal überwunden habe, schaue ich mir an, welche Veränderungen anstehen und stelle mich ihnen nicht mehr in den Weg. Ich weiß, daß ich das, was um mich herum geschieht, nicht beeinflussen kann, und das ist eine Erleichterung.«

Diese erwachsenen Scheidungskinder sind flexibel, wenn es um Veränderungen geht. Sie haben in mehreren Familien gelebt und damit die unterschiedlichsten Lebensstile kennengelernt. Sie kennen die eigenen Vorlieben. Sie haben erfahren, daß die Welt vielfältig ist, denn sie machen schon in ihrem eigenen kleinen Universum die unterschiedlichsten Erfahrungen. Auch wenn sie anfangs in Beziehungen vorsichtig sind, schockiert es sie nicht, wenn sie feststellen, daß jemand sich anders verhält, als sie erwartet haben. »Ich versuche einfach, mit dem Strom zu schwimmen«, philosophierte ein erwachsenes Scheidungskind. »Man weiß nie, wie die Dinge sich entwickeln. Es ist einfach leichter, sie so zu nehmen, wie sie kommen.«

Ganz gleich, ob sie Veränderungen gesucht oder sich dagegen gewehrt haben – Veränderungen sind das, was im Leben sämtlicher erwachsener Scheidungskinder konstant auftaucht. Wer sich dagegen sträubte, leidet heute unter Schwierigkeiten, die die Folge seines Kontrollverhaltens sind. Die Menschen aber, die Veränderungen akzeptiert haben, gehen offensichtlich mit einer Leichtigkeit durchs Leben, die man vielleicht sogar als heitere Gelassenheit bezeichnen könnte. Sie haben gelernt, loszulassen. Das führt dazu, daß ihr Leben weniger eng ist und sie die Welt nicht als einen furchterregenden Ort erleben. Sie gehen müheloser mit den Ereignissen des Lebens mit, was sie – so sagen sie – durch die Scheidung gelernt haben.

Erfahrungen mit unterschiedlichen Erziehungsstilen

»Meine Scheidungsfamilie war praktisch ein Versuchslabor für Kindererziehung«, erklärte eine 30jährige Frau, die mit ihrem ersten Kind schwanger ist. »Wenn die Scheidung uns eines beibringt, dann daß es viele unterschiedliche Wege gibt, mit Kindern umzugehen.« Interessant ist, daß erwachsene Scheidungskinder diese verschiedenen Erziehungsstile sowohl beobachtet als auch selbst erlebt haben. (Die Bücher über das Thema Scheidung sind voller Ratschläge an die Eltern, bei einmal aufgestellten Regeln zu bleiben, wenn die Kinder zwischen ihnen hin- und herpendeln.) Viele der erwachsenen Scheidungskinder, die ich interviewt habe, haben das Gefühl, selbst in einer relativ gleichbleibenden Umgebung große Unterschiede in der Art und Weise wahrgenommen zu haben, wie die Eltern sie versorgten. Sie sagen, diese Unterschiede zu erfahren, sei für ihre eigene Entwicklung positiv gewesen.

Als Scheidungskinder konnten sie ihre Eltern vielleicht zum erstenmal als Individuen erleben. Sie begannen die Tatsache zu schätzen, daß sie zwei getrennte Menschen vor sich hatten. Eine Frau erzählte, was sie als Kind über Geld gelernt hatte. Sie lebte bei ihrem Vater, der glaubte, daß es wichtig für sie sei, Wege zu finden, um zu bekommen, was sie wollte (zum Beispiel ein bestimmtes College besuchen), selbst wenn er nicht für die Kosten aufkommen konnte. Er war auch sehr großzügig mit Geschenken. Ihre Mutter andererseits war überzeugt, daß ihre Tochter finanzielle Verantwortung lernen müßte, indem sie sich ihren Unterricht selbst verdiente. Sie war bereit, etwas zu den Collegekosten beizusteuern, aber nicht vollständig dafür aufzukommen. Die junge Frau besuchte mit der Hilfe, die ihr Vater ihr gewährte, das College ihrer Wahl. Wenn sie auf diese beiden unterschiedlichen Einstellungen zurückblickt, glaubt die Frau, daß sie die Stärken und Schwächen von beiden gesehen hat. Sie machte die Erfahrung, daß sie sich auf ihren Vater finanziell verlassen konnte, daß er für sie da war und damit ganz konkret seine Fürsorge zeigte. Sie traute sich bei ihrem Vater auch eher um etwas zu bitten. Das war keine »große Sache«. Von ihrer Mutter lernte sie, verantwortlich zu handeln, zu sehen, was die Dinge kosten, und Geld nicht als etwas Selbstverständliches zu betrachten. In ihrem eigenen Leben hat sie diese Lernerfahrungen so kombiniert: Sie geht sorgsam mit Geld um und gibt nicht zuviel aus, wenn sie knapp bei Kasse ist, ist aber auch großzügig. Von ihren eigenen Kindern erwartet sie, daß diese finanzielle Verantwortung übernehmen, hat aber auch vor, ihnen zu helfen, vor allem bei größeren Vorhaben wie dem Besuch eines Colleges.

Scheidungen geben Kindern die Möglichkeit, in fast jedem Bereich des Familienlebens die unterschiedlichsten Erfahrungen zu machen. Während sie zwischen den beiden Familien hin- und herwechseln, bilden sie sich selbst eine Meinung darüber, welches Verhalten positiv wirkt und welches nicht. In jungen Jahren sind diese Meinungen selbstbezogen. Später lernen die Kinder dann, bestimmte Werte zu schätzen und in ihren eigenen Familien umzusetzen. Dazu sagte ein erwachsenes

Scheidungskind: »Mein Vater wollte, daß ich mich seiner neuen Frau gegenüber immer anständig benehme. Er hielt mir dauernd Vorträge unter vier Augen. Dann wurde ich entlassen und sollte mich vor den anderen wie ein Prinz benehmen. Das brachte nicht viel, denn ich glaube, er schämte sich für mich. Meine Mutter hingegen sprach mich direkt an, wenn ich mich danebenbenahm, auch in Gegenwart meines neuen Stiefvaters. Bei ihr zu Hause hatte ich das Gefühl, es war in Ordnung, ich selbst zu sein. Bei meinem Vater war das nicht so. Ich habe aus diesen Erfahrungen gelernt, ich setze mich mit meinen Kindern ganz direkt und offen auseinander. Ich möchte nicht, daß sie mit der Angst aufwachsen, ich könne mich für sie schämen.«

Später im Leben lernen erwachsene Scheidungskinder auch schätzen, wenn man ihnen Grenzen setzt, selbst wenn sie als Jugendliche dagegen rebellieren. Ein Mann erinnert sich, daß er bei seinem Vater so lange aufblieb, wie er wollte, während seine Mutter ihm feste Zeiten setzte. Als Kind liebte er die Freiheit, die er im Haus seines Vater hatte. Rückblickend sieht er aber, daß er selbst nicht wußte, wann er Ruhe und Schlaf brauchte. Die Anweisung seiner Mutter half ihm, rechtzeitig schlafen zu gehen, und er konnte seine Tage mit der Mutter mehr genießen als die mit seinem Vater.

Erwachsene Scheidungskinder profitieren von ihren Erlebnissen mit unterschiedlichen Erziehungsstilen. Sie können bei der Erziehung ihrer eigenen Kinder auf ein großes Spektrum an Erfahrungen zurückgreifen. Auch wenn einige der erlebten Unterschiede schmerzlich, ja selbst verwirrend waren, sind sie als Erwachsene in der Lage, sich für eine Form des Umgangs mit den Kindern zu entscheiden, die sich ihrer Meinung nach langfristig positiv auswirkt. Das ist einer der erstaunlichsten Pluspunkte der Scheidung. Wer das als eine Chance begriff und nicht nur als Tragödie, gewann aufgrund seiner eigenen Erfahrungen im getrennten Kontakt mit beiden Elternteilen unschätzbare Einsichten, die er dann in ein praktisches Verhalten umsetzen konnte, das Positives bewirkte.

Die Scheidung eröffnete erwachsenen Scheidungskindern ein großes Spektrum an unterschiedlichen Lebensstilen. Sie lernten zumindest die verschiedenen Lebensstile von Mutter und Vater nach der Scheidung kennen, oft aber noch weitere. Viele Betroffene hatten Eltern, die sich mehr als einmal scheiden ließen. Mit jedem neuen Partner lernten die Kinder eine ganze Schar neuer Verwandter einschließlich Großeltern kennen. Die Flexibilität von erwachsenen Scheidungskindern in bezug auf die sich ändernde Form der Familie wurde oft bis zum äußersten strapaziert, da sie ja Teil jeder familiären Neubildung waren.

Einige Eltern lebten nach der Scheidung sehr unterschiedlich, wie zum Beispiel die des Mädchens, das bei seiner Mutter in größter Armut lebte, während der Vater eine Limousine vorbeischickte, um das Kind für den wöchentlichen Besuch abholen zu lassen. In anderen Familien wurden Unterschiede in der Gewichtung gemacht. Einem Mann, dessen Eltern sich scheiden ließen, als er 14 war, fiel auf, daß sein Vater glaubte, man sollte in jedem Fall arbeiten, ganz gleich, ob die Arbeit befriedigend sei, denn »ohne Arbeit bist du nichts.« Seine Mutter hingegen ging davon aus, daß man sich den richtigen Beruf suchen sollte und daß die Suche nach der geeigneten Arbeit alle Zeit und Mühe wert wäre. Vor der Scheidung hatte der Vater mit seiner Art die Familie beherrscht. Nach der Scheidung fand seine Mutter immer mehr zu sich, und der Sohn hatte zum erstenmal Gelegenheit, zu erleben, wie zwei Menschen ihren Lebensunterhalt auf sehr unterschiedliche Weise verdienten. Er sah, daß sein Vater immer mehr abbaute, weil er an einer Arbeit festhielt, die für ihn nicht die richtige war, während seine Mutter in ihrem neuen Beruf als Innenarchitektin aufblühte. Sie hatte mit kleinen Schritten angefangen, aber ihr Geschäft wuchs in dem Maße, wie sie sich mit ganzem Herzen dafür einsetzte. Sie liebte ihre Arbeit. »Ich glaube nicht, daß meine Mutter ohne die Scheidung all diese Risiken eingegangen wäre«, gestand der Sohn. »Und ich hätte ohne die Scheidung niemals diese beiden unterschiedlichen Einstellungen erlebt, die mich bei meiner Berufswahl stark beeinflußt haben.«

Außer Erfahrungen mit unterschiedlichen Erziehungsstilen zu machen, bekamen erwachsene Scheidungskinder auch einen Geschmack davon, wie verschieden Menschen ihr Leben gestalten, und diese Erweiterung ihres Horizonts schenkte ihnen weiteres Wissen, das ihnen bei ihren eigenen Lebensentscheidungen half.

Erwachsene Scheidungskinder haben in sämtlichen Bereichen des Familienlebens Unterschiede kennengelernt. »Nehmen wir nur die Feiertage«, sagte eine Gruppe von Betroffenen. »Ich bin vom traditionellen Erntedankfest mit gefülltem Truthahn und Kürbiskuchen zu einer Feier mit Tofu-Truthahn mit einer kleberähnlichen Soße aus gepreßten Samen und Nüssen gewandert, die ›gut für uns‹ sein sollte«, erzählte ein Mann, dessen Vater nach der Scheidung eine sehr konservativ eingestellte Frau heiratete, während seine Mutter in eine ernährungsbewußte Wohngemeinschaft zog. »Ich habe sowohl an Tischen gesessen, wo wir Kinder zwar zu sehen, aber nicht zu hören sein sollten, als auch mit Menschen gegessen, die erwarteten, daß wir an der Unterhaltung teilnahmen. Ich lebte auch in einer Familie, wo man sich überhaupt nicht gemeinsam zu Tisch setzte«, äußerte ein anderes erwachsenes Scheidungskind.

Ist es da ein Wunder, daß viele Betroffene psychisch gesehen sowohl das Potential für Starre als auch für Orientierungslosigkeit haben? Die Kinder, die aus der Scheidung wie vernichtet hervorgingen, neigen dazu, in Situationen zu geraten oder an Dingen festzuhalten, die ihrer ansonsten unberechenbaren Welt Stabilität verleihen. Die Kinder jedoch, die die Scheidung mit einem intakten Selbstgefühl erlebten, machten so viele und reiche Erfahrungen, wie sie sie an keiner Schule vermittelt bekommen hätten. Sie leben ihr Leben mit einer Weisheit, die über ihre Jahre hinausgeht.

»Ich war nicht glücklich über die Scheidung, aber ich habe mit Sicherheit Dinge gelernt, die ich anders nie gelernt hätte«, sagte ein Mann, den ich bei einer Konferenz interviewte. »Und über das, was ich gelernt habe, freue ich mich, denn durch die Trennung meiner Eltern fing dieser Prozeß für mich an.« Dieser Mann machte die Erfahrung, daß die Wahl in sämtlichen Bereichen seines Lebens bei ihm selbst liegt.

Als erstes erkannte er, daß er entscheiden konnte, eine Ehe fortzuführen oder zu beenden. Vor der Scheidung, sagte er, hätte er das Gefühl gehabt, daß Eheversprechen für immer gelten und durch nichts gebrochen werden sollten. Auch wenn die Scheidungsrate in der Gesellschaft wuchs, hatte er eigentlich das Gefühl, daß die Scheidung keine mögliche Wahl sei, sondern ein Unglück, das Menschen zustößt, ohne daß sie Einfluß darauf hätten. Durch die Erfahrung, daß Menschen die Freiheit haben, sich aus Verbindungen zu lösen, wurde ihm bewußt, daß es ihm auch freistand, zu bleiben.

Viele erwachsene Scheidungskinder berichten, daß ein Elternteil sich durch die Scheidung weiterentwickelte, während der andere stagnierte. Betroffene dieser Art glauben, daß sie die Wahl haben, aus den Ereignissen ihres Lebens etwas zu machen, statt über das, was ihnen begegnet, zu jammern und zu klagen. »Meine Eltern waren klassische Gegensätze«, sagte ein erwachsenes Scheidungskind. »Mein Vater begann ein neues Leben. Er teilte sich uns Kindern viel mehr mit und wurde immer offener. Er reiste, legte sich Hobbys zu und schien immer jünger und unbeschwerter zu werden. Meine Mutter verkroch sich dagegen in ein Mauseloch, aus dem sie nicht hervorkam. Sie ließ ihre Freundschaften verkümmern und ließ sich körperlich gehen. Sie war schwer depressiv. Ich hatte das Gefühl, einem Drama zuzuschauen, das sich vor mir entfaltete, und ich wußte, ich konnte mir meine Rolle selbst aussuchen. Ich konnte mich in meinem Leben für jeden der beiden Wege entscheiden, für den meines Vaters oder den meiner Mutter. Diese Unterschiede vor Augen zu haben, half mir, meinen eigenen Lebensweg zu wählen, und ich verdanke ihnen außerdem, daß ich zum Leben eine offene Haltung entwickelte.«

Die Scheidung konfrontiert erwachsene Scheidungskinder mit einer Fülle von Entscheidungsmöglichkeiten. Sie sehen, wie unterschiedlich Menschen sich in Beziehungen verhalten und kommunizieren. Sie beobachten, wie Erwachsene ihre Prioritäten in jedem Lebensbereich neu überdenken: Arbeit, Freizeit, Religion, Freundeskreis. Erwachsene Scheidungskinder sind schnell dabei, darauf hinzuweisen, daß sie ihr Leben in vieler Hinsicht anders leben als ihre Eltern. Die Scheidung vermittelte ihnen die Erfahrung, daß sie die Wahl haben, anders zu leben.

Wissen, daß ungesunde Beziehungen nicht hingenommen werden müssen

Diese Lektion steht für Kinder aus Scheidungsfamilien in absoluter Klarheit an erster Stelle: Sie können sich aus einer ungesunden Beziehung zurückziehen. Die Fähigkeit, eine gestörte Beziehung zu beenden, ist typisch für erwachsene Scheidungskinder, die die Scheidung positiv erlebten. Viele Scheidungskinder haben ihre eigenen Beziehungsprobleme nicht gelöst und setzen die familiären Verhaltensmuster in ihren Beziehungen fort, aber einige lernen durch den Scheidungsverlauf etwas Grundlegendes: Wenn dir etwas nicht guttut, kannst du gehen.

Eine 39jährige Frau erzählte mir, wie drei Generationen ihrer Familie ihre Erfahrungen mit der Scheidung genutzt haben, um zu lernen, sich in Beziehungen besser zu verhalten. Ihre eigene Ursprungsfamilie war schwer gestört. Es gab ständig Gewalttätigkeiten, und sie betete darum, daß ihre Eltern sich trennten, damit die Prügeleien aufhörten. Doch die Eltern ließen sich erst scheiden, als die Kinder groß genug waren, um aus dem Haus zu gehen. Sie brachte aus ihrer Familie die gesunde Einsicht mit: »Ist es nicht realistischer, von ›Scheidung‹ zu sprechen, statt an der romantischen Phantasie festzuhalten, wir seien eine Familie?« Diese Erkenntnis war ausschlaggebend für ihre eigene Scheidung und half ihr zu begreifen, daß sie in ihrem Leben nicht immer nur leiden mußte wie ihre Eltern. So ließ die Frau sich von ihrem Mann scheiden. Dieser behielt das Sorgerecht für ihre beiden Kinder. »Mein Sohn fragte mich: ›Warum verläßt du uns?‹ Ich sagte: ›Dein Vater und ich können nicht miteinander reden.‹ Daraufhin erwiderte mein Sohn: ›Flüstere es mir ins Ohr, und ich werde es Vati weitersagen.‹ Aber ich sagte: ›Mein Sohn, das werden dein Vater und ich alleine austragen.‹ Mein Sohn sah erleichtert aus.« Am Muttertag schrieb dieser neunjährige Sohn ihr: »Mutti, ich freue mich so darüber, daß du wieder lachen kannst.« Diese Frau sagt, sie sieht, wie ihre Familie heilt, weil sie den Mut hatte, eine Beziehung zu beenden. Sie hat das Gefühl, die gestörten Verhaltensmuster aus ihrer Ursprungsfamilie umgewandelt zu haben. Sie glaubt, daß ihre Kinder an Beziehungen anders herangehen werden als die Großeltern. Tatsächlich sagte ihr Sohn kürzlich zu ihr: »Ich nehme mein Leben selbst in die Hand, Mutti, halt du dich da raus.«

Viele erwachsene Scheidungskinder erzählen davon, daß ein mißhandelter oder mißbrauchter Ehepartner seine Sachen packte und ging, ohne irgendeine offensichtliche Unterstützung zu haben. Es ist, als ob dem Kind dann ein Licht aufgeht: »Natürlich, wir müssen uns mit alledem nicht abfinden!« Oft sind diese Situationen auch weniger dramatisch. In vielen Fällen gestand ein Elternteil sich ein, daß die Beziehung tot war. Sie hatte keine Substanz. Diese Trennungen erforderten Mut, weil sie schwieriger zu erklären waren, und trotzdem sind erwachsene Scheidungskinder sich in diesem Punkt einig: Wenn man die gestörte Familiensituation duldet, wird man dadurch kein besserer Mensch. Durch die Verleugnung des eigenen

Entwicklungsprozesses jedoch, und sei es nur in Kleinigkeiten, werden Beziehungen ungesund.

Ein weiterer Aspekt des Lernens in diesem Bereich ist, daß Scheidungskinder sich manchmal andere Menschen suchen müssen, die sich um sie kümmern. Die Scheidung kann ihnen zeigen, daß Vater und Mutter eine Zeitlang nicht imstande sind, die Kinder richtig zu versorgen. Bei der positiv verlaufenden Scheidung bekommen die Kinder die Botschaft vermittelt, daß es in Ordnung ist, Zuwendung von anderen anzunehmen. Wenn die Kinder sich trauten, sich mit ihren Bedürfnissen an Großeltern, Schulpsychologen oder Freundinnen und Freunde zu wenden, wurden sie oft bereitwillig unterstützt. Allein das Eingeständnis, daß Mutter und Vater nicht für die Kinder sorgen können, schien für erwachsene Scheidungskinder, die sich erlaubten, bei anderen Menschen Unterstützung zu suchen, ein Durchbruch zu sein.

Erwachsene Scheidungskinder übertragen das, was sie über Beziehungen gelernt haben, auf sämtliche Bereiche ihres Lebens. Einige sagen, daß sie sich bei der Arbeit unvernünftigen Anforderungen widersetzen. Damit wir nicht glauben, erwachsene Scheidungskinder würden vor jeder schwierigen Situation im Leben weglaufen, ist es wichtig, sich daran zu erinnern, daß es hier um das »Erdulden« geht. Viele Betroffene machen einen Unterschied zwischen erdulden und überwinden. Sie lassen sich darauf ein, auf Lösungen hinzuarbeiten, aber wenn offensichtlich wird, daß es keine Lösung gibt, lassen sie los. Damit unterscheiden sie sich eindeutig von den Menschen, die Situationen erdulden und erleiden und damit meistens alle anderen Beteiligten mit ins Leiden stürzen.

Während ich an diesem Buch schrieb, hörte ich im Radio einen Bericht, in dem Untersuchungsergebnisse zitiert wurden, nach denen eine Scheidung für Kinder schädlich sei. Die Wissenschaftler erbrachten den Beweis, daß erwachsene Scheidungskinder häufiger Therapien machen als Menschen aus Familien, in denen die Eltern zusammenblieben. Damit kamen sie zu dem Schluß, daß erwachsene Scheidungskinder gestörter seien als andere. Ich halte diese Schlußfolgerung für lächerlich. Sie ist typisch für ein wissenschaftliches Vorgehen, bei dem Daten benutzt werden, um die eigenen Vorurteile zu bestätigen. Es gibt viele Gründe dafür, daß erwachsene Scheidungskinder eine Therapie machen, zum Beispiel den, daß ihnen deutlicher als anderen Menschen bewußt ist, daß sie Hilfe brauchen. Daß viele Scheidungsfamilien in diesen Zeiten des Aufruhrs Hilfe von außen suchen, ist eine kluge Entscheidung. Meine eigene Meinung dazu ist, daß Menschen aus intakten Familien ebenso gestört sein können wie erwachsene Scheidungskinder. Der Unterschied besteht lediglich darin, daß sie nicht so schnell bereit sind, eine Therapie zu machen.

Erwachsene Scheidungskinder, für die die Scheidung der Eltern positiv war, können ihre eigenen Stärken und Schwächen realistisch einschätzen. In vielen Fällen halfen Beraterinnen oder Berater der Familie beim Durchsprechen ihrer Differenzen. Während der Scheidung ermutigten Eltern ihre Kinder, eine Therapie zu machen, wenn sie glaubten, das könnte ihnen helfen. Erwachsene Scheidungskinder gehen an eine Therapie nicht mit der Einstellung heran, daß sie verrückt sind, sondern mit dem Gefühl, in Krisenzeiten besondere Unterstützung zu brauchen. Das erscheint mir als gesunde Reaktion und nicht als Zeichen mangelnder Festigkeit. Selbst die erwachsenen Scheidungskinder, die geschlagen und sexuell mißbraucht wurden und Unterstützung für die Verarbeitung dieser Themen suchten, zeigen damit, daß sie offen und wach für sich selbst sind. Viele Betroffene treten Zwölf-Schritte-Genesungsprogrammen bei, um sich mit Drogen, Alkohol, Beziehungen und Eßstörungen auseinanderzusetzen, um nur einiges zu nennen. All diesen Fällen liegt das gleiche Verhalten zugrunde, daß erwachsene Scheidungskinder sich nämlich nicht in vornehmer Isolation zurückziehen. Sie geben ihre Bedürfnisse zu und suchen Hilfe, um den Kreislauf gestörter Familien zu durchbrechen. Ich glaube, diese Bereitschaft, zuzugeben, daß sie Hilfe brauchen, ist eine Stärke von erwachsenen Scheidungskindern und ausschlaggebend dafür, ein produktiveres Leben zu führen. Menschen, die die Scheidung als positive Möglichkeit erlebten, sagen, daß sie sich ihr Bedürfnis nach Hilfe zum erstenmal im Verlauf der Scheidung eingestanden hätten. Ohne die Scheidung hätten sie niemals die Unterstützung gesucht und erhalten, durch die sich ihr Leben eindeutig verändert hat.

Erwachsene Scheidungskinder zeigen uns die Zukunft

Wenn man die Auswirkungen einer Scheidung Jahre später beim Erwachsenen untersucht, hilft eine dualistische Sicht nicht weiter. Sämtliche Versuche, die Daten zu vereinfachen, werden durch die Erfahrungen von erwachsenen Scheidungskindern zunichte gemacht. Es gibt Scheidungen, die sind so voller Entsetzen, daß wir uns fragen, wie die Kinder weiterleben konnten. Und trotzdem stehen diese Menschen ebenso lebendig vor mir wie die, denen von Familie und Gesellschaft jede nur mögliche Chance geboten wurde. Andere stammen aus »aufgeklärten« Familien, in denen die Scheidung »richtig« abgewickelt wurde, und trotzdem sind sie voller Selbstzweifel und Verlassenheitsängste. Wer will bei so vielen schwankenden Umständen sagen, was dabei herauskommt? Die Erfahrungen selbst aber sprechen Bände. Nicht jede Scheidung ist von verheerender Wirkung. Selbst die schlimmste Scheidung hatte ihre positiven Seiten. Ich bin schließlich zu dem Ergebnis gekommen, daß eine Scheidung sowohl positive als auch negative Aspekte enthält. Erwachsene Scheidungskinder entwickeln aufgrund der Scheidung ihrer Eltern sowohl gute als auch schlechte Gewohnheiten und Verhaltensweisen.

Kinder aus Scheidungsfamilien treten das Erwachsenenleben mit einer neuen Sicht von Beziehungen, Leiden, Entscheidungsfreiheit und Veränderungen an. Sie haben Unabhängigkeit und Widerstandskraft entwickelt und wissen, wann sie Hilfe brauchen. In unserer Gesellschaft neigen wir dazu, Kinder aus Scheidungsfamilien zu bemitleiden, weil wir glauben, daß ihnen etwas Wesentliches fehlt, und wir sie für benachteiligt halten. Aber wenn die Scheidung als Ablauf tatsächlich in umfassendere gesellschaftliche Prozesse eingebettet ist, kann es dann nicht sein, daß erwachsene Scheidungskinder genau die Fähigkeiten lernen, die wir in dieser neuen Ära für unser Überleben brauchen? Es stimmt, daß einige erwachsene Scheidungskinder über die Ereignisse in ihrer Kindheit zutiefst unglücklich sind. Die Scheidung ist dann mit Sicherheit falsch verlaufen. Aber viele andere haben wertvolle Lektionen gelernt. Statt benachteiligt fühlen sie sich klüger in bezug auf das Leben und familiäre Beziehungen. Aus dem, was wir wissen, können wir schließen, daß sie die Vorläufer für neue Formen familiären Zusammenlebens sind. Erwachsene Scheidungskinder sagen, daß sie der Scheidung ein neues Bewußtsein verdanken. Es ist nicht ohne Ironie, daß die Scheidungserfahrung, die die meisten von uns vermeiden möchten, zu den Prozessen gehört, aus denen wir lernen, wie wir uns in unseren Beziehungen zukünftig besser verhalten können. Das trifft zumindest auf einige erwachsene Scheidungskinder zu. Die Scheidung hat positive Folgen; die erwachsenen Scheidungskinder, die die möglichen positiven Chancen begreifen, bedauern die Scheidung ihrer Eltern nicht.

4 Der Mythos von der intakten Familie

Erwachsene Scheidungskinder sind nicht nur durch ihre Familie und ihr Familiensystem beeinträchtigt worden. Der Schmerz, den die Scheidung auslöst, ist nicht nur im Scheidungsablauf selbst begründet. Ein weiterer Faktor, der die destruktiven Auswirkungen der Scheidung verstärkt, besteht darin, daß wir in einer Gesellschaft leben, die die Scheidung als weitverbreitetes Phänomen verleugnet und das Ideal der intakten Familie hochhält. So fühlen sich einige erwachsene Scheidungskinder sich doppelt in Mitleidenschaft gezogen: zum einen von den familiären Erfahrungen, zum anderen vom gesellschaftlichen Mythos von der intakten Familie.

Viele erwachsene Scheidungskinder haben mir erzählt, sie fühlten sich im Nachteil, weil sie aus geschiedenen Familien stammten. Sie bekamen einen Stempel aufgedrückt, was meiner Meinung nach einer gesellschaftlichen Mißhandlung gleichkommt. Aus diesem Grund ist keine Untersuchung über die Probleme erwachsener Scheidungskinder vollständig, die nicht auch einen Blick auf den Mythos von der intakten Familie wirft. Erwachsene Scheidungskinder neigen dazu, sich mit ihren Bemühungen um die Genesung auf sich und ihre Ursprungsfamilie zu konzentrieren. Wenn sie begreifen, welche Rolle die Gesellschaft in bezug auf ihre Gefühle spielt, erweitert sich ihr Blick, und ihre Heilung wird gefördert.

Erwachsene Scheidungskinder sind nicht die einzigen, die sich intensiv mit familiären Problemen beschäftigen. Wo ich während der Zeit, in der ich dieses Buch schrieb, auch hinkam –

überall begegnete ich Menschen, die unter ihren familiären Erfahrungen litten und begierig darauf waren, ja fast hartnäckig darauf bestanden, über ihre Erfahrungen zu sprechen. Fast immer konnte ich ihren Geschichten die Sehnsucht entnehmen, ein anderes Leben zu leben, als das, das sie im Augenblick führten. Warum, fragte ich mich, sind die Bereiche Familie, Scheidung und erwachsene Scheidungskinder mit so intensiven Gefühlen verbunden?

Ich glaube, daß der wunde Punkt, den ich berührte, nicht einfach nur die nostalgische Sehnsucht nach der alten Familie war, wie sie in Fernsehserien dargestellt wird. Meiner Meinung nach rührte ich an eine Angst, unter der viele Erwachsene leiden, die eine unerträgliche Last zu tragen haben – die Last, dem Mythos der intakten Familie nicht zu genügen. Wäre ihr Schmerz nur individuell bedingt, könnte man ihn fälschlicherweise für paranoid halten. Aber er ist keine individuelle Angelegenheit. Die Folge ist, daß die Menschen, die mir von ihren fehlgeschlagenen Beziehungen und ihren Kämpfen als erwachsene Scheidungskinder erzählten, oft so sprachen, als hätten sie nicht nur in bezug auf sich selbst und ihre eigenen Ideale versagt, sondern auch etwas Umfassenderem nicht genügt, nämlich den Erwartungen der Gesellschaft. Viele erwachsene Scheidungskinder, die sich ebenfalls scheiden lassen haben, bestätigen diese Gefühle eindeutig. Eine 40jährige Frau sagte: »Vom Kopf her weiß ich, daß meine Scheidung zu meinem Besten war und auch meinen Kindern gutgetan hat. Und aus meinen Erfahrungen als erwachsenes Scheidungskind habe ich gelernt, daß ich die Wahl habe. Ich muß nicht in einer gestörten Situation ausharren. Aber als ich mich scheiden ließ, fühlte ich mich trotzdem, als hätte ich versagt und etwas nicht erreicht. Ich hatte damit nicht meine eigenen Ansprüche verletzt, sondern Ansprüche, die über meine Welt hinausgingen. Es ging um gesellschaftliche Erwartungen, und ich hatte das Gefühl, ihnen nicht zu genügen.«

Der Mythos von der intakten Familie lastet auch schwer auf den Menschen, die aus sogenannten intakten Familien stammen. Viele Männer und Frauen, deren Eltern zusammenblieben, äußerten mir gegenüber, sie würden an sich selbst die gleichen Wesenszüge wahrnehmen, wie erwachsene Scheidungskinder sie zeigen. Als ich die Ähnlichkeiten zwischen beiden Gruppen untersuchte, wurde für mich klar, daß die Menschen aus »intakten« Familien mit Eltern aufwuchsen, die zwar an ihrer Ehe festhielten, deren Beziehung aber so stark gestört war, daß man hier von einer emotionalen Scheidung sprechen kann. Wie bei der Scheidung, bei der die Eltern zunächst »zum Wohle der Kinder« zusammenblieben, ist auch diese Situation doppelt verwirrend, weil die Familie nach außen hin ein intaktes Bild bietet, während die Eltern innerlich »geschieden« sind. Trotzdem investierten viele Eltern in den Mythos von der intakten Familie, weil sie glaubten, er würde sie durch die Jahre ihrer gestörten Ehe tragen. Damit wuchsen die Kinder in Familien auf, in denen die Ehe der Eltern tot war. Aufgrund von religiösen oder moralischen Bedenken zogen sie eine Scheidung niemals in Betracht. Vielleicht hätten sie das tun sollen. Die Kinder aus diesen Verbindungen sind total verwirrt, wenn es um Ehe und Familie geht. Sie glauben, in einer Ehe müßten die Partner wirkliche Nähe finden, haben das aber niemals erlebt. Wie erwachsene Scheidungskinder haben auch diese Kinder das Gefühl, über wahre Intimität so gut wie nichts zu wissen. Da sie sie so selten erfahren haben, scheuen sie vor dem Versuch zurück, selbst eine intime Verbindung zu einem anderen Menschen zu entwickeln.

Familien, die zwar zusammenbleiben, aber gestört sind, neigen dazu, das Leiden zu verherrlichen. Kinder aus diesen Verbindungen erzählten mir, sie glaubten, enge Beziehungen seien zwangsläufig schwierig. Sie haben die Erfahrung gemacht, daß Beziehungen eine Quelle von Schmerz und Unglück sind. Einen Menschen lieben, glauben sie, ist nicht leicht. Sie messen ihre Liebe an ihrem Leid.

Im folgenden gebe ich die Geschichte von Sal wieder, einem Mann, dessen Eltern sich nie scheiden ließen. Seine Erlebnisse beeindruckten mich, denn schon seine ersten Worte an mich lauteten: »Die Ehe meiner Eltern war bereits fünf Jahre nach der Hochzeit zu Ende. Die tatsächliche Trennung dauerte über 50 Jahre, wurde aber erst nach dem Tod meiner Mutter zugegeben.« Nach außen hin machte diese Familie wahrscheinlich einen guten Eindruck. Die Eltern waren interessante Menschen, wie andere sie gerne bewundern, aber der Versuch, den guten Eindruck zu wahren, forderte von sämtlichen Familienmitgliedern seinen Tribut. Alle litten darunter, daß der Mythos aufrechterhalten wurde.

Sals Mutter stammte aus einer Familie, in der es viele begabte und kluge Frauen gab. Ihre Mutter war eine gefeierte Pianistin und ihre Schwester eine bekannte Journalistin. Sals Mutter interessierte sich leidenschaftlich für Kunst und begann als Teenager zu malen. Nach der Schule machte sie eine Ausbildung als Biochemikerin und wollte anschließend als Labortechnikerin arbeiten. Zwei Wochen vor ihrem Abschluß heiratete sie Sals Vater, einen Arzt, und beendete ihre Ausbildung nie.

Sal erinnert sich daran, daß er im Alter von fünf Jahren überhaupt nicht mehr das Gefühl hatte, daß seine Familie lebendig war und sie ihre Erfahrungen miteinander austauschen konnten. Diese Erkenntnis fiel in die Zeit, als Sals Vater eine Affäre mit seiner Sekretärin begann, die jahrelang dauerte. Während dieser Zeit verspürte Sal eine überwältigende Enttäuschung. Er versteckte sich in der Schule und hatte Angst, nach Hause zu kommen. Er war verwirrt wegen seiner Eltern.

Als Sal 18 wurde, war sein Vater zum starken Trinker geworden und hatte sich aufgrund seiner Affäre noch mehr isoliert. Seine ärztliche Praxis lief schlecht. Sals Mutter fing wieder an zu malen, düstere Bilder, in denen hauptsächlich Frauen auftauchten, die weder Gesichter noch Arme hatten, Figuren, die stumpfsinnig und ohne jede Persönlichkeit waren. Die Familie konzentrierte sich auf den Alkoholismus des Vaters. Seine

Krankheit prägte ihr Leben und beeinträchtigte fast alles, was sie taten. Etwa um diese Zeit fragte Sals Mutter ihren Sohn, ob er glaube, sie sollte sich scheiden lassen. Sal fühlte sich wichtig und total verängstigt zugleich, als er von seiner Mutter auf diese Weise ins Vertrauen gezogen wurde. Er sagte: »Ja, ich finde, du solltest dich von Vati scheiden lassen.« Bis auf den heutigen Tag fühlt er sich wichtig und ängstlich zugleich, wenn ihn jemand um seinen Rat bittet. Aber Sals Mutter entschloß sich gegen eine Scheidung, und Sal kann sich erinnern, daß sämtliche Fotos ab diesem Zeitpunkt eine Frau zeigen, deren Gesicht starr, zerfurcht und verhärmt ist.

Sals Mutter verschwand noch mehr in ihrer Kunst, sein Vater verlor sich in sein Trinken, sein Rauchen und seine Affäre. Sal und seine zwei Brüder fühlten sich immer mehr alleingelassen. Ihr Vater war unzuverlässig, und ihre Mutter war nicht für sie da. Sie vertiefte sich nur in ihren Malunterricht und ihre Museumsbesuche. Sie fand in der Welt der Kunst ein gesellschaftlich sanktioniertes Refugium, in das sie sich flüchten konnte. Ganz allmählich gewann sie ihre Lebendigkeit zurück, und gegen Ende ihres Lebens malte sie aufregende, bunte Bilder, meistens Landschaften.

Sals Mutter starb an Lungenkrebs, eine Folge des passiven Rauchens, dem sie durch die Nikotinsucht ihres Mannes ausgesetzt war. Sal glaubt, daß sie an der Fürsorge für seinen Vater gestorben ist. Er hat das Gefühl, daß sie eine Art Scheidung vollzogen hat, denn mit ihrer Kunst trennte sie sich von seinem Vater. Trotzdem ist in Sal eine große Traurigkeit. Er sagt, wenn er erlebt hätte, daß seine Mutter eine klare, lebensbejahende Entscheidung getroffen hätte, hätte er ein Vorbild gehabt. Ihr Beschluß, sich nicht scheiden zu lassen, war kein wirklicher Beschluß, weil sie nichts tat, um die Situation zu ändern. Mit ihrer Flucht in die Kunst ließ sie ihre Kinder allein und entzog sich ihrer Verantwortung für die Beziehung mit Sals Vater. Sie traf keine Entscheidung, die sie geistig bereicherte. Die Folge ist, daß Sal das Gefühl hat, in seinem eigenen Leben viel Unerledigtes mit sich herumzuschleppen. Er sehnt sich nach erwachsenen Vorbildern, die ihm zeigen, wie man Verantwortung für sich und seine Entscheidungen übernimmt, bestimmte Erfahrungen durchmacht und – auch wenn sie schmerzlich sind – daraus lernt und sich anschließend lebendiger fühlt. Er betrauert die Jahre, in denen seine Mutter ihre Vitalität und ihre künstlerische Begabung vergeudete.

Sal sagt, weil sie sich nicht scheiden ließ, hätte seine Mutter sich bis zu einem gewissen Grade von ihrer eigenen Spiritualität abgeschnitten. Sie traf die Entscheidung, bei ihrem Mann zu bleiben, und um dieses Leben durchzuhalten, wurde sie ihrer eigenen Seele untreu. Dabei kam sie sich selbst abhanden. Ihre Kinder haben das Gefühl, die mütterliche Energie und Zuwendung verloren zu haben. Sie waren eine »intakte« Familie, deren Mitglieder in Wirklichkeit von ihrer eigenen Lebendigkeit, ihren Gefühlen sowie voneinander und letzten Endes auch von sich selbst geschieden waren. Die äußere Form des Zusammenbleibens reichte nicht aus, um sie emotional zu nähren.

Wenn Sal über Scheidung nachdenkt, sagt er, er habe das Gefühl, daß wir das Wort nicht korrekt benutzen. Seiner Meinung nach bezeichnet der Begriff »Scheidung« eine Trennung, bei der man sich von einem anderen Menschen endgültig lossagt. Das, so seine Beobachtung, sei aber selten der Fall, da Beziehungen ja weitergehen und sich noch jahrelang auf Menschen auswirken. Vielleicht hat Sal recht; das Wort »Scheidung« steht nicht lediglich für die Beendigung einer Ehebeziehung. Wie die Krebserkrankung ist auch die Scheidung zur Metapher für einen tiefer gehenden Prozeß geworden, der sich in uns, unseren Beziehungen und unserer Gesellschaft abspielt. Die Weigerung, zuzugeben, daß die intakte Familie kein Allheilmittel für die Krankheiten der Gesellschaft ist und in Wirklichkeit immer seltener vorkommt, verhindert, daß wir nach Alternativen suchen und neue Formen des Zusammenlebens anerkennen.

Wie setzt die Gesellschaft den Mythos von der intakten Familie fort? Größtenteils durch eine Reihe von Einstellungen, die meiner Meinung nach bislang so gut wie gar nicht hinterfragt wurden.

Die erste gesellschaftliche Einstellung besagt, daß es gut ist, in langfristigen Beziehungen zu bleiben, und daß kurzfristige Beziehungen schlecht sind. Dieser Einstellung liegt eine Doppelmoral zugrunde, die von den wichtigsten religiösen Strömungen und der Zivilgesellschaft selbst aktiv unterstützt wird. Sie findet Ausdruck in dem Ehegelübde »bis daß der Tod uns scheide«. Das verbindliche Einlassen auf langfristige Beziehungen gilt als Norm. Die Realität aber ist, daß immer weniger Menschen in solchen Beziehungen bleiben. Soziale und religiöse Institutionen wenden sich von dieser Realität jedoch lieber ab, statt zu sehen, daß die langfristige Beziehung nicht mehr so lebensfähig ist wie früher.

Aufgrund der Verbreitung von Aids, so wird uns gesagt, nähmen monogame Beziehungen zu und gebe es einen zweiten Babyboom. Aber trotz der Rückkehr zu traditionellen Werten bleibt die Scheidungsrate konstant – in den USA wird jede zweite Ehe geschieden. Wir versuchen an der Kleinfamilie festzuhalten, was aber nicht heißt, daß uns das familiäre Zusammenleben besser gelingt.

Die Welt um uns herum verändert sich ständig, und zwar mit einer Geschwindigkeit, wie sie frühere Generationen nicht kannten. Unser Glaube an die Langlebigkeit der Dinge scheint unseren Erfahrungen hinterherzuhinken. In den Vereinigten Staaten wechseln viele Menschen bis zu siebenmal im Leben ihren Beruf, und der Großteil der Bevölkerung zieht alle fünf Jahre um. Bei einer Untersuchung über städtische Gemeinden in Boston Anfang der siebziger Jahre stellte ich fest, daß 80 Prozent der Einwohner von einer »langen Zeit« sprechen, wenn sie zwei Jahre mit denselben Mietern in einem Haus lebten. Ihre übliche Erfahrung war, daß ihre Mitbewohner alle sechs Monate wechselten.

Wenn wir glauben, daß langfristige Beziehungen gut sind, kurzfristige hingegen schlecht, setzen wir Langlebigkeit als äußeren Maßstab, an dem wir uns messen. Weder langfristige noch kurzfristige Beziehungen sind als solche gut oder schlecht. Wenn wir als Gesellschaft die eine Form höher schätzen als die andere, sind wir nicht offen für die Möglichkeit anders strukturierter Beziehungen. Wir beharren darauf, daß die alte Familie weiterhin möglich ist. Darüber hinaus machen wir aus der traditionellen Familie ein Ideal und messen sämtliche anderen Formen von Beziehung daran. Diese Einstellung hält uns davon ab, unserer Realität ins Auge zu blicken und an ihr zu arbeiten.

Auch wenn wir unsere herkömmlichen Einstellungen zu Beziehungen aufgeben, wird es weiterhin Menschen geben, die langfristige Beziehungen eingehen und über Jahre hinweg dabei bleiben. Andere wechseln ihre Beziehungen so, wie es ihren Bedürfnissen entspricht. Eine Gesellschaft, für die es von Wert ist, daß Menschen sich aufeinander beziehen, statt an der statischen Norm der »richtigen« Beziehung festzuhalten, würde sämtliche Formen von Beziehungen angemessen unterstützen. Dann würden die Gefühle von Schuld und Scham, die viele erwachsene Scheidungskinder jetzt empfinden, weil sie den gesellschaftlichen Erwartungen nicht genügen, weitgehend abnehmen.

Eine Frau, die nach fünf Familiengenerationen die erste war, die sich scheiden ließ, sagte, sie hätte jahrelang in einer unerträglichen Ehe ausgeharrt, weil »wir uns in meiner Familie auf keinen Fall scheiden lassen, was auch geschehen mag. Das kommt einfach nicht in Frage.« Nach ihrer Scheidung wurde sie von ihrer Familie subtil geächtet. Sie sagte: »Ich fühlte mich erleichtert, einen Ausweg aus der Situation mit meinem früheren Mann gefunden zu haben, und war stolz darauf, mich selbst versorgen zu können. Aber meine Familie reagierte, als hätte ich Verrat begangen. Meine Scheidung eröffnete anderen Familienmitgliedern, denen es ähnlich schlechtging, die gleiche Möglichkeit. Aus diesem Grunde hatte ich große Schuldgefühle und fühlte mich jahrelang angegriffen.«

Eine zweite gesellschaftliche Einstellung besagt, daß eine Gesellschaft, in der Menschen im Durchschnitt 75 Jahre alt werden, mit den gleichen Formen von verbindlichen Beziehungen operieren kann wie eine Gesellschaft, in der die durchschnittliche Lebenserwartung 45 Jahre beträgt. Die Erwartungen an Ehe und Beziehung, die eine Kultur entwickelt, in der Menschen nur 20 Jahre zusammenleben, sind mit Sicherheit andere als die in Gesellschaften, in denen es möglich ist, daß Menschen doppelt solange leben. Unsere gesellschaftlichen Erwartungen an die Ehe scheinen eher auf den Lebensumständen des 19. Jahrhunderts als auf denen der neunziger Jahre dieses Jahrhunderts zu beruhen.

Wie unsere heutige Gesellschaft haben auch frühere Gesellschaften Krieg, Chaos und politische Umwälzungen erlebt. Trotzdem schienen die Familie, Großfamilien und Gemeinden in jenen früheren Zeiten ein Bollwerk gegen die Außenwelt zu bilden. Wir möchten gerne glauben, daß die Familie ein sicherer Ort war, an den man sich von den gesellschaftlichen Wirren zurückziehen konnte. Historische Untersuchungen über Familien lassen jedoch die Frage entstehen, wie ideal die Familie damals in Wirklichkeit war. Es gibt einiges Beweismaterial dafür, daß es Frauen und Kindern schlecht erging und körperliche Mißhandlung in den Familien des letzten Jahrhunderts ebenso häufig vorkam wie heute.

Alles, was wir mit Sicherheit sagen können, ist, daß Ehepaare bis vor Ende der fünfziger Jahre dieses Jahrhunderts von der Gesellschaft und der Gemeinde enorm unter Druck gesetzt wurden, zusammenzubleiben. Judith Wallerstein sagt, ein Gespräch mit Margaret Mead zitierend, daß unsere Gesellschaft radikal anders geworden ist, weil wir in den letzten 20 Jahren eine Welt geschaffen haben, »in der eine Ehe erstmals in der Geschichte problemlos beendet werden kann.«[12] Mit dem Wegfall des gesellschaftlichen Drucks, mit unseren Partnerin-

nen und Partnern zusammenzubleiben, haben wir aber auch
eine andere Art entwickelt, mit Belastungen umzugehen, als
unsere Vorfahren. Sie schienen sich angesichts von kulturellen
Umwälzungen eher zu binden; wir scheinen uns zu trennen.
Statt ein sicherer Hafen zu sein, fällt die intakte Familie dem
gesellschaftlichen Leiden zum Opfer.

Wir erwarten, uns auf jede Veränderung in sämtlichen Bereichen von Wissenschaft, Technologie und Umwelt einstellen zu
können. Die einschneidendste Veränderung jedoch passiert in
der Komplexität der menschlichen Psyche. Wie können wir
erwarten, daß die Entscheidungen, die wir mit 21 treffen, mit
50 oder 80 immer noch gültig sind, ganz zu schweigen von den
Jahrzehnten dazwischen?

Seit der Jahrhundertwende hat sich alles um uns herum verändert, und trotzdem sind wir mit unseren gesellschaftlich be-
dingten Erwartungen an langfristige Beziehungen offensichtlich blind für die Tatsache, daß die Bedürfnisse, Ansprüche
und Fähigkeiten des Menschen nicht die gleichen geblieben
sind. Unser emotionaler Einsatz für den Mythos von der intakten Familie beruht zum großen Teil auf dem rigiden Festhalten
an einem Denken, das aus früheren Zeiten stammt, wo die
Lebenserwartung geringer war. Dieses Festhalten bewirkt, daß
wir unsere Erfahrungen, die weder mit dem früheren gesellschaftlichen Erleben noch mit den Mythen über Ehe und Scheidung aus jener Zeit übereinstimmen, ständig verleugnen.

*Die dritte gesellschaftliche Einstellung lautet, daß die Familie
die grundlegende soziale Einheit ist, die gestärkt werden sollte.*
Diese Haltung geht davon aus, daß eine »Familie« gewöhnlich
aus Mutter, Vater und Kindern besteht.

Ich glaube, wir müssen die Einstellung, daß die Familie die
grundlegende soziale Einheit ist, zumindest in Frage stellen.
Wie in den vorangegangenen Kapiteln dieses Buchs gezeigt
wurde, haben die meisten erwachsenen Scheidungskinder aufgrund ihrer Erfahrungen mit dem Leben in einer gestörten Familie viele Jahre mit der Verarbeitung unerledigter persönli-

cher Probleme zu tun. Es steht außer Frage, daß viele Menschen heutzutage die Erfahrung machen, daß die Familie ihren Mitgliedern Schaden zufügt. Sollte die Familie als primäre soziale Einheit unter diesen Umständen wirklich gestärkt werden? Und wenn, würde das etwas ändern?

Ich glaube, wir müssen die Isolation der Familie, unsere mobile Gesellschaft und die Unternehmenswelt genauer untersuchen. All diese Phänomene stehen der Integrität der traditionellen Familie entgegen. Familien müssen ohne die Unterstützung der älteren Generation und weiterer Verwandter auskommen. Die Mobilität verhindert, daß Menschen in ihrer Umgebung Wurzeln schlagen und sich die Unterstützung aufbauen, die das Familienleben bereichern könnte. Die Unternehmenswelt folgt dem grundlegenden Antrieb, Profite zu machen, und setzt damit Normen, durch die Menschen, welche Karriere machen wollen, arbeitssüchtig werden. Die Familie ist das Opfer all dieser Trends. Auch wenn führende Politiker proklamieren, sie seien für die Familie, kommt von der gesetzgebenden Seite wenig Unterstützung für die dahinsiechende Einheit der Familie. Und wieder soll der Redeschwall den Mythos von der intakten Familie am Leben erhalten. Aber was geht denn in diesen »intakten« Familien in Wirklichkeit vor?

Wo ich auch hinkomme, höre ich, daß die Familie in Schwierigkeiten steckt. Erzieher beklagen sich darüber, daß sie jetzt die körperliche Versorgung und emotionale Zuwendung übernehmen müssen, die eigentlich Sache der Eltern wäre, die sich aber zu Hause nicht um ihre Kinder kümmern. Untersuchungen berichten von einem Vorkommen an Gewalt in 38 Prozent aller Familien, und Inzesterlebnisse rücken immer mehr ins Bewußtsein. Fast in jeder Familie finden wir mehrere Süchte. Innerhalb von nur 20 Jahren waren wir Zeugen, wie Familien auseinandergebrochen sind, zu alleinerziehenden Familien und in jüngster Zeit auch zu elternlosen Familien wurden, da rauschgiftsüchtige Eltern weder willens noch imstande sind, für ihren Nachwuchs zu sorgen.

Ich glaube, unser Festhalten am Mythos von der intakten Familie hindert uns daran, zu sehen, daß es viele lebensfähige und legitime Alternativen zur Familie gibt. Wenn die Gesellschaft die Tatsache anerkennen würde, daß es zahlreiche verschiedene Formen familiären Zusammenlebens gibt – alleinstehende geschiedene Eltern, Eltern, die aus freien Stücken allein erziehen, unverheiratete Paare mit Kindern, schwule und lesbische Eltern, Großeltern, Tanten und Onkel, die Kinder großziehen –, wäre der Familie vielleicht zu helfen. Es wird jedoch wenig getan, um andere soziale Einheiten zu bilden oder zu fördern. Das ist sehr schade, denn wenn wir diese Formen des Zusammenlebens als Realität anerkennen würden, käme das Eltern, Kindern und letzten Endes auch der Gesellschaft selbst zugute.

Wir können die Tatsache wohl kaum ignorieren, daß »Mutti, Vati und die Kinder« als Familienform rapide zur Minderheit werden, während andere Formen des Zusammenlebens zunehmen. Ich glaube, die traditionelle Familie als grundlegende soziale Einheit ist schon seit mindestens 20 Jahren im Schwinden begriffen.

Eine vierte soziale Einstellung besagt, daß die Scheidung gestörte Kinder und Erwachsene hervorbringt. Auch diese Annahme muß in Frage gestellt werden, sowohl aus allgemeiner Sicht als auch aus wissenschaftlicher Perspektive.

Meine Erfahrung, gewonnen aus der Befragung von Menschen aus Scheidungsfamilien und aus intakten Familien, ist, daß Gestörtheit in beiden Fällen existieren kann. Wir können nicht ignorieren, daß es zahlreiche erwachsene Scheidungskinder gibt, die in sämtlichen Bereichen ihres Lebens gut zurechtkommen. Wir müssen uns überlegen, welcher Mensch nicht auch schon vor seiner Heirat Probleme hatte. In vielen Fällen ist die Scheidung gar nicht das Hauptproblem und noch nicht einmal die Ursache für die Gestörtheit, sondern Folge einer bereits existierenden Gestörtheit. Die zentrale Frage für viele erwachsene Kinder aus Scheidungsfamilien ist nicht nur, daß ihre Eltern sich scheiden ließen, sondern vielmehr, wie sich das gestörte Verhalten der Eltern auf die Kinder ausgewirkt hat.

Wenn wir glauben, daß eine Scheidung nur gestörte Erwachsene und Kinder hervorbringt, ohne zu beachten, wie viele sogenannte intakte Familien es gibt, wo Affären üblich sind, die Ehe tot ist und Mißbrauch zum Alltag gehört, müssen wir uns einmal fragen, wie groß die gesellschaftliche Verleugnung ist. Wir müssen auch unseren beharrlichen Glauben an die intakte Familie als Norm und die Scheidung als problematische Ausnahme kritisch überdenken. Statistiken zeigen, daß die Scheidung inzwischen ein allgemein verbreitetes Phänomen ist. Wie bereits ausgeführt wurde, treffen 50 Prozent aller Paare, die heiraten, diese Wahl. Die Verleugnung dieser Tatsache soll uns davon abhalten, die Scheidung als ganz realen Aspekt des Beziehungslebens von Menschen zu sehen, als eine normale Reaktion und eine lebensfähige Entscheidung. Wenn all das verleugnet wird, konzentriert sich die Gesellschaft weiterhin auf eine Form der Ehe und des familiären Zusammenlebens, die vielleicht gar nicht die beste Lösung darstellt. Damit unterstützen wir die Entscheidung für eine bestimmte Beziehungsform und ignorieren die Möglichkeiten, die die andere, die Scheidung, birgt. Unsere Abneigung gegenüber der Scheidung dient dazu, den Mythos von der Vormachtstellung der intakten Familie aufrechtzuerhalten. Leider wird die Gestörtheit der intakten Familie nicht klar gesehen, also bekommen Familien in Schwierigkeiten keine Hilfe, ebenso wie Kinder und Erwachsene bei der Scheidung nicht die Unterstützung erhalten, die sie bräuchten, um sich auf gesündere Situationen zuzubewegen.

Unsere Sprache ist sehr aufschlußreich. Wir sagen, Scheidungskinder kämen aus »zerrütteten Familien«, und halten damit ebenfalls am Mythos von der intakten Familie fest. Für mich war interessant, mit Menschen zusammenzukommen, die von sich sagten, sie kämen aus »gestörten intakten Familien«. Das scheint mir ehrlich ausgedrückt zu sein und beinhaltet nicht die gleiche Stigmatisierung wie der Begriff »zerrüttet«. Mit diesem Wort legen wir nahe, daß etwas zusammengefügt werden muß, ohne zu berücksichtigen, daß die Scheidung auch positiv gewesen sein kann.

Und schließlich müssen wir die Tatsache in Frage stellen, daß Untersuchungen zu Scheidungen die gesellschaftliche Vorliebe für die intakte Familie zum Maßstab nehmen. In mehreren Forschungsberichten über Kinder aus Scheidungsfamilien wird behauptet, daß diese sich später selbst scheiden ließen, Therapien machten und von sich sagten, die Scheidung habe ihnen geschadet. Die Behauptung, erwachsene Scheidungskinder ließen sich später selbst scheiden, ist eine interessante Auslegung, denn bei der Vielzahl der Verheirateten, die sich wieder scheiden lassen, ist es nicht überraschend, daß auch erwachsene Scheidungskinder darunter sind. Tatsächlich sehen viele erwachsene Scheidungskinder in der Scheidung wahrscheinlich sogar eher eine gesunde Alternative als ein Versagen. Leider legen diese Untersuchungen die Vermutung nahe, daß Kinder aus Scheidungsfamilien ein Opfer falscher Erziehung waren und deswegen später selbst eine falsche Entscheidung treffen.

Einer anderen Reihe von Daten zufolge betrachten Kinder aus Scheidungsfamilien sich häufiger als geschädigt und suchen deswegen auch häufiger Hilfe als Menschen aus intakten Familien. Ich habe bereits an früherer Stelle meine Meinung dargelegt, daß wir die Tatsache anerkennen müssen, daß erwachsene Scheidungskinder nicht gestörter sind als Menschen aus intakten Familien. In Wirklichkeit sind sie wahrscheinlich offener dafür, Hilfe zu suchen und anzunehmen, als Kinder aus »intakten« Familien, die in ihrer Familie isolierter leben und einer stärkeren Verleugnung ausgesetzt sind. Der andere Faktor, den die Forschung bei Untersuchungen über erwachsene Scheidungskinder, die auf deren Selbstdarstellung beruhen, offensichtlich nicht berücksichtigt, betrifft deren Reaktion auf die soziale Stigmatisierung. Viele erwachsene Scheidungskinder erzählen, daß sie sich schämen und anders fühlen als andere Menschen, weil sie aus einer Scheidungsfamilie stammen. Wenn die Religion in der Kindheit von erwachsenen Scheidungskindern eine überdurchschnittlich große Rolle spielte, war das Stigma sogar noch größer. (Das ist wahrscheinlich ein Hinweis darauf, daß die Kirche der letzte Ort ist, wo wir im Falle einer Scheidung nach Anleitungen für unser Verhalten suchen sollten.) Es kann also sein, daß Kinder aus Scheidungsfamilien sich deswegen für stärker geschädigt halten, weil die Gesellschaft sie so darstellt. Ob sie wirklich geschädigter sind oder nicht, ist nicht eindeutig. Hier geht es um den Punkt, daß Wissenschaftler diese Ergebnisse als Wahrheiten ausgeben. Ich glaube, es gibt keinerlei Basis für die Schlußfolgerung, daß Kinder aus Scheidungsfamilien auf jeden Fall gestörter sind als Kinder aus intakten Familien, und ich glaube, daß solche Urteile lediglich die Voreingenommenheit der Wissenschaftler wiedergeben.

Insgesamt betrachtet hat die Forschung auf diesem Gebiet die Tendenz, im Schwarzweißdenken befangen zu sein, da sie Kinder aus »zerrütteten Familien« mit solchen aus »intakten Familien« vergleicht. Es gibt aber mindestens vier Formen von Familien, die in den beiden grundsätzlichen Kategorien – »Scheidungsfamilie« und »intakte Familie« – enthalten sind: Es gibt gesunde und gestörte intakte Familien und auch gesunde und gestörte Scheidungsfamilien.

Ich glaube, daß der Vergleich zwischen Scheidungskindern und Kindern aus intakten Familien der übertriebenen Vereinfachung einer komplexen Realität gleichkommt. Hier werden Familien zu einer statischen Einheit, statt als lebendiges Beziehungsgeflecht betrachtet zu werden. Wenn Stagnation als Wert gilt, werden Veränderungen immer als schmerzhaft und damit als angsterregend erlebt. Aber wenn die Familie als eine in sich dynamische Gruppe betrachtet wird und nicht als eine tote Sache, dann kann die Scheidung eine gesunde Reaktion sein und dafür sorgen, daß Qualitäten wie gegenseitiger Respekt und

Liebe bewahrt bleiben. Sie kann der beste Weg sein, das kostbare Leben der Familienmitglieder zu fördern.

Wenn die Familie also ein lebendiger Prozeß und keine »Sache« ist, werden Kategorien wie »geschieden« und »intakt« unwichtig. Dann geht es vielmehr darum, als Mensch ganz lebendig zu sein und die Verantwortung für sich und seine Beziehungen zu übernehmen. Ob Menschen zusammenbleiben oder sich trennen, ist dann eine Folge dieser grundlegenden Entscheidung, bei der weder die Scheidung noch die Fortsetzung der Ehe Selbstzweck sind, sondern lediglich Mittel darstellen, mit denen wir unsere Ganzheit und die der anderen Familienmitglieder wahren.

Zu Beginn meiner Interviews mit erwachsenen Scheidungskindern habe ich mich hauptsächlich auf ihre Gefühle und die Verhaltensweisen konzentriert, die sie als Reaktion auf die Scheidung ihrer Eltern entwickelt haben. Ihre Geschichten waren fesselnd, spannend, witzig und schmerzlich. Mit der Zeit fing ich an, bei vielen Betroffenen ein Thema herauszuhören, das sie allgemein beschäftigte. Bei einigen zeigte es sich als Scham, aus einer Scheidungsfamilie zu stammen, bei anderen als Sehnsucht, einer normalen Familie anzugehören. Fast alle von ihnen glaubten, daß die intakte Familie etwas Erstrebenswertes sei, das sie hofften, irgendwann in ihrem Leben einmal zu erreichen. Die Macht dieser Erwartung führte mich dahin, die Rolle zu untersuchen, die die Gesellschaft beim kontinuierlichen Festhalten an diesem starken Wunsch spielt.

Ich begann zu begreifen, wieviel unsere Gesellschaft in die Aufrechterhaltung des Mythos' von der intakten Familie investiert. Meine Überzeugung ist, daß die intakte Familie sehr idealisiert wird. Ich bestreite nicht, daß Millionen von Menschen verheiratet sind. Ich stelle aber die Frage, ob diese Form der Beziehung noch funktioniert. Ich stelle ihre Lebensfähigkeit in unserer sich rapide ändernden Gesellschaft in Frage und staune, mit welcher Intensität so viele Menschen daran festhalten. Ich bin auch erstaunt über die Sehnsucht nach einer »nor-

malen« Familie, die ich bei vielen erwachsenen Scheidungskinder feststellte, obwohl doch diese Familie real so selten
existiert.

Leider führen all diese gesellschaftlichen Einstellungen, die
den Mythos von der intakten Familie stützen, dazu, daß die
meisten sozialen Institutionen die Scheidung als unausweichli-
ches und auch normales Phänomen verleugnen. Die Folge ist,
daß unsere sozialen Einrichtungen weder die Hilfe noch das
Netzwerk bereitstellen, die zusammen Menschen helfen könnten, die Scheidung konstruktiv zu gestalten. Solange dieses
Maß an Verleugnung in unserer Gesellschaft existiert, bleiben
Menschen, die Unterstützung gebrauchen können, mit ihren
Problemen allein.

Ich glaube, wenn unsere Versuche, den Mythos von der intakten Familie zu leben, fehlschlagen, wird das soziale System
Lösungen für unsere grundlegendsten Probleme entwickeln.
Wir waren so lange davon überzeugt, daß die Scheidung ein
Problem, etwas Schämenswertes und Gestörtes sei. Vielleicht
ist sie aber eine gesunde Reaktion auf eine überholte soziale
Struktur. Die gleichzeitig verlaufende Entwicklung zahlreicher
verschiedener Formen familiären Zusammenlebens, die überall im Wachsen begriffen sind, verspricht Alternativen zur traditionellen Familie. Einigen ist aufgefallen, daß die Kleinfamilie nicht ohne einen weiteren Kreis überleben kann. Sie existiert in einem Vakuum. Sie muß von außen unterstützt werden. Der Mythos von der intakten Familie hat dieses Leiden
der Kleinfamilie herbeigeführt, indem er sie isoliert und auf
sich selbst zurückgeworfen hat.

Ganz gleich, für welche Form des familiären Zusammenlebens
sich erwachsene Scheidungskinder und andere entscheiden, alle Menschen brauchen Unterstützung für ihre Beziehungen
und Hilfe, um die Verantwortung für ihr eigenes Leben zu
übernehmen. Die intakte Familie wird dann zur Realität, wenn
andere Formen familiären Zusammenlebens gleichberechtigt
neben ihr stehen. Wir werden hoffentlich so irreführende Be-

griffe wie »zerrüttet« und »intakt« aufgeben und eine »Familie« sein, unabhängig davon, wie unsere individuelle Situation aussieht. Da die Welt immer kleiner wird, werden wir unsere Vorstellung von Familie auf die globale Gemeinde ausweiten. Dieses Bewußtsein von einer »Weltfamilie« kann als solches dazu führen, daß wir Größe und Funktion der Familie neu definieren. Mir scheint, wir erleben überall in der Gesellschaft, daß unsere Illusionen über die Familie schwinden. Dieser Prozeß ist – wenn auch schmerzlich – notwendig. Er wird aber noch schmerzlicher, wenn wir uns ihm widersetzen. Der erste Schritt, um die Familie in ihren sämtlichen Erscheinungsformen zu unterstützen, besteht darin, den überholten Mythos von der intakten Familie aufzugeben. Das ist von entscheidender Bedeutung für unser eigenes Wohlergehen sowie für das unserer Familien und unserer Gesellschaft.

5 Neue Einstellungen, neue Familien

Es ist jetzt 20 Jahre her, daß die ersten alarmierenden Zahlenwerte über die Scheidungsraten ans Licht kamen. Anfang der siebziger Jahre, als man in den Vereinigten Staaten schockiert darüber war, daß jede zweite Ehe geschieden wurde, spekulierte die Boulevardpresse über eine Wende und ein Sinken der hohen Scheidungsrate. Da inzwischen aber genügend Jahre verstrichen sind, ist deutlich, daß zu Beginn der siebziger Jahre eine Entwicklung einsetzte, die sich jetzt verfestigt hat. Zum gegenwärtigen Zeitpunkt gibt es keinerlei Anhaltspunkte dafür, daß die Scheidungsrate in absehbarer Zeit abnimmt.

Wenn ich mir diese Statistiken noch einmal vor Augen halte und in Gedanken die zahlreichen Interviews durchgehe, die ich mit erwachsenen Scheidungskindern für dieses Buch gemacht habe, sind es zwei Dinge, die mich im Kontakt mit ihnen beeindruckt haben: ihre Erleichterung und ihre Widerstandskraft. Ihre Erleichterung wurde jedesmal dann deutlich, wenn ich einen für sie typischen Wesenszug nannte. Es war, als würden sie aus einem dunklen Raum in ein lichtdurchflutetes Zimmer kommen, in dem sich lauter Freunde befinden. Ein 40jähriger Mann schreibt: »Ich kann Ihnen gar nicht sagen, wie dankbar ich für die Gelegenheit bin, über meine Erfahrungen zu sprechen. Durch die Chance, mein Leben in meiner Scheidungsfamilie beschreiben zu dürfen, wurde meiner Verleugnung der Auswirkungen auf mich ein Ende bereitet. Die Erkenntnis, daß andere Menschen ähnliche Wesenszüge haben, unterstützt mich in vieler Hinsicht in meinen Bemühungen, zu heilen.«

Diese Aussage ist typisch für so viele Menschen, die sich bereits erleichtert fühlen, wenn sie die für erwachsene Scheidungskinder typischen Wesenszüge benennen und erkennen. Meiner Meinung nach zeigt uns die starke Reaktion auf diese Benennung, daß die Scheidungskinder noch viel stärker gelitten haben, als wir bisher glaubten. Während der Arbeit an diesem Buch bin ich bei vielen Betroffenen mit diesem unerlösten Leiden in seiner ganzen Tiefe in Berührung gekommen. Manchmal haben selbst meine Assistentin und meine Schreibkraft sich darüber beklagt, daß die Arbeit an diesem Buch »schwierig« sei. Wir waren alle erleichtert, als wir schließlich zu dem Kapitel mit den positiven Seiten der Scheidung kamen! Wenn wir uns die Erfahrungen von Scheidungskindern vor Augen halten, können wir in Versuchung geraten, die Situation als hoffnungslos einzuschätzen und einfach zu dem Schluß zu kommen: »Eine schlimme Geschichte!« Meine Arbeit mit erwachsenen Scheidungskindern gibt mir jedoch Anlaß zur Hoffnung.

Noch in den entmutigendsten Fällen treffen wir auf eine erstaunliche Widerstandskraft und auf die Bereitschaft, die Wahrheit über die eigene familiäre Vergangenheit zu akzeptieren. Diese Menschen sind bereit, zu verstehen, wie die Scheidung sie als Erwachsene beeinträchtigt, und fassen den erkennbaren Entschluß, die für die Genesung notwendigen Veränderungen in ihrem Leben vorzunehmen. Weil erwachsene Scheidungskinder sich im klaren darüber sind, daß sie einige der ungelösten Probleme ihrer Eltern übernommen haben, sind sie offensichtlich auch besonders besorgt um zukünftige Generationen. Darin sind sie sich verblüffend ähnlich. Sie sagen ohne Ausnahme: »Ich möchte mich selbst verstehen und heilen, damit meine Kinder nicht so verletzt werden wie ich.« Eines der ergreifendsten Beispiele für dieses unerschütterliche Bemühen war eine Frau Ende 60. Sie sagte: »Ich weiß, ich habe nicht mehr so viele Jahre zu leben, aber in der Zeit, die ich noch habe, möchte ich mein Leben ganz leben. Ich werde wirklich an meiner Genesung als erwachsenes Scheidungskind arbeiten. Ich möchte, daß dies meine besten Jahre werden.«

Obwohl ich dieses Buch ursprünglich in der Absicht geschrieben habe, erwachsenen Scheidungskindern zu helfen, indem ich ihre allgemeinen Erfahrungen schildere, stellte ich jetzt fest, daß sie auch mir viel beibrachten. Einige ihrer Lektionen gelten auch für mich, denn auch Menschen, die nicht aus einer Scheidungsfamilie stammen, können von den Erfahrungen erwachsener Scheidungskinder profitieren. Vor allem bestätigen die Betroffenen, was einige Wissenschaftler schon seit Jahren behaupten, daß nämlich die Scheidung langfristige Auswirkungen hat. Sie bleibt für erwachsene Scheidungskinder ein Schlüsselprozeß und damit ein Thema, das sie ihr ganzes Leben lang begleitet.

Erwachsene Scheidungskinder lehren uns, daß wir tatsächlich eine Gemeinschaft und eine Familie sind. Wir sind nicht allein, und jeder von uns wird von den Menschen, die ihm am nächsten stehen, unweigerlich beeinflußt. Erwachsene Scheidungskinder wurden durch das Beispiel ihrer Eltern stark in Mitleidenschaft gezogen. Die elterliche Scheidung hat eine tiefe Wirkung auf die Kinder. Daß die Eltern zu solchen Mitteln griffen wie Kämpfen, Anschreien, Gewalt und Androhung von Gewalt, wird von den Kindern nicht vergessen. Viele erwachsene Scheidungskinder gestehen, daß ihre Probleme mit der eigenen Aggressivität darauf beruhen, daß sie sich blindlings genauso verhalten wie ihre Eltern während der Scheidung. Selbst diejenigen, die es ihren Eltern auf keinen Fall gleichtun wollten, geben zu, daß ihnen das Beispiel ihrer Eltern in Fleisch und Blut übergegangen ist.

Erwachsene Scheidungskinder zeigen uns, daß die Qualität der Beziehung zwischen ihren Eltern entscheidend dafür war, wie sie mit der Scheidung umgingen. Während der Scheidung und ihren Folgen fühlten sich die Kinder dort sicher, wo die Eltern die Verantwortung für sich übernahmen und wo klare Grenzen zwischen den Themen der Eltern und denen der Kinder gezogen wurden. Wurden diese Bereiche vermischt, fühlten sich die Kinder von der Last, sich um Mutter oder Vater oder beide kümmern zu müssen, völlig überfordert.

Erwachsene Scheidungskinder sind erstklassige Beispiele für die Tatsache, daß die Scheidung auch ein positiver Entschluß sein kann. Sie zeigen uns, daß Selbständigkeit, Unabhängigkeit und das Bewußtsein, den eigenen Lebensstil bestimmen zu können, Begleiterscheinungen des gesunden Scheidungsablaufs sind. Erwachsene Scheidungskinder haben in ihrer Kindheit Kompetenzen erworben, durch die sie sich von Gleichaltrigen aus intakten Familien unterscheiden.

Beziehungen haben zentrale Bedeutung innerhalb der Erfahrungen von erwachsenen Scheidungskindern. Ein wiederkehrendes Thema in diesem Buch besagt, daß Menschen, die die Verantwortung für sich (und damit für ihre Gefühle, ihr Handeln, ihre Familiengeschichte, ihre Absprachen und Pläne) nicht übernehmen, ebenso leiden wie die Menschen in ihrer unmittelbaren Umgebung. Sehr viele erwachsene Scheidungskinder haben das Gefühl, von Eltern mißhandelt worden zu sein, die ihre eigenen Bedürfnisse mißachteten und folglich ihre Frustrationen an ihren Kindern ausließen. Ein junger Mann formulierte das folgendermaßen: »Wenn ich eines aus meiner Vergangenheit als Scheidungskind gelernt habe, dann das: Sowie ich nicht auf mich selbst achte und die Verantwortung für mich nicht übernehme, bin ich für mich selbst und andere eine Gefahr.«

Das ist in den Geschichten von erwachsenen Scheidungskindern und für ihre Genesung ein ganz entscheidender Faktor. Es ist zu leicht, anderen Vorwürfe zu machen, und es gäbe viele Sündenböcke. Erwachsene Scheidungskinder könnten ihre Eltern beschuldigen, denn die haben alles falsch gemacht. Sie könnten auch ihre Großeltern und gesellschaftliche Institutionen anklagen. Letzten Endes können sie auch sich selbst Vorwürfe machen, weil sie in eine solche Situation hineingeboren sind.

Erwachsene Scheidungskinder sind in vieler Hinsicht lehrreich für uns. Von genesenden Scheidungskindern können wir lernen, daß befriedigende Beziehungen damit beginnen, daß jedes Familienmitglied zunächst einmal eine Beziehung zu sich selbst und dann zu den anderen in der Familie entwickelt. Ohne die primäre Beziehung zu sich selbst besteht keine Hoffnung auf eine Beziehung mit den anderen Familienmitgliedern. Wenn überhaupt, dann ist die Familie der Ort, der uns die Möglichkeit bietet, diese grundlegenden Bindungen einzugehen. Meine Erfahrungen mit erwachsenen Scheidungskindern bringen mich zu der Überlegung, ob eine Familie tatsächlich existieren kann, solange es dieses grundlegende Beziehungsleben nicht gibt. Ich habe aus den Gesprächen mit erwachsenen Scheidungskindern erfahren, daß das Beziehungsproblem immer das gleiche ist, ob die Familie nun intakt genannt oder als Scheidungsfamilie bezeichnet wird. Dieses Problem ist die Basis für alle anderen familiären Themen.

Und was ist mit der Gesellschaft als Ganzes? Was können wir in verschiedenen Bereichen unserer Gesellschaft aus den Erfahrungen erwachsener Scheidungskinder lernen? Wer von uns die Familie erforscht und untersucht, hat noch viele Jahre Arbeit vor sich. Viele Untersuchungen ziehen lediglich Schlußfolgerungen über die schädlichen Auswirkungen, die die Scheidung auf Kinder hat. Wir müssen über Scheidungskinder noch mehr Details erarbeiten und auch noch genauer untersuchen, welche Auswirkungen die gestörte intakte Familie auf Kinder hat. Es sind noch nicht einmal typische Wesenszüge erarbeitet, anhand derer wir das Leben in diesen zahlreichen verschiedenen Formen familiären Zusammenlebens beschreiben könnten. Wir beginnen die Existenz alternativer Familienformen anzuerkennen, haben aber kaum Daten über ihre Existenzfähigkeit. Wir brauchen Bezugsrahmen und Maßstäbe, die nicht auf der intakten Familie beruhen. Wir verleugnen nicht, daß die intakte Familie das verbreitetste Vorbild ist; wenn wir aber andere Formen daran messen, halten wir an der

Erwartung fest, daß sämtliche neuen Formen an der traditionellen Familie überprüft werden müssen. Damit vergeben wir die Chance, alternative Familienformen nach ihren eigenen Verdiensten einzuschätzen.

Ich glaube, es ist schwierig, über Familien zu forschen, ohne daß auf seiten der Wissenschaftlerin oder des Wissenschaftlers tiefverwurzelte Gefühle angesprochen werden. Ich glaube nicht, daß es in bezug auf dieses Thema eine neutrale Haltung gibt, gehe jedoch davon aus, daß die Wissenschaftler neutral sein können, wenn sie ihre eigene Problematik bezüglich der Familie erkennen. Das Thema »erwachsene Scheidungskinder«, das mit Sicherheit von 50 Prozent aller Menschen geteilt wird, die Forschung auf diesem Gebiet betreiben, muß zunächst einmal persönlich angegangen werden, bevor die Wissenschaftlerinnen und Wissenschaftler sich diesem Thema nähern können. Sonst geben die Ergebnisse nur die Vorurteile der Forschenden wieder und verfestigen diese.

Allan Bloom verurteilt in seinem Buch *The Closing of the American Mind* den Zerfall der Bindungen zwischen Familienmitgliedern und bezeichnet ihn als das dringendste soziale Problem im heutigen Amerika. Und trotzdem, so seine Beobachtung, findet er Ehe und Scheidung bei keinem Politiker als Tagesordnungspunkt vor.[13]

Die Sozialpolitik hat mit der sozialen Realität nicht Schritt gehalten. Wir verleugnen immer noch, wie viele Menschen nicht mehr in intakten Familien leben. Unsere Gesetzgebung, unser Steuer- und Sozialsystem halten an dem Mythos fest, während die Zahl der Bedürftigen um uns herum wächst. Unsere Sozialpolitik beruht nicht auf den Fakten. Es gibt nur wenige Einrichtungen, die Eltern und Kindern beim Übergang von der intakten Familie zur Scheidungsfamilie beistehen. Scheidungskinder, die studieren wollen, werden immer noch benachteiligt, wenn sie um finanzielle Hilfe nachsuchen. Das Einkommen des Vaters wird zur Berechnung herangezogen, obwohl die Mehrzahl der 18jährigen kaum finanzielle Unterstützung von ihren Vätern erhält. Eine aufgeklärte Sozialpolitik würde diese Tatsache erkennen und etwas dagegen unternehmen.

In den letzten Jahren begannen öffentliche Schulen Kurse für Ehe und Familie anzubieten, um junge Leute auf ihre Verantwortlichkeiten als Erwachsene vorzubereiten. Jetzt brauchen wir Kurse, in denen junge Menschen in das ganze Spektrum möglicher Lebensformen eingeführt werden, dem sie in diesem Jahrzehnt gegenüberstehen. Am meisten gebrandmarkt fühlten sich erwachsene Scheidungskinder von Schule und Kirche. Dabei könnten diese beiden Institutionen die gesunde Anpassung an einen veränderten Lebensstil durch Gespräche fördern, indem sie akzeptieren, daß die Scheidung eine unvermeidliche Realität sein kann. Vor allem sollte die Kirche aufhören, Scheidungen und Scheidungsfamilien zu verurteilen. Sehr viele erwachsene Scheidungskinder sagten, die Kirche hätte die Familie bei Beratungen behandelt, als wäre sie schwachsinnig. Wenn Kirchen und Schulen die Bedeutung der Problematik erwachsener Scheidungskinder verstehen würden, könnten ihre Einrichtungen allen Menschen dienen, ohne diese zu kategorisieren.

Die Familientherapie muß, um wirklich gute Dienste zu leisten, aus Kliniken und Praxen heraus in die Familien hineingehen. Die meisten erwachsenen Scheidungskinder berichten, daß ihnen die Hilfe von Sozialarbeitern und Beratern gutgetan hätte, aber sie hätten nicht gewußt, wohin sie sich wenden sollten. Erwachsene Scheidungskinder bezeugen die Isolation der amerikanischen Familie. Es ist eine alarmierende Beobachtung, daß die Arbeit der Therapie und der sozialstaatlichen Einrichtungen anspruchsvoller wird, während die Zahl der Menschen, die keine Hilfe erhalten, wächst. Unsere helfenden Berufe scheinen nicht in der Lage zu sein, auf die wechselnden Bedürfnisse einzugehen. Wenn das System sich nicht umstellen kann, fallen die Menschen durch das Raster.

Eine bemerkenswerte Folge der Problematik von erwachsenen Scheidungskindern ist, daß dort, wo die übliche Hilfestellung für zwischenmenschliche Belange praktisch zum Stillstand kommt, Selbsthilfegruppen gedeihen. Ein Resultat des Bewußtseins von der Problematik erwachsener Scheidungskinder besteht offensichtlich im Auftauchen einer ganzen Reihe neuer Selbsthilfegruppen. Ich weiß bereits aus meinen Interviews, daß diejenigen erwachsenen Scheidungskinder, die ihre Erfahrungen anderen Betroffenen in einer sicheren Umgebung mitteilten, am schnellsten zu genesen begannen. Das ist eine wichtige Entwicklung, die sich sowohl auf die »Hilfestellung« als auch auf die »Familie« immer stärker auswirken wird.

Da es an einer angemessenen Sozialpolitik und an institutionalisierten Hilfsangeboten für die Probleme erwachsener Scheidungskinder fehlt, suchen betroffene Menschen nach Wegen, sich selbst zu helfen. Sie treten einer Gemeinschaft bei, die ihnen zeigt, wie Unterstützung, geistige Gesundheit und ein gesundes Beziehungsverhalten aussehen können. Für manche heißt das, daß sie sich zum erstenmal in ihrem Leben in einer Umgebung befinden, in der sie sie selbst sein und beobachten können, wie andere sich verantwortungsbewußt verhalten, in der sie ihre Anteilnahme in Form von aufrichtigem Feedback zeigen und Menschen ehrlich akzeptieren, ohne ihnen schmeicheln zu wollen. Hier wird nicht verleugnet, daß es überall in unserer Umgebung neue Formen familiären Zusammenlebens gibt, und vielleicht sind Selbsthilfegruppen ein grundlegendes Hilfssystem für diese neuen »Familien«.

Welche Auswirkungen haben die Thematik und Genesung erwachsener Scheidungskinder letzten Endes auf unsere Vorstellungen von der Familie? Ich glaube, paradoxe. Erwachsene Scheidungskinder zeigen uns, daß die Familie nicht mehr nur in einer Form existiert. Familie bedeutet Verbundenheit, meist über einen längeren Zeitraum. Sie steht für die Qualität, andere zu akzeptieren, die aus der Verantwortung für uns selbst geboren wird. Erwachsene Scheidungskinder zeigen uns, daß die Familie auch da existiert, wo wir sie überhaupt nicht erwarten. Wenn wir bislang geglaubt haben, die Familie sei das unweigerliche Resultat der ehelichen Verbindung zweier Menschen, bringen erwachsene Scheidungskinder uns bei, diese körperliche, rechtliche Verbindung als einzige Form von Familie zumindest in Frage zu stellen.

Wir befinden uns mit Sicherheit an einem kritischen Zeitpunkt, und das gilt nicht nur für die erwachsenen Scheidungskinder dieser Untersuchung, sondern für die gesamte menschliche Familie. Wir bemühen uns, in der Familie befriedigende, erfüllende und dauerhafte Bindungen zu finden. Aber wir stehen damit nicht allein da. Das Problem ist vielschichtig. Nur wenige der alten Theorien in bezug auf Geschichte, Familiendynamik, Religion und Geschlecht sind noch haltbar. Noch weniger können sie den Wechsel erklären, in dem wir uns befinden. Die globalen Probleme erfordern überall gemeinsame Antworten. Das Trauma in Familien ist so allumfassend, daß wir sozial darauf eingehen müssen. Erwachsene Scheidungskinder sind nur eine Gruppe von vielen anderen, die uns daran erinnern, daß die Familie, wie wir sie bislang gekannt haben, einschneidenden Veränderungen unterliegt.

Die Erfahrung von erwachsenen Scheidungskindern hilft uns, unseren Blick auf eine ganze Welt neuer Möglichkeiten zu richten, die über unsere nationalen Grenzen hinausreichen und sich auf andere Nationen und Kulturen erstrecken, in denen die Familie das Kollektiv ist, die erweiterte Gruppe, und die Menschen, denen wir von Herzen verbunden sind, nicht unsere Blutsverwandten sein müssen.

Während einer Australienreise traf ich mit eingeborenen Männern und Frauen zusammen, die beschrieben, was sie unter Familie verstehen. Sie erzählten mir, daß im Eingeborenenstamm (oder der Eingeborenenfamilie) jedes Mitglied seinen unverwechselbaren Platz hat. Selbst wenn sie die Familie 30 Jahre lang verlassen, ist dieser Platz bei ihrer Rückkehr noch für sie da. In der Eingeborenengesellschaft können sie beschließen, die Familie zu verlassen, ohne daß die Familie sie verläßt.

Das hat mich tief berührt. Ich mußte sofort an all die Scheidungskinder denken, die ich interviewt habe. Verlassenheitsgefühle waren für die meisten von ihnen ein großes Problem. Verlassen sein hieß für sie, niemand wußte, daß sie existierten; wenn sie die Familie physisch oder psychisch verließen, wurde ihr »Platz« vergeben oder existierte nicht mehr. Und immer wieder wurden Genesende in der Familie von den anderen gestörten Familienmitgliedern damit bestraft, daß man sie alleine ließ.

Und trotzdem habe ich Hoffnung, wenn ich die Scheidungskinder dieser Untersuchung mit den Eingeborenen vergleiche. Wir haben so viel voneinander zu lernen. Erwachsene Scheidungskinder haben mich mit Sicherheit vieles gelehrt. Mit ihrer Heilung weisen sie uns alle auf die Kraftquellen des Individuums hin. Es stimmt, daß sie sich vor allem darum bemühen, selbst von ihrer Scheidungsfamilie zu genesen. Dennoch glaube ich, daß sie während ihrer Heilung die Kraft gewinnen, ihren Blick zu erweitern. Damit dehnen erwachsene Scheidungskinder ihr Interesse auf die Gemeinschaft aus. In diesem Prozeß haben wir alle Platz. Erwachsene Scheidungskinder bringen uns bei, daß wir, wenn wir unsere Realität beim Namen nennen, unseren Schmerz spüren und die Verantwortung für uns übernehmen, auch der Gesellschaft helfen.

Ich glaube, daß der Prozeß, den erwachsene Scheidungskinder durchlaufen, auch neue Vorbilder für Familie und Gesellschaft setzt. Ich vertraue ihrer Entwicklung, denn ich habe gesehen, wie sie heilen. Aufgrund ihres Beispiels weiß ich, daß wir zu uns finden, nach Hause kommen und schließlich doch unsere wahre Familie finden werden.

Anmerkungen

1. Larry Bumpass: »Children and Marital Disruption: A Replication and Update«, in: *Demography*, 1984, Vol. 21, S. 71-82
2. Judith S. Wallerstein und Sandra Blakeslee: *Gewinner und Verlierer. Frauen, Männer, Kinder nach der Scheidung. Eine Langzeitstudie*, München, Droemer Knaur Verlag 1992
3. Sharon Wegscheider: *Es gibt doch eine Chance! Hoffnung und Heilung für die Alkohol(iker)-Familie*, Wildberg, Verlag Monika Bögner-Kaufmann 1988
4. Anne Wilson Schaef: *Die Flucht vor der Nähe. Warum Liebe, die süchtig macht, keine Liebe ist*, München, Deutscher Taschenbuch Verlag 1992
5. The American Association for Protecting Children: *Highlights of Official Child Neglect*, 1986
6. Richard J. Gelles und Murray A. Straus: *Intimate Violence*, New York, Simon and Schuster 1988, S. 91
7. »Never a Right Age«, in: *Scientific American*, September 1987, Vol. 257, S. 32
8. Judith S. Wallerstein und Sandra Blakeslee: *Gewinner und Verlierer*, S. 213
9. Richard J. Gelles und Murray A. Straus: *Intimate Violence*, S. 41
10. Lenore J. Weitzman: *The Divorce Revolution: The Unexpected Social and Economic Consequences for Women and Children in America*, New York, The Free Press 1985
11. Norval D. Glenn und Kathryn B. Kramer: »The Marriages and Divorces of Children of Divorce«, in: *Journal of Marriage and the Family*, November 1987, S. 811-825; Verna M. Keith und Barbara Finlay: »The Impact of Parental Divorce on Children's Educational Attainment, Marital Timing and Likelihood of Divorce«, in: *Journal of Marriage and the Familiy*, August 1988, S. 797; R. Kulka und

H. Weingarten: »Implications of Parental Divorce in Childhood on Adult Adjustment«, in: *Journal of Social Issues*, 1979, Vol. 35, S. 50-78

12. Judith S. Wallerstein und Sandra Blakeslee: *Gewinner und Verlierer*, S. 347

13. Allan Bloom: *The Closing of the American Mind*, New York, Simon and Schuster 1987

psychologie aktiv

Die praktische Psychologie ist traditionell ein Schwerpunkt im Sachbuch bei rororo. Autoren wie Wolfgang Schmidbauer, Jürg Willi, Reinhard Tausch oder Friedemann Schultz von Thun geben mit praxisorientierten Ratgebern Hilfestellung bei privaten und beruflichen Problemen.

Spencer Johnson
Ja oder Nein. Der Weg zur besten Entscheidung *Wie wir Intuition und Verstand richtig nutzen*
(rororo sachbuch 9906)

Ursula Lambrou
Helfen oder aufgeben? *Ein Ratgeber für Angehörige von Alkoholikern*
(rororo sachbuch 9955)

Ellen J. Langer
Fit im Kopf *Aktives Denken oder Wie wir geistig auf der Höhe bleiben*
(rororo sachbuch 9509)

Erhard Meueler
Wie aus Schwäche Stärke wird *Vom Umgang mit Lebenskrisen*
(rororo sachbuch 8540)

Frank Naumann
Miteinander streiten *Die Kunst der fairen Auseinandersetzung*
(rororo sachbuch 9795)

Wolfgang Schmidbauer
Liebeserklärung an die Psychoanalyse
(rororo sachbuch 8839)
Weniger ist manchmal mehr *Zur Psychologie des Konsumverzichts*
(rororo sachbuch 9110)

Friedemann Schulz von Thun
Miteinander reden 1 *Störungen und Klärungen. Allgemeine Psychologie der Kommunikation*
(rororo sachbuch 8489)
Miteinander reden 2 *Stile, Werte und Persönlichkeitsentwicklung. Differentielle Psychologie der Kommunikation*
(rororo sachbuch 8496)

Reinhard Tausch
Hilfen bei Streß und Belastung
(rororo sachbuch 9511)

Shelley E. Taylor
Mit Zuversicht *Warum positive Illusionen für uns so wichtig sind*
(rororo sachbuch 9907)

Jürg Willi
Ko-Evolution *Die Kunst gemeinsamen Wachsens*
(rororo sachbuch 8536)

Ein Gesamtverzeichnis aller lieferbaren Titel der *Rowohlt Verlage* und des *Wunderlich Verlags* finden Sie in der *Rowohlt Revue*. Jedes Vierteljahr neu. Kostenlos in Ihrer Buchhandlung.

rororo sachbuch

Laurie Ashner / Mitch Meyerson
Wenn Eltern zu sehr lieben
(rororo sachbuch 9359)

Karola Berger
Co-Counseln: Die Therapie ohne Therapeut *Anleitungen und Übungen*
(rororo sachbuch 9954)
Co-Counseln bedeutet: sich gegenseitig beraten. In dieser neuen Form der «Laien-Therapie» finden sich zwei Menschen zum therapeutischen Gespräch zusammen. Das Buch vermittelt mit leicht verständlichen Anleitungen und einfachen Übungen die Grundlagen und Techniken dieser neuen Methode.

Klaus Birker / Barbara Schott
Den Job will ich haben! *Die erfolgreiche Bewerbung NLP – das Psycho-Power-Programm*
(rororo sachbuch 9986)
Mit Hilfe der Techniken des Neuro-Linguistischen Programmierens, kurz NLP, kann man in kürzester Zeit lernen, sich optimal auf Bewerbungssituationen vorzubereiten. Die in diesem Buch vorgestellten Übungen sind leicht anwendbar, effektivitätsorientiert und im Management erprobt.

Robert M. Bramson
Schwierige Leute – und wie man am besten mit ihnen umgeht
(rororo sachbuch 8727)

Diane Fassel
Ich war noch ein Kind, als meine Eltern sich trennten ... *Spätfolgen der elterlichen Scheidung überwinden*
(rororo sachbuch 9984)

Daniel Hell
Welchen Sinn macht Depression?
Ein integrativer Ansatz
(rororo sachbuch 9649)

Karin Mager
Fair und selbstbewußt miteinander reden *Wie Sie Konflikte meistern*
(rororo sachbuch 60106)
Dies ist kein Programm für Harmoniesüchtige, die sich gegenseitig kein Härchen krümmen können, sondern eines für jedermann und jedefrau, die schwierige Gespräche selbstbewußt führen und Konflikte fair lösen wollen.

Tim Rohrmann
Junge, Junge – Mann, o Mann
Die Entwicklung zur Männlichkeit
(rororo sachbuch 9671)

Ian Stuart-Hamilton
Die Psychologie des Alterns
(rororo sachbuch 9516)

rororo sachbuch

Weitere Bücher und Taschen-
bücher zum Thema finden Sie
in der *Rowohlt Revue*. Jedes
Vierteljahr neu. Kostenlos in
Ihrer Buchhandlung.

Nathaniel Branden
Ich liebe mich auch *Selbstvertrauen lernen*
(rororo sachbuch 8486)

David Cooper
Der Tod der Familie *Ein
Plädoyer für eine radikale
Veränderung*
(rororo sachbuch 8560)

Wayne W. Dyer
Der wunde Punkt *Die Kunst,
nicht unglücklich zu sein.
Zwölf Schritte zur
Überwindung unserer
seelischen Problemzonen*
(rororo sachbuch 7384)

Erich Fromm
**Anatomie der menschlichen
Destruktivität**
(rororo sachbuch 7052)
Märchen, Mythen, Träume *Eine
Einführung in das Ver-
ständnis einer vergessenen
Sprache*
(rororo sachbuch 7448)

Klaus D. Heil
**Programmierte Einführung in die
Psychologie** *Ein Lern-
programm*
(rororo sachbuch 6930)

Muriel James /
Dorothy Jongeward
Spontan leben *Übungen zur
Selbstverwirklichung*
(rororo sachbuch 8301)

Hans-Peter Nolting
Lernfall Aggression *Wie sie
entsteht - Wie sie zu
vermindern ist. Ein Über-*

*blick mit Praxisschwer-
punkt Alltag und Erziehung*
(rororo sachbuch 8352)

Friedemann Schulz von Thun
Miteinander reden 1 *Störungen
und Klärungen. Allgemeine
Psychologie der Kommu-
nikation*
(rororo sachbuch 7489)
Miteinander reden 2 *Stile,
Werte und Persönlichkeitsentwicklung. Differentielle
Psychologie der Kommu-
nikation*
(rororo sachbuch 8496)

Dieter E. Zimmer
Tiefenschwindel *Die endlose
und die beendbare
Psychoanalyse*
(rororo sachbuch 8775)

Ute Auhagen-Stephanos
Wenn die Seele nein sagt *Vom Mythos der Unfruchtbarkeit*
(rororo sachbuch 9378)

James L. Creighton
Schlag nicht die Türe zu *Konflikte aushalten lernen*
(rororo sachbuch 9194)

Rosa Blau
Der geteilte Mann *Erfahrungen in der Ehe zu dritt*
(rororo sachbuch 9697)
Die Autorin ist konvertierte Muslima und lebt seit mehreren Jahren in einer islamisch geführten Mehrehe. Sie stellt in ihrem Buch dieses Ehemodell vor, das ihr nicht nur aus unverbindlichem Meinungsstreit, sondern auch aus dem praktischen Alltag vertraut ist.

Steven Farmer
Endlich lieben können *Gefühlstherapie für erwachsene Kinder aus Krisenfamilien*
(rororo sachbuch 9168)
Kinder aus Krisenfamilien können ihre Gefühle nur schwer zeigen, haben das Bedürfnis, ihre Partner zu kontrollieren und scheuen sich vor Intimität wie vor Konflikten. Der Autor beschreibt die besonderen Probleme und zeigt Lösungswege auf.

Elisabeth Flitner /
Renate Valtin (Hg.)
Dritte im Bund: die Geliebte
(rororo sachbuch 9376)

Liz Hodgkinson
Unglücklich verliebt – und was man dagegen tun kann
(rororo sachbuch 9352)

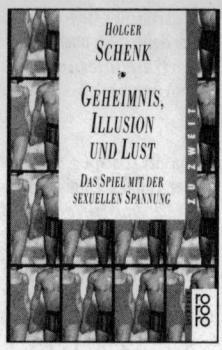

Ruth Kuntz-Brunner / Inge Nordhoff
Heute bitte nicht *Keine Lust auf Sex – ein alltägliches Gefühl*
(rororo sachbuch 9189)

Karin Mönkemeyer /
Inge Nordhoff
Ein platonisches Verhältnis *Freundschaften zwischen Männern und Frauen*
(rororo sachbuch 8749)

Holger Schenk
Geheimnis, Illusion und Lust *Das Spiel mit der sexuellen Spannung*
(rororo sachbuch 9737)

Dorothee Schmitz-Köster
Liebe auf Distanz *Getrennt zusammen leben*
(rororo sachbuch 8816)